国家社会科学基金项目“法院审查专利有效性的制度设计研究”（编号：19BFX145）
最高人民法院2021年度司法案例课题“侵害知识产权惩罚性赔偿司法案例研究”（编号：2021SFAL028）
天津大学研究生教育专项基金项目“面向新科技革命的知识产权法学人才培养”（编号：A2-2021-005）
天津大学党的二十大精神专题研究阐释项目“中国式现代化引领知识产权保护研究”（编号：2023XS-0035）

天大法学文库　孙佑海　主编

ZHISHI CHANQUAN
QIANYAN PANLI JINGJIE

知识产权
前沿判例精解

管荣齐　赵旖鑫／著

法律出版社
LAW PRESS · CHINA
北京

图书在版编目(CIP)数据

知识产权前沿判例精解 / 管荣齐，赵旖鑫著. -- 北京：法律出版社，2023
ISBN 978-7-5197-7848-4

Ⅰ. ①知… Ⅱ. ①管… ②赵… Ⅲ. ①知识产权-民事纠纷-案例-中国 Ⅳ. ①D920.5

中国国家版本馆 CIP 数据核字(2023)第 069886 号

知识产权前沿判例精解
ZHISHICHANQUAN QIANYAN PANLI JINGJIE

管荣齐 赵旖鑫 著

策划编辑 似 玉
责任编辑 似 玉
装帧设计 鲍龙卉

出版发行 法律出版社
编辑统筹 法律应用出版分社
责任校对 王 丰
责任印制 刘晓伟
经　　销 新华书店

开本 710 毫米×1000 毫米 1/16
印张 18 **字数** 262 千
版本 2023 年 5 月第 1 版
印次 2023 年 5 月第 1 次印刷
印刷 唐山玺诚印务有限公司

地址:北京市丰台区莲花池西里 7 号(100073)
网址:www.lawpress.com.cn
投稿邮箱:info@lawpress.com.cn
举报盗版邮箱:jbwq@lawpress.com.cn

销售电话:010-83938349
客服电话:010-83938350
咨询电话:010-63939796

书号:ISBN 978-7-5197-7848-4
定价:76.00 元

凡购买本社图书,如有印装错误,我社负责退换。电话:010-83938349

总　　序

作为中国第一所现代化大学,天津大学已经走过了一百二十余载的风雨历程,其前身北洋大学是中国教育史乃至整个近现代史的一座伟大丰碑。如今,当人们谈起这座位于渤海之滨的学术殿堂时,首先想到的或许是其工科特色。的确,天津大学的建筑、精密仪器等学科远近闻名。然而,天津大学不仅有严谨、担当的工科,还有深厚的法科底蕴。在北洋大学创办之初,法科(律例学门)就位列各学科之首,开创了中国现代高等法学教育的先河。作为中国的第一所现代化大学,天津大学颁发出我国第一张大学文凭不足为奇,巧合的是,第一张大学文凭的获得者恰恰是法科学生——王宠惠,这不仅是天大法学人的骄傲,更是值得中国法学界铭记的历史时刻。

北洋法学有着辉煌的历史,曾培养出张太雷、王宠惠、徐谟、王正廷等杰出校友。张太雷同志是杰出的无产阶级革命家,著名的政治活动家、宣传家,中国共产党和人民军队早期重要领导人之一,为中国革命做出卓越贡献。王宠惠先生曾将德文版《德国民法典》译成英文作为英美法系国家的法学教材,并赢得法学界的广泛赞誉,他还代表中国参加《开罗宣言》的起草,代表中国参加《联合国宪章》的签署,为维护国家利益进行不懈斗争。徐谟先生学贯中西,国际法功底深厚,担任国际法院大法官。王正廷先生是著名的国际法学家,为废除不平等条约做出重要贡献,还积极推动奥林匹克运动在中国的发展,被誉为"中国奥运之父"。

由于种种原因,天津大学的法科教育一度中断。直到 1994 年设立经济法专业，1997年成立法学系。2015年是天津大学法学院的重要时刻，在党和国家领导人与学校的大力支持下，天津大学正式复建法学院。自学院复建以来，在全体教师共同努力和社会各界支持下，天津大学法学院在教书育人、高水平论文、科研项目、国际化、新法科建设等方面都取得重要突破。2019年，在社会各界的大力支持下，天津大学获批法学一级学科博士学位授予权，这既是对天津大学法学的肯定，也是对我们的鞭策。

“天大法学文库”旨在继承和发扬前辈艰苦奋斗、勇于创新的精神，鼓励和促进天津大学法学院教师探索学术前沿、勇攀科学高峰，展示天大法学人的研究成果，加强与学界同人的交流与合作，为中国的法治事业略尽绵薄之力。

孙佑海

2019年12月

前　言

随着新科技革命和产业变革加速演进，我国进入高质量发展的新时代，创新特别是科技创新成为主要发展动力，知识产权的价值日益凸显，其诉讼案件的数量不断攀升，新的问题也随之大量涌现。

在 2020 年专利诉讼中，涌现出禁诉令、功能性特征、现有技术抗辩、职务发明报酬、方法专利的举证、侵权获利的举证、惯用手段的适用、发明构思的考量、平行权利要求的修改、国际申请文本的作用、“为生产经营目的”的认定、专利与技术秘密的冲突、共有人单独实施专利、说明书充分公开的判断等新问题。在 2020 年商标诉讼中，涌现出惩罚性赔偿的适用、地名商标的使用、立体标志的确定性、改装商品的商标侵权、刑民交叉的侵权认定、外文商标的注册和使用、对驰名商标的恶意模仿、商标与在先权利冲突的时间节点、“其他不正当手段取得注册”的适用等新问题。在 2020 年著作权诉讼中，涌现出许可使用的认定、计算机软件侵权的判断、体育赛事节目的作品性质、网盘服务商的侵权责任、国学经典作品近似的判断、实用艺术作品保护的要件等新问题。在 2020 年其他知识产权诉讼中，涌现出商业秘密侵权的举证、数据权益归属的判断、网络“刷量”行为的认定、企业字号与商标冲突的认定、利用商标从事不正当竞争的认定、非典型的互联网不正当竞争认定、刑民交叉案件的事实认定与证明、集成电路布图设计专有权的保护等新问题。

针对专利、商标、著作权和其他知识产权诉讼中涌现出的新问题，本书以 2020 年中国法院 10 大知识产权案件和 50 件典型知识产权案例、最高人民法院知识产权案件年度报告(2020)、最高人民法院知识产权法庭裁判要旨(2020)、最高人民法院知识产权法庭典型案例(2020)为主要判例来源,从最高裁判机关的视角精选2020年知识产权判例进行评释,从理论和实践两个层面探寻中国知识产权诉讼中涌现出的新问题分析和解决之道,以期对将来类似的知识产权诉讼案件审判发挥参考甚至指导作用。

本书内容共分四章,第一章为专利前沿判例精解,主要分析和解决专利民事、行政诉讼中出现和面临的新问题;第二章为商标前沿判例精解,主要分析和解决商标民事、行政诉讼中出现和面临的新问题;第三章为著作权前沿判例精解,主要分析和解决著作权民事诉讼中出现和面临的新问题;第四章为其他知识产权前沿判例精解,主要分析和解决不正当竞争、集成电路布图设计、知识产权刑民交叉诉讼中出现和面临的新问题。

本书主要面向:法律工作者,法律职业资格、专利代理资格考试考生,知识产权法专业方向本科生、研究生,错漏和不当之处敬请批评指正。

目　录

参考文献

第一章　专利前沿判例精解

第一节　专利民事前沿判例精解

一、“禁诉令”性质的行为保全——华为技术公司等与康文森公司确认不侵害专利权及标准必要专利许可纠纷系列案[1]

“禁诉令”适用于标准必要专利的平行诉讼,包括提起平行诉讼和申请执行平行诉讼生效裁判。在我国,“禁诉令”的适用必须满足两个前提,一是在其他国家的法院提起平行诉讼或者申请执行平行诉讼生效裁判,二是“禁诉令”申请人的合法权益可能受到难以弥补的损害或者造成案件裁判难以执行;“禁诉令”的颁发应当遵循两个原则,一是司法主权原则,二是国际礼让原则。

(一)事实概要

华为技术有限公司、华为终端有限公司、华为软件技术有限公司(以下合称华为技术公司及其中国关联公司),于2018年1月向江苏省南京市中级人民法院(以下简称南京中院)提起本案诉讼,请求确认未侵害康文森无线许可有限公司(以下简称康文森公司)三项中国专利权并请求确认中国地区标准必要专利的许可费率。南京中院于2019年9月16日作出一审判决,确定了华为技术公司及其中国关联公司与康文森公司所涉标准必要专利的许可费率。[2]

---

〔1〕 参见最高人民法院民事裁定书,(2019)最高法知民终732、733、734号之一。

〔2〕 参见江苏省南京市中级人民法院民事判决书,(2018)苏01民初232、233、234号。

为了反制华为技术公司的本案诉讼,康文森公司于2018年4月向德国杜塞尔多夫地区法院(以下简称德国法院)提起专利侵权诉讼(以下简称德国诉讼),请求判令华为技术公司及其德国关联公司停止侵权并赔偿损失。德国法院于2020年8月27日作出一审判决,认定康文森公司向华为技术公司提出的标准必要专利许可费率未违反公平、合理、无歧视(FRAND)原则,华为技术公司及其德国关联公司侵害了康文森公司欧洲专利,判令华为技术公司及其德国关联公司停止侵权,并且康文森公司提供240万欧元担保后可临时执行。其中,德国法院一审判决认定康文森公司向华为技术公司提出的标准必要专利许可费率,约为南京中院一审判决所确定中国地区标准必要专利许可费率的18.3倍。

康文森公司不服南京中院一审判决,向最高人民法院知识产权法庭(以下简称最高院知产法庭)提起上诉。鉴于德国法院在最高院知产法庭二审期间作出了可临时执行的一审判决,华为技术公司于2020年8月27日向最高院知产法庭提出行为保全申请,请求禁止康文森公司在最高院知产法庭就本案作出终审判决前申请执行德国法院一审判决。

(二)裁判要旨

最高院知产法庭二审裁定,康文森公司不得在本案终审判决作出前申请执行德国法院一审判决,否则自违反之日起处每日罚款人民币100万元且按日累计。

最高院知产法庭二审裁定认为,对于禁止申请执行域外法院判决的行为保全申请,应当至少考虑如下因素而进行综合判断:

1.域外法院判决执行对中国诉讼的影响。对于禁止申请执行域外法院判决的行为保全申请,应当首先审查域外法院判决执行对中国诉讼审理和裁判执行是否产生实质影响,如是则可采取禁止性行为保全措施。具体到本案,从诉讼主体看,本案当事人为华为技术公司及其中国关联公司和康文森公司,德国诉讼当事人为康文森公司和华为技术公司及其德国关联公司,两者的当事人基本相同;从审理对象看,本案中华为技术公司及其中国关联公司请求就康文森公司的中国标准必要专利确定许可使用费率,德国诉讼中判令华为技术公司及其德国关联公司停止侵权的判决以标准必要专利许可费符合公平、合理、无歧视原则为前提,两者的审理对象存在部分重合;从行为效果看,一旦康文森公司申请执行德国法院一审判决并获得准许,将对本案审理造成干扰,并很可能会使本案审理和判决失去意义,即对本案审理和裁判执行产生实质消极影响,故华为技术公司申请禁止康文森公司申请执行德国法院一审判决的行为具备该类行为保全的前提条件。

2. 采取行为保全措施是否具有必要性。审查采取行为保全措施是否具有必要性,应当着重审查不采取行为保全措施是否会使申请人的合法权益受到难以弥补的损害或者造成案件裁判难以执行,如是方可采取禁止性行为保全措施。本案中,德国法院一审判决一旦被康文森公司申请执行,华为技术公司及其德国关联公司仅有两种选择:一是被迫退出德国市场,所遭受的市场损失和失去的商业机会难以在事后通过金钱获得弥补;二是被迫接受康文森公司高达南京中院一审判决确定的标准必要专利许可费率18.3倍的要价并与之达成和解,并可能被迫放弃本案中获得法律救济的机会。由此,无论本案如何认定中国费率,本案判决事实上都将难以获得执行,故本案具备采取行为保全措施的必要性且情况确属紧急。

3. 行为保全措施对双方当事人利益的影响。判断是否采取禁止被申请人为特定行为的行为保全措施,还应当权衡行为保全措施对双方当事人利益的影响,即比较不采取行为保全措施后申请人遭受的损害和采取行为保全措施后被申请人遭受的损害,如果前者超过后者则采取行为保全措施具有合理性,且超过程度越高合理性越强。本案中,如不采取禁止康文森公司申请执行德国法院一审判决的行为保全措施,则华为技术公司将遭受被迫退出德国市场、被迫接受康文森公司要价且放弃在中国法院救济等难以弥补的损害;如果采取该行为保全措施,则康文森公司遭受的损害较为有限,仅仅是暂缓执行德国法院一审判决,并不影响其在德国获得标准必要专利侵权赔偿等诉讼权益。两者相比较,华为技术公司遭受的损害明显超过康文森公司遭受的损害,故采取行为保全措施具有合理性。同时,华为技术公司的行为保全申请提供了相应担保,可依法保障康文森公司的利益。

4. 采取行为保全措施是否损害公共利益。判断是否采取禁止被申请人为特定行为的行为保全措施，还应当审查采取该行为保全措施是否会损害公共利益。本案和德国诉讼主要涉及华为技术公司和康文森公司的利益，且行为保全的对象是禁止康文森公司在本案终审判决作出前申请执行德国法院一审判决，故本案中采取行为保全措施不会损害公共利益。

5. 采取行为保全措施是否符合国际礼让原则。对于禁止申请执行域外法院裁判以及禁止在域外寻求司法救济的行为保全申请，还应当审查采取该行为保全措施是否符合国际礼让原则，考虑案件受理时间先后、对域外法院审理和裁判的影响是否适度等因素。从受理时间来看，南京中院受理本案的时间为2018年1月，德国诉讼受理时间为2018年4月，本案受理时间在先。从对域外法院审理和裁判的影响来看，禁止康文森公司在本案终审判决作出之前申请执行德国法院一审判决，既不影响德国诉讼的后续审理推进，也不会减损德国法院一审判决的法律效力，对德国法院审理和裁判的影响尚在适度范围之内。

综合考虑以上因素可以认定，华为技术公司的行为保全申请具有事实和法律依据，故最高院知产法庭二审裁定予以准许。由于本案情况紧急，必须在48小时内作出裁定，因而最高院知产法庭事先未听取康文森公司意见，但康文森公司可以在收到裁定后5日内申请复议。在最高院知产法庭二审裁定于2020年8月28日作出并送达后，康文森公司在复议期内向最高人民法院提出了复议请求，但被最高人民法院组织双方当事人听证后裁定予以驳回。[1]

（三）案件评析

1. 本案的典型意义

本案系我国首例作出具有“禁诉令”性质的行为保全裁定的知识产权诉讼，是2020年中国法院十大知识产权案件之一，还是《最高人民法院知识产权案件年度报告（2020）》从最高人民法院2020年审结的知识产权案件中精选的55件典型案件之一，亦是最高院知产法庭2020年审结的2787件技术类知识

---

〔1〕 参见最高人民法院民事裁定书，（2019）最高法知民终732、733、734号之一。

产权案件中精选出的55个典型案例之一。所涉及的“禁诉令”性质行为保全的考量因素、“按日计罚”措施适用2个问题及其裁判规则，入选《最高人民法院知识产权案件年度报告(2020)》所归纳的63个具有一定指导意义的法律适用问题，以及最高院知产法庭2020年审结的2787件技术类知识产权案件中提炼成的46条裁判规则。本案中，最高院知产法庭二审裁定不仅明确了颁发“禁诉令”应考虑的必要性、损害程度、适应性、公共利益和国际礼让原则等因素，并首次探索日罚金制度，初步构建起我国“禁诉令”的司法实践路径；更值得称道的是，该裁定促成当事人最终达成全球“一揽子”和解协议，结束了在全球多个国家的平行诉讼，取得了良好的法律效果和社会效果。[1]

2.“禁诉令”与行为保全措施

“禁诉令”适用于标准必要专利的平行诉讼。“禁诉令”是在诉讼过程中，一方当事人申请诉讼案件管辖法院向他方当事人颁发的，禁止他方当事人在其他法院提起诉讼或者申请执行其他法院生效裁判的命令。[2] “禁诉令”最早出现于英国，最初用于解决国内法院管辖冲突，[3]后来主要用于解决国际平行诉讼(parallel proceedings)冲突。[4] 其中“平行诉讼”也称为“诉讼竞合”，是指相同当事人就同一争议基于相同事实、相同目的在两个以上国家的法院进行诉讼的现象。[5] 在知识产权领域，标准必要专利的权利人和使用人之间常会发生平行诉讼，因而相应诉讼过程中常会申请作出颁发“禁诉令”的裁定。

我国《民事诉讼法》(2017)第100条、《最高人民法院关于适用〈中华人民共和国行政诉讼法〉的解释》(2018)第76条规定了诉中的行为保全措施，即民事、行政诉讼案件管辖法院依照一方当事人申请或者在必要时，认定他方当事

---

〔1〕 参见《最高人民法院办公厅关于印发2020年中国法院10大知识产权案件和50件典型知识产权案例的通知》(法办〔2021〕146号)；《最高人民法院知识产权案件年度报告(2020年)摘要》，载《人民法院报》2021年4月26日，第2版；孙航：《〈最高人民法院知识产权法庭裁判要旨(2020)〉发布》，载《人民法院报》2021年2月27日，第2版。

〔2〕 参见张利民：《国际民诉中禁诉令的运用及我国禁诉令制度的构建》，载《法学》2007年第3期；丁文严、韩萍：《中国企业专利涉外司法保护中的管辖困境与应对》，载《人民法院报》2018年5月30日，第7版。

〔3〕 参见欧福永：《英国民商事管辖权制度研究》，法律出版社2005年版，第134～135页。

〔4〕 See Airbus Industrie G. I. E. v. Patel and Others, [1997] 2Lloyd's Rep. 8.

〔5〕 参见杜涛、陈力：《国际私法》(第2版)，复旦大学出版社2008年版，第383页。

人的行为可能使申请人的合法权益受到难以弥补的损害或者造成案件裁判难以执行,可以裁定责令或禁止他方当事人作出一定行为。由此,诉中行为保全措施的启动可以依申请,也可以依职权;诉中行为保全措施有责令性和禁止性之分,“禁诉令”属于禁止性的诉中行为保全措施;“禁诉令”的适用前提或必要性是,他方当事人提起平行诉讼或者申请执行平行诉讼生效裁判的行为,可能使申请人的合法权益受到难以弥补的损害或者造成案件裁判难以执行。

3.“禁诉令”的启动和适用对象

“禁诉令”作为禁止性的诉中行为保全措施,虽然我国允许诉讼案件管辖法院可以依职权启动,但司法实践中基本上依照当事人的申请启动。本案中,最高院知产法庭二审裁定禁止被申请人康文森公司在本案终审判决作出前申请执行德国法院一审判决,亦是依照申请人华为技术公司向最高院知产法庭提出的行为保全申请。但是,“禁诉令”在标准必要专利的国际平行诉讼中,不仅涉及当事人利益,还涉及公共利益、司法主权,因而诉讼案件管辖法院在当事人没有提出申请时,应当在必要时依职权启动。

“禁诉令”作为禁止性的诉中行为保全措施,所禁止的行为包括提起平行诉讼和申请执行平行诉讼生效裁判。司法实践中所颁发的“禁诉令”,绝大多数禁止他方当事人申请执行平行诉讼生效裁判,如华为与三星标准必要专利纠纷案,小米与 IDCC 标准必要专利纠纷案,本案亦是如此;但也有少数“禁诉令”禁止他方当事人提起平行诉讼,如 UP(Unwired Planet)与华为标准必要专利纠纷案。另外,“禁诉令”因在标准必要专利的国际平行诉讼中涉及公共利益、司法主权,故其所禁止的行为主体只能是他方当事人而不能是其他国家的法院。

4.“禁诉令”适用的前提和条件

如前所述,根据我国有关规定,“禁诉令”的适用前提有二,一是他方当事人在其他国家的法院提起的诉讼或者申请执行的生效裁判属于平行诉讼;二是他方当事人在其他国家的法院提起诉讼或者申请执行生效裁判的行为,可能使申请人的合法权益受到难以弥补的损害或者造成案件裁判难以执行。本案当事人包括申请人华为技术公司和被申请人康文森公司,与德国诉讼的当事人基本相同;本案审理对象包括标准必要专利许可使用费率,与德国诉讼的审理对象存在部分重合,因而本案与德国诉讼构成平行诉讼,符合"禁诉令"的适用前提之一。如果被申请人康文森公司申请执行德国法院一审判决,则申请人华为技术公司的合法权益将受到难以弥补的损害,并且本案最终判决将难以实际执行,因而本案符合"禁诉令"的适用前提之二。由此,本案符合"禁诉令"的适用前提,最高院知产法庭二审裁定颁发"禁诉令"确有必要。

除此之外,"禁诉令"因在标准必要专利的国际平行诉讼中涉及当事人利益、公共利益和司法主权,还要考虑"禁诉令"对双方当事人利益的影响、是否损害公共利益、是否符合国际礼让原则。本案中,如不颁发"禁诉令",则如前所述,申请人华为技术公司的合法权益将受到难以弥补的损害;如果颁发"禁诉令",则被申请人康文森公司受到的损害仅仅是暂缓执行德国法院一审判决,显然前一损害明显超过后一损害,故本案颁发"禁诉令"具有合理性。本案和德国诉讼主要涉及申请人华为技术公司和被申请人康文森公司的利益,且"禁诉令"的对象是禁止被申请人康文森公司在本案终审判决作出前申请执行德国法院一审判决,故本案颁发"禁诉令"不会损害公共利益。本案一审受理时间早于德国诉讼,且"禁诉令"不影响德国诉讼的后续审理和判决效力,故本案颁发"禁诉令"符合国际礼让原则。

5."禁诉令"颁发的基本原则

在标准必要专利的国际平行诉讼中,法院颁发"禁诉令"至少应当坚持和遵循两大基本原则,一是司法主权原则,二是国际礼让原则。

从国际上来看,英美法系、大陆法系国家法院颁发"禁诉令"都坚持和遵循两大基本原则。首先,"禁诉令"起源于英国,主要为英美法系国家所奉行,英国、美国法院颁发"禁诉令"的规则和条件体现了两大基本原则。英国法院在 Societe Nationale Industrielle Aerispatiale v. Lee Kui Jak 案中总结的颁发"禁诉令"的基本规则包括,本国法院对案件具有司法管辖权,避免不当干预他国司法。[1] 美国法院颁发"禁诉令"无论采用严格标准、宽松标准还是折中标准,都把本国法院具有司法管辖权、最基本的国际礼让作为颁发"禁诉令"的条件。

〔1〕 See Societe Nationale Industrielle Aerispatiale v. Lee Kui Jak. 3 All E. R 510(P. C.)[1987].

其次,大陆法系国家法院一般很少颁发"禁诉令",除非不颁发"禁诉令"将会损害申请人利益或司法管辖权。[1] 欧共体《关于民商事案件裁判管辖权及判决执行的公约》(1968)第21条规定,相同当事人就同一诉因在不同缔约国法院起诉时,首先受诉法院以外的其他法院应主动放弃管辖权,让位于首先受诉法院受理。

我国法院颁发"禁诉令",也要坚持和遵循两大基本原则。首先,我国法院颁发"禁诉令",要坚持司法主权原则。根据《最高人民法院关于适用〈中华人民共和国民事诉讼法〉的解释》(2022)第531条第1款的规定,我国法院和域外法院都有管辖权的案件,一方当事人向域外法院起诉,而另一方当事人向我国法院起诉的,我国法院可予受理。由此,对于我国法院已经立案受理的案件,如果当事人又向域外法院起诉,则我国法院可以依法行使司法管辖权,对该当事人颁发"禁诉令"。其次,我国法院颁发"禁诉令",要遵循国际礼让原则,避免与其他国家的司法管辖权产生不必要冲突,维护公正有序的国际司法环境。[2] 本案中,最高院知产法庭对于禁止申请执行域外法院裁判以及禁止在域外寻求司法救济的行为保全申请,考虑案件受理时间先后、对域外法院审理和裁判的影响是否适度等因素,以审查认定采取该行为保全措施是否符合国际礼让原则。

二、专利权利要求中的功能性特征——"新型电动平衡车"实用新型专利侵权纠纷案[3]与"电磁阀"发明专利侵权纠纷案[4]

专利权利要求中的功能性特征仅限定或描述发明创造的功能,其保护范围限于说明书描述的功能的具体实施方式及其等同的实施方式,其侵权认定包括特征本身认定、相同侵权认定、等同侵权认定、不侵权认定、无效认定。

---

〔1〕 参见祝建军:《我国应建立处理标准必要专利争议的禁诉令制度》,载《知识产权》2020年第6期。
〔2〕 参见祝建军:《标准必要专利禁诉令与反禁诉令颁发的冲突及应对》,载《知识产权》2021年第6期。
〔3〕 参见最高人民法院民事裁定书,(2018)最高法民申2345号。
〔4〕 参见最高人民法院民事裁定书,(2019)最高法民申5477号。

(一)事实概要

1.“新型电动平衡车”实用新型专利侵权案

X_1(一审原告、二审上诉人、再审被申请人)为“新型电动平衡车”实用新型专利(以下简称涉案专利Ⅰ)的专利权人,Y_1(一审被告、二审被上诉人、再审申请人)为被控侵权产品Ⅰ(电动滑板车)的制造者、销售者。

X_1 于2016年9月2日向浙江省宁波市中级人民法院(以下简称宁波中院)提起本案诉讼,请求判令Y停止制造、销售被控侵权产品Ⅰ。宁波中院一审认定,涉案专利Ⅰ权利要求记载的转动机构的技术特征(以下简称争议技术特征Ⅰ),与被控侵权产品Ⅰ的相应技术特征相比,在结构上存在差异,在功能和效果上有所不同,所属领域普通技术人员在阅读涉案专利Ⅰ权利要求的基础上不通过创造性劳动不能联想到,两者不构成等同。因此,宁波中院一审判决,驳回 X_1 的诉讼请求。[1]

X_1 对宁波中院一审判决不服,向浙江省高级人民法院(以下简称浙江高院)提起上诉。浙江高院二审认定,争议技术特征Ⅰ属于《最高人民法院关于审理侵犯专利权纠纷案件应用法律若干问题的解释》第4条和《最高人民法院关于审理侵犯专利权纠纷案件应用法律若干问题的解释(二)》第8条第1款规定的功能性技术特征,被控侵权产品Ⅰ的相应技术特征与之构成等同。因此,浙江高院二审判决,撤销宁波中院一审判决,Y_1 立即停止制造、销售被控侵权产品Ⅰ,Y_1 向 X_1 赔偿15万元(含合理维权费用)。[2]

Y_1 对浙江高院二审判决不服,向最高人民法院申请再审。Y_1 申请再审称,争议技术特征Ⅰ为功能性特征,与被控侵权产品Ⅰ的相应技术特征存在实质性区别:(1)涉案专利Ⅰ两端内盖均相对于转轴转动,而被控侵权产品Ⅰ一端内盖相对转轴转动,另一端内盖与转轴固定连接;(2)涉案专利Ⅰ两端内盖圆管中均安装轴承,而被控侵权产品Ⅰ仅一端内盖圆管中安装轴承;(3)涉案专利Ⅰ有两个卡簧,分别安装在轴套两端,属于外置卡簧,用于限位轴套,而被

---

〔1〕 参见浙江省宁波市中级人民法院民事判决书,(2016)浙02民初1111号。
〔2〕 参见浙江省高级人民法院民事判决书,(2017)浙民终214号。

控侵权产品Ⅰ仅有1个卡簧,安装在右内盖中,属于内置卡簧,用于限位轴承而非转轴。[1]

2."电磁阀"发明专利侵权案

X_2(一审原告、二审上诉人、再审申请人)为"电磁阀"发明专利(以下简称涉案专利Ⅱ)的专利权人,Y_2(一审被告、二审被上诉人、再审被申请人)为被控侵权产品Ⅱ(电磁阀)的制造者、销售者和许诺销售者。

X_2 于2015年7月27日向上海知识产权法院(以下简称上海知产法院)提起本案诉讼,请求判令 Y_2 停止制造、销售、许诺销售被控侵权产品Ⅱ。上海知产法院一审认定,涉案专利Ⅱ权利要求记载的螺线管的技术特征(以下简称争议技术特征Ⅱ)只以功能表述,且所属领域普通技术人员仅通过阅读涉案专利Ⅱ权利要求不能直接、明确地确定实现该功能的具体实施方式,而被控侵权产品Ⅱ中螺线管的技术特征与之并不等同。因此,上海知产法院一审判决,驳回 X_2 的诉讼请求。[2]

X_2 对上海知产法院一审判决不服,向上海市高级人民法院(以下简称上海高院)提起上诉。上海高院二审认定,并无证据可以证明存在所属领域普通技术人员所熟知的可以实现涉案专利Ⅱ权利要求记载的螺线管,使得所属领域普通技术人员仅通过阅读权利要求即可直接、明确地确定实现其功能的具体实施方式,且被控侵权产品Ⅱ中螺线管的技术特征与争议技术特征Ⅱ并不等同。因此,上海高院二审判决,驳回上诉,维持原判。[3]

X_2 对上海高院二审判决不服,向最高人民法院申请再审。X_2 申请再审并提交新证据欲证明,争议技术特征Ⅱ是常识性技术方案,其具体实施方式已为所属领域普通技术人员普遍了解并掌握,即所属领域普通技术人员仅通过阅读权利要求即可直接、明确地确定实现其功能(或效果,下同)的具体实施方式,因而不属于《关于审理侵犯专利权纠纷案件应用法律若干问题的解释(二)》第

[1] 参见最高人民法院民事裁定书,(2018)最高法民申2345号。

[2] 参见上海知识产权法院民事判决书,(2015)沪知民初字第513号。

[3] 参见上海市高级人民法院民事判决书,(2016)沪民终390号。

8 条第 1 款规定的功能性特征。[1]

（二）裁判要旨

1. “新型电动平衡车”实用新型专利侵权案

最高人民法院再审裁定，驳回 Y_1 的再审申请。

最高人民法院再审认为，对争议技术特征是否属于功能性特征的认定，应当考虑该特征与权利要求中其他技术特征之间的适配关系，以及因此而对实现权利要求限定的功能和效果的具体实施方式的影响。本案中，争议技术特征Ⅰ起到的功能是使得转动机构第一、第二内盖能够转动连接。在判断所属领域普通技术人员仅阅读权利要求是否能够直接确定如何实现权利要求中的转动连接时，必须考虑其所连接的左、右内盖的具体情况。即使现有技术中已经有转动机构的连接方式，但是将已有的连接方式与涉案专利Ⅰ中左、右内盖结构相配合，实现涉案专利Ⅰ权利要求中左、右内盖的转动连接，并不是所属领域普通技术人员仅通过阅读权利要求即可直接、明确地确定的。因此，争议技术特征Ⅰ属于功能性特征。[2]

2. “电磁阀”发明专利侵权案

最高人民法院再审裁定，指令上海高院再审本案。

最高人民法院再审认为，《关于审理侵犯专利权纠纷案件应用法律若干问题的解释（二）》第 8 条第 1 款既规定了功能性特征，又规定了功能性特征的除外情形；基于专利申请日前所属领域普通技术人员的知识水平和认知能力，如果实现争议技术特征所述功能的具体实施方式属于所属领域普通技术人员的公知常识，应认定该争议技术特征不属于功能性特征，而属于功能性特征的除外情形。本案中，从涉案专利Ⅱ整体看，如何实现争议技术特征Ⅱ所述功能属于涉案专利Ⅱ申请日前的现有技术；再从 X_2 在二审和再审期间提交的公知常识性证据来看，足以证明实现争议技术特征Ⅱ的功能的具体实施方式对于所属领域普通技术人员属于公知常识。因此，争议技术特征Ⅱ属于功能性特征的除

〔1〕 参见最高人民法院民事裁定书，（2019）最高法民申 5477 号。
〔2〕 参见最高人民法院民事裁定书，（2018）最高法民申 2345 号。

外情形，而不属于功能性特征。[1]

（三）案件评析

1. 案件的典型意义

两案都属于《最高人民法院知识产权案件年度报告（2020）》从最高人民法院 2020 年审结的知识产权案件中精选的 55 件典型案件，其中，（2018）最高法民申 2345 号案所涉及的功能性特征与其他技术特征之间适配关系问题，（2019）最高法民申 5477 号案所涉及的功能性特征除外情形认定问题，二者均入选该年度报告所归纳的 63 个具有一定指导意义的法律适用问题。[2] 另外，（2018）最高法民申 2345 号案还入选“2020 年中国法院 50 件典型知识产权案例”。[3]

2. 功能性特征的含义

《关于审理侵犯专利权纠纷案件应用法律若干问题的解释（二）》第 8 条第 1 款规定，功能性特征是指对于结构、组分、步骤、条件或其之间的关系等，通过其在发明创造中所起的功能进行限定的技术特征。[4] 由此，功能性特征包括两层含义：一是仅对其在发明创造中所起的功能进行限定或描述，通常表现为“零部件名称或形状构造特征 + 功能语言描述”的形式，一般比较容易识别；二是没有对其结构、组分、步骤、条件或其之间的关系等进行限定或描述，但凡限定或描述了其结构、组分、步骤、条件或其之间的关系等之一，就不属于功能性特征。

在上述司法解释出台之前，上海高院、北京市高级人民法院（以下简称北京高院）、国家知识产权局对功能性特征进行过界定，有助于理解功能性特征的含义。上海高院《专利侵权纠纷审理指引（2011）》第 5 条规定，权利要求中

[1] 参见最高人民法院民事裁定书，（2019）最高法民申 5477 号。

[2] 《最高人民法院知识产权案件年度报告（2020 年）摘要》，载《人民法院报》2021 年 4 月 26 日，第 2 版。

[3] 参见《最高人民法院办公厅关于印发 2020 年中国法院 10 大知识产权案件和 50 件典型知识产权案例的通知》（法办〔2021〕146 号）。

[4] 参见《最高人民法院关于审理侵犯专利权纠纷案件应用法律若干问题的解释（二）》（2020）第 8 条第 1 款。

记载的某一特征只是记载了某一装置或步骤所要实现的功能，而没有记载该装置的结构、该步骤的工艺过程，则该特征为功能性特征。[1] 北京高院《专利侵权判定指南》(2013)第 16 条第 2 款规定，功能性技术特征是指权利要求中的对产品的部件或部件之间的配合关系或者对方法的步骤采用其在发明创造中所起的作用、功能或者产生的效果来限定的技术特征。[2] 国家知识产权局《专利侵权判定和假冒专利行为认定指南（试行）》(2014)第一编第一章 2.5.3 规定，功能性技术特征是指权利要求中以功能表述的技术特征，其通常是通过在发明创造中所起的作用、功能或效果而非结构或组成、工艺条件等对产品部件或部件之间的关系或者方法步骤或步骤之间的关系等进行限定的。[3]

3. 功能性特征的保护范围

国家知识产权局《专利审查指南》(2021)第二部分第二章 3.2.1 规定，对于权利要求中所包含的功能性特征，应当理解为覆盖了所有能够实现所述功能的实施方式；但同时要求，所述功能能够通过说明书中规定的实验或者操作或者所属技术领域的惯用手段直接和肯定地验证。[4] 基于此，最高人民法院发布的《关于审理侵犯专利权纠纷案件应用法律若干问题的解释》第 4 条规定，对于权利要求中的功能性特征，人民法院应当结合说明书（含附图，下同）描述的其功能的具体实施方式及其等同的实施方式，确定其内容。[5] 由此，功能性特征虽然应当理解为覆盖所有能够实现所述功能的实施方式，但其保护范围应当限于说明书描述的所述功能的具体实施方式及其等同的实施方式。之所以如此，是因为专利保护的是技术方案，而不单单是功能；而且，目前的专利审查实践，实际上也难以按照《专利审查指南》的规定，对所有能够实现所述功能的实施方式进行检索和审查。[6]

---

[1] 参见上海市高级人民法院《专利侵权纠纷审理指引(2011)》第 5 条。

[2] 参见北京市高级人民法院《专利侵权判定指南》(2013)第 16 条第 2 款。

[3] 参见国家知识产权局《专利侵权判定和假冒专利行为认定指南（试行）》(2014)第一章 2.5.3。

[4] 参见国家知识产权局《专利审查指南》(2021)第二部分第二章 3.2.1。

[5] 参见《最高人民法院关于审理侵犯专利权纠纷案件应用法律若干问题的解释》(2009)第 4 条。

[6] 参见孔祥俊、王永昌、李剑：《〈关于审理侵犯专利权纠纷案件应用法律若干问题的解释〉的理解与适用》，载《人民司法》2010 年第 3 期。

因为功能性特征的保护范围限于说明书描述的所述功能的具体实施方式及其等同的实施方式，所以说明书描述的所述功能的具体实施方式及其等同的实施方式多与少，决定着功能性特征的保护范围相对于一般技术特征而言大与小。[1] "新型电动平衡车"实用新型专利侵权案中，宁波中院一审认定争议技术特征Ⅰ为一般技术特征，但浙江高院二审、最高人民法院再审认定争议技术特征Ⅰ为功能性特征，由于涉案专利Ⅰ说明书描述的所述功能的具体实施方式及其等同的实施方式较多，因而从一审到二审、再审扩大了争议技术特征Ⅰ的保护范围。"电磁阀"发明专利侵权案中，上海知产法院一审、上海高院二审认定争议技术特征Ⅱ为功能性特征，由于涉案专利Ⅰ说明书描述的所述功能的具体实施方式及其等同的实施方式较少，因而专利权人 X_2 坚持主张争议技术特征Ⅱ不属于功能性特征，旨在扩大争议技术特征Ⅱ的保护范围。

4. 功能性特征的侵权认定

功能性特征的侵权认定包括五个层面或程序：

(1)功能性特征的认定。这是功能性特征侵权认定的前置程序。[2] 既要从其仅以功能进行限定或描述的表现形式进行简单识别，又要将所属领域普通技术人员仅通过阅读权利要求即可直接、明确地确定实现其功能的具体实施方式，特别是实现其功能的具体实施方式属于所属领域普通技术人员的公知常识的予以排除，将功能性特征限于专利说明书中实现其功能必不可少的技术特征。[3]

(2)功能性特征的相同侵权认定。功能性特征相同侵权成立的条件是，被控侵权产品或方法的技术特征(以下简称被控侵权特征)实现的功能与专利说明书中实现该功能必不可少的技术特征相同，而且实现该功能的具体方式与专利说明书中记载的具体实施方式之一相同。

---

〔1〕 参见管荣齐、陈琨：《功能性特征的除外情形和限缩性解释——深圳华泽兴业公司、广州同明公司侵害实用新型专利权案》，载《中国发明与专利》2019 年第 8 期。

〔2〕 参见李明德：《功能性权利要求及其保护范围的判断——诺基亚公司与上海华勤通讯技术有限公司侵害发明专利权纠纷案》，载《中国发明与专利》2018 年第 9 期。

〔3〕 参见宋晓明、王闯、李剑：《〈关于审理侵犯专利权纠纷案件应用法律若干问题的解释(二)〉的理解与适用》，载《人民司法(应用)》2016 年第 10 期。

(3)功能性特征的等同侵权认定。在相同侵权不成立的情况下,应当进行等同侵权是否成立的认定。功能性特征等同侵权成立的条件是,被控侵权特征实现的功能与专利说明书中实现该功能必不可少的技术特征相同,而且实现该功能的具体方式与专利说明书中记载的具体实施方式之一基本相同(等同)。专利说明书中实现该功能的具体实施方式越多,被控侵权特征与功能性特征等同的可能性越大,但不宜扩大到所有能够实现所述功能的实施方式。

(4)功能性特征的不侵权认定。虽然被控侵权特征实现的功能与专利说明书中实现该功能必不可少的技术特征相同,但实现该功能的具体方式与专利说明书中记载的具体实施方式不同,则被控侵权特征既不构成相同侵权,又不构成等同侵权。

(5)功能性特征的无效认定,这是功能性特征侵权认定的附随程序。如果专利说明书对功能性特征也仅以功能语言进行了描述,而没有公开任何实现其功能的具体实施方式,则认定该功能性特征没有清楚地表明请求保护的范围,因而不符合我国《专利法》(2020)第 26 条第 4 款规定;如果致使所属领域普通技术人员无法实现,则认定专利说明书不符合我国《专利法》第 26 条第 3 款的规定。基于此,依照我国《专利法实施细则》(2010)第 65 条规定,可以请求宣告该专利权无效。[1]

三、国际申请文本在权利要求解释中的作用——“加强的热交换板”发明专利侵权纠纷案[2]

基于国际申请授予的专利权,其保护范围以国际申请文本和中文专利申请文本确定的保护范围较小的权利要求的内容为准,即采用“较小保护范围标准”,其国际申请文本可以用以解释权利要求的内容。但是,在专利授权中以国际申请文本解释权利要求应采用“较大保护范围标准”,即以国际申请文本

---

〔1〕 参见蔡伟:《侵犯专利权案件中对功能性特征的分析与认定》,载《人民司法(案例)》2017 年第 23 期。

〔2〕 参见最高人民法院民事裁定书,(2020)最高法民申 969 号。

和中文专利申请文本确定的保护范围较大的权利要求的内容为准，而在专利确权中以国际申请文本解释权利要求应兼采“较小保护范围标准”和“较大保护范围标准”。

（一）事实概要

X（一审原告和反诉被告、二审上诉人、再审被申请人）为“加强的热交换板”发明专利（以下简称涉案专利）的专利权人，Y（一审被告和反诉原告、二审被上诉人、再审申请人）为被控侵权产品（全焊接板式换热器）的制造者、使用者、许诺销售者和销售者。

X 于 2016 年 1 月 5 日向上海知识产权法院（以下简称上海知产法院）提起本案诉讼，请求判令 Y 停止侵权、赔偿损失并销毁被控侵权产品及其制造模具。上海知产法院一审认定，涉案专利的独立权利要求 1 限定了“相当大地（减少顶部峰线）”的争议技术特征，其从属的权利要求 6 将之进一步限定为包括“整个”降低至零高度的情况；涉案专利说明书第 0007 段记载了“相当大地”与“整个”之间由“或甚至”一词连接，该词从字面意思理解并结合其英文文本“oreven”的含义，其连接的两者之间并非并列选择关系，而是递进关系。因此，上海知产法院一审判决，Y 停止侵权并赔偿 X 经济损失 100 万元、合理费用 40 万元。[1]

X、Y 均对上海知产法院一审判决不服，向上海市高级人民法院（以下简称上海高院）提起上诉。上海高院二审认定，权利要求 6 将权利要求 1 中“相当大地”进一步限定为包括“整个”减少顶部峰线的情况，涉案专利说明书第 0004 段和第 0007 段记载了“相当大地”与“整个”之间由“或甚至”一词连接，该词系从其 PCT 申请英文原文中的“oreven”直译而来，根据《英华大词典》的释义译为“乃至、甚至”，其本意应表示递进关系而非选择关系。因此，上海高院二审判决，驳回 Y 的上诉，维持上海知产法院一审判决。[2]

Y 对上海高院二审判决不服，向最高人民法院申请再审。Y 申请再审称，

---

〔1〕 参见上海知识产权法院民事判决书，(2016)沪 73 民初 10 号。

〔2〕 参见上海市高级人民法院民事判决书，(2018)沪民终 287 号。

仅从权利要求1、6形式上的引用关系，不能认为“相当大地”包括“整个”减少顶部峰线的情况，两者属于并列技术方案；涉案专利对应的《专利合作条约》（Patent Cooperation Treaty，PCT）申请英语原文中使用的“oreven”，其中“or”可译为“或”，表明连接的两者为并列选择关系；“整个（减少顶部峰线）”的技术方案已被“捐献”，不应予以保护。[1]

（二）裁判要旨

最高人民法院再审裁定，驳回Y的再审申请。

最高人民法院再审认为，根据我国《专利法》（2008）第59条第1款、《关于审理侵犯专利权纠纷案件应用法律若干问题的解释》第2条的规定，基于本案争议技术特征“相当大地（减少顶部峰线）”表明顶部峰线的高度减少到一定程度，而“整个（减少顶部峰线）”导致顶部峰线的高度为零，对应于完全变平的波纹线，本领域普通技术人员在阅读涉案专利说明书及附图的基础上，并不能得出“相当大地（减少顶部峰线）”覆盖“整个（减少顶部峰线）”的结论，故二者应属于并列的技术方案。

我国是PCT的缔约国，依法履行相应的国际义务。对于国务院专利行政部门基于国际申请授予的专利权，依照我国《专利法实施细则》第102条、第113条、第117条的规定，其原始国际申请以及相应的申请文本具有法律效力，且其国际申请文本也是专利审查档案的重要组成部分。由此，当事人对权利要求中特定技术内容的解释存在争议时，可以依法参考国际申请文本中相应部分的原文解释权利要求的内容。本案中，与争议技术特征有关的国际申请文本中相应表述为“substantial oreven total”，其含义与涉案专利说明书中“相当大地或甚至整个”相符，因而不能认定争议技术特征中的“相当大地（减少顶部峰线）”覆盖了“整个（减少顶部峰线）”。

根据我国《专利法实施细则》第20条和《专利审查指南》第二部分第六章的有关规定，对于特定权利要求及其引用的独立权利要求，应当根据两项权利要求所限定的保护范围是否属于“进一步限定”，即二者的保护范围是否具有

〔1〕参见最高人民法院民事裁定书，（2018）最高法民申2345号。

覆盖和被覆盖关系来具体判断，而不能仅仅基于撰写形式上的引用和被引用，即认定独立权利要求的保护范围当然地覆盖对其进行引用的特定权利要求。本案中，虽然涉案专利权利要求6引用权利要求1，但根据涉案专利说明书及附图、国际申请中相关部分的原文，均能得出争议技术特征“相当大地（减少顶部峰线）”与“整个（减少顶部峰线）”是并列的不同技术方案。

《关于审理侵犯专利权纠纷案件应用法律若干问题的解释》（2009）第5条规定的捐献原则，其适用需要注意两个方面：一是认定权利要求中是否记载特定技术方案，应当考虑权利要求书的整体情况，不能将部分权利要求中未记载、其他相关权利要求中已明确记载的技术方案归属于“捐献”的情形；二是权利要求中“未记载的技术方案”仅要求其在实质上未纳入保护范围，并不要求其在形式上与相关表述对应一致，故通过上位概括等形式纳入保护范围的特定技术方案不在其列。本案中，被控侵权产品系“整个（减少顶部峰线）”，虽与争议技术特征“相当大地（减少顶部峰线）”确有不同，但两者的手段、功能、效果基本相同，且所属领域普通技术人员无须经过创造性劳动就能够联想到，因而构成等同技术特征；再从整体上、实质上考察涉案专利权利要求书，“整个（减少顶部峰线）”的技术方案未被“捐献”，故被控侵权产品对涉案专利构成侵权。[1]

（三）案件评析

1. 案件的典型意义

本案属于《最高人民法院知识产权案件年度报告（2020）》从最高人民法院2020年审结的知识产权案件中精选的55件典型案件之一，所涉及的国际申请文本用于解释权利要求问题，入选该年度报告所归纳的63个具有一定指导意义的法律适用问题。[2]

---

〔1〕 参见最高人民法院民事裁定书，（2020）最高法民申969号。

〔2〕 参见《最高人民法院知识产权案件年度报告（2020年）摘要》，载《人民法院报》2021年4月26日，第2版。

2. 国际申请文本用于解释权利要求的有关规定

我国《专利法》规定，发明或者实用新型专利权的保护范围以其权利要求的内容为准，说明书及附图可以用于解释权利要求的内容。[1]

我国《专利法实施细则》规定，按照《专利合作条约》已确定国际申请日并指定中国的国际申请，视为向国务院专利行政部门提出的专利申请；国际申请以外文提出的，应当提交原始国际申请的说明书和权利要求书的中文译文；申请人发现提交的说明书、权利要求书或者附图中的文字的中文译文存在错误的，可以在规定期限内依照原始国际申请文本提出改正；基于国际申请授予的专利权，由于译文错误，致使依照我国《专利法》规定确定的保护范围超出国际申请的原文所表达的范围的，以依据原文限制后的保护范围为准；致使保护范围小于国际申请的原文所表达的范围的，以授权时的保护范围为准。[2]

最高人民法院发布的《关于审理侵犯专利权纠纷案件应用法律若干问题的解释》及《关于审理侵犯专利权纠纷案件应用法律若干问题的解释（二）》规定，作为发明或者实用新型专利权保护范围确定标准的权利要求的内容，应当根据权利要求的记载，结合所属领域普通技术人员阅读说明书及附图后对权利要求的理解进行确定；对于权利要求进行解释，可以运用说明书及附图、权利要求书中的相关权利要求、专利审查档案，但说明书对权利要求用语有特别界定的从其特别界定，仍不能明确权利要求含义的还可以结合工具书、教科书等公知文献以及所属领域普通技术人员的通常理解；专利审查档案包括专利审查、复审、无效程序中专利申请人或者专利权人提交的书面材料，以及国务院专利行政部门制作的审查意见通知书、会晤记录、口头审理记录、生效的专利复审请求审查决定书和专利权无效宣告请求审查决定书等。[3]

国家知识产权局《专利审查指南》规定，说明书、权利要求书的译文应当与国际局传送的国际公布文本中说明书、权利要求书的内容相符，完整并忠实于

---

〔1〕 参见《专利法》(2020)第64条第1款。

〔2〕 参见《专利法实施细则》(2010)第102条、第104条第1款第3项、第113条、第117条。

〔3〕 参见《最高人民法院关于审理侵犯专利权纠纷案件应用法律若干问题的解释》(2009)第2~3条；《最高人民法院关于审理侵犯专利权纠纷案件应用法律若干问题的解释(二)》(2020)第6条第2款。

原文；国际申请作为实质审查基础的文本，以中文作出国际公布的则为原始提交的国际申请文本，以外文公布的则为原始提交的国际申请文本的中文译文；对于国际申请，我国《专利法》规定的原说明书和权利要求书是指原始提交的国际申请的权利要求书、说明书及其附图。[1]

3. 用于解释权利要求的国际申请文本的范围和作用

上述有关规定中用于解释权利要求的原始国际申请文本或国际申请的原文，仅限于权利要求书还是包括说明书及附图，其对于专利权的保护范围、权利要求的解释发挥什么作用？

首先，从专利权的保护范围来看，我国《专利法》明确规定发明或者实用新型专利权的保护范围以权利要求的内容为准，既然按照专利合作条约已确定国际申请日并指定中国的国际申请，视为向国务院专利行政部门提出的专利申请，那么基于该国际申请授予的发明或者实用新型专利权的保护范围亦应以权利要求的内容为准。由于国际申请进入中国国家阶段以后需要提交说明书和权利要求书的中文译文[2]，可能因译文错误造成国际申请文本和中文申请文本存在差异，为了限制垄断性的专利权以保护社会公众利益，故基于国际申请授予的发明或者实用新型专利权的保护范围，既不能超出国际申请文本中权利要求的内容，又不能超出中文专利申请文本中权利要求的内容，即以国际申请文本和中文专利申请文本确定的保护范围较小的权利要求的内容为准，以使专利申请人严格准确地按照国际申请文本进行翻译，不得从译文错误中获取不正当利益。

其次，从权利要求的解释来看，我国《专利法》规定说明书及附图可以用于解释权利要求的内容，既然按照专利合作条约已确定国际申请日并指定中国的国际申请，视为向国务院专利行政部门提出的专利申请，那么该国际申请授予发明或者实用新型专利权后的说明书及附图也可以用于解释权利要求的内容。由于国际申请进入中国国家阶段以后需要提交中文申请文本，并作为该国际申

[1] 参见国家知识产权局《专利审查指南》(2021)第三部分第一章 3.2.1，第三部分第二章 3.2、3.3。
[2] 参见《专利法实施细则》(2010)第 104 条第 1 款第 3 项。

请授予发明或者实用新型专利权后的专利文件，因而国际申请文本（包括权利要求书、说明书及附图）成为授权后的专利审查档案，可以用于解释权利要求的内容。但如前所述，可能因译文错误造成国际申请文本和中文申请文本存在差异，对于权利要求的解释亦应采用"较小保护范围标准"。本案中，最高人民法院再审裁定参考国际申请文本中相应表述"substantial oreven total"，认定"相当大地（减少顶部峰线）"与"整个（减少顶部峰线）"为并列的技术方案，从而缩小了涉案专利的保护范围，虽然仅以国际申请文本也是专利审查档案的重要组成部分为由，但亦体现了以国际申请文本解释权利要求的"较小保护范围标准"。

4. 专利侵权与授权确权中以国际申请文本解释权利要求

专利侵权与授权确权中权利要求的解释原则有所不同。在专利侵权中，权利要求的解释宜采用"普通含义解释原则"，因为所针对的是已经授权和有效的专利，有完整的专利审查档案可以参考；为了保护专利权人的合法权益同时兼顾社会公众利益，依据权利要求的记载、结合所属领域普通技术人员阅读说明书及其附图后的理解和参考专利审查档案，以此确定专利保护范围比较公开透明、公平合理、公正恰当。在专利授权中，权利要求的解释宜采用"最宽合理解释原则"，因为发生在专利授权前，可以参考的专利审查档案非常有限甚至没有；为了在专利申请人利益不受损害的前提下保护社会公众利益，减少专利授权后对权利要求作出更宽解释的可能性尤其是限制颁发无效专利，以专利权利要求中用语的日常和习惯含义、在说明书中的特别界定或明确描述等，来确定权利要求的保护范围从而审查判断专利申请是否符合授权确权条件，可以推动专利申请文件修改完善，特别是权利要求使用含义更窄的用语或对用语含义进行适当限缩，可以使得专利权的边界更清楚、稳定性更好、质量更高。在专利确权中，权利要求的解释宜兼采"普通含义解释原则"和"最宽合理解释原则"，因为虽然所针对的也是已经授权和有效的专利，但可以参考的专利审查档案不如专利侵权中的完整；虽然其目的与专利侵权中的不同而与专利授权中的相同，即为了在专利权人利益不受损害的前提下保护社会公众利益，但专利文件尤其是权利要求修改的时机、方式和范围与专利授权中的相比受到很大限缩。[1]

专利侵权与授权确权中以国际申请文本解释权利要求有所不同。前述中国际申请文本用于解释权利要求都是基于专利侵权而言的,即专利侵权中以国际申请文本解释权利要求应采用"较小保护范围标准"。专利侵权中权利要求解释宜采用的"普通含义解释原则",与以国际申请文本解释权利要求应采用的"较小保护范围标准"之间属于上下层级关系。一方面,"普通含义解释原则""较小保护范围标准"之间存在一致性,"较小保护范围标准"旨在禁止专利申请人从国际申请文本的译文错误中获取不正当利益,促使专利申请人完整、忠实地按照国际申请文本进行翻译,[2]使得权利要求书的中文译文与国际局传送的国际公布文本中说明书、权利要求书的内容相符;"普通含义解释原则"相对于"最宽合理解释原则",所确定的专利保护范围较小,旨在保护专利权人的合法权益同时兼顾社会公众利益,使得专利保护范围比较公开透明、公平合理、公正恰当。另一方面,"普通含义解释原则""较小保护范围标准"之间存在上下指导关系,"普通含义解释原则"属于上一层级的指导原则,"较小保护范围标准"属于下一层级的实施标准。以此推导,专利授权中权利要求解释宜采用"最宽合理解释原则",则以国际申请文本解释权利要求应采用"较大保护范围标准",即以国际申请文本和中文专利申请文本确定的保护范围较大的权利要求的内容为准;专利确权中权利要求解释宜兼采"普通含义解释原则"和"最宽合理解释原则",则以国际申请文本解释权利要求应兼采"较小保护范围标准"和"较大保护范围标准"。

---

〔1〕 参见管荣齐:《专利侵权与授权确权中技术特征的界定——"吸纳式充电装置"实用新型专利侵权案》,载《中国发明与专利》2020年第11期。

〔2〕 参见石必胜:《国际申请文本在专利权利要求解释中的作用(二)》,载《今日财富(中国知识产权)》2016年第3期。

四、专利侵权判断中“为生产经营目的”的认定——“增乳壮牛中药饲料添加剂及制备方法”发明专利侵权纠纷案[1]

专利侵权判断中“为生产经营目的”的认定通常从行为主体、行为方式、行为的性质和范围三个角度进行。只有未经专利权人许可制造、使用、进口专利产品和使用专利方法的行为，是为了私人消费、私人使用以及单纯的公共服务、公益事业、慈善事业的目的，没有从中直接或间接获得任何经济利益，才不属于“为生产经营目的”实施他人专利的行为。

（一）事实概要

X（一审原告、二审上诉人）为“增乳壮牛中药饲料添加剂及制备方法”发明专利（以下简称涉案专利）的专利权人，Y（一审被告、二审被上诉人）为被控侵权产品和方法（奶牛天然物饲料添加剂产品和方法）的制造者、使用者。

X 于 2019 年 2 月 22 日向北京知识产权法院（以下简称北京知产法院）提起本案诉讼，请求判令 Y 停止侵权、赔偿损失 261.818 万元。北京知产法院一审认为，根据我国《专利法》第 11 条及第 60 条之规定，并非所有未经许可使用他人专利的行为都构成侵权，只有在使用人以生产经营为目的而制造、使用、许诺销售、销售、进口专利产品等行为才构成侵权。本案中，从法人属性上来看，Y 属于事业单位，不具备生产经营的资质；从现有证据来看，Y 的行为目的在于对奶牛中草药饲料添加剂的研发与示范，并无证据显示其行为系以生产经营为目的。因此，北京知产法院一审判决，驳回 X 的全部诉讼请求。[2]

X 对北京知产法院一审判决不服，向最高人民法院知识产权法庭（以下简称最高院知产法庭）提起上诉。X 上诉称，北京知产法院一审判决关于 Y 不具有“生产经营目的”的认定错误，主要理由在于：(1) Y 在表面上看似与经营营利无关，但实际上向众多农户推广涉案专利技术中，在众多农户获利的同时也获得了巨大利益；(2)《中国农业科学院年鉴 2006》明确记载和充分证明，Y 使

---

〔1〕 参见最高人民法院民事判决书，(2020) 最高法知民终 831 号。

〔2〕 参见北京知识产权法院民事判决书，(2019) 京 73 民初 207 号。

用了涉案专利技术并获得经济利益，且无证据显示Y推广涉案专利技术是一项非营利或公益项目；(3)Y以推广涉案专利技术的合同属于“商业秘密”为由而拒绝提交，但商业秘密本身具有商业价值，这意味着其承认该合同是与经济利益挂钩的。

（二）裁判要旨

最高院知产法庭二审判决，撤销北京知产法院一审判决，Y赔偿X经济损失60万元及合理开支1.5万元。

最高院知产法庭二审认为，我国《专利法》将“为生产经营目的”作为专利侵权构成的要件之一，系出于合理平衡专利权人和社会公众利益之目的；在专利侵权判定时，对“为生产经营目的”的理解，应着眼于具体的被诉侵权行为，综合考虑该行为是否属于参与市场活动、是否影响专利权人市场利益等因素综合判断，既不能将“为生产经营目的”简单等同于“实际获利”，又不能仅仅根据实施主体的性质认定其是否具有生产经营目的；即使政府机关、事业单位等主体具有公共服务、公益事业等属性，其自身不以生产经营为目的，但其实施了市场活动、损害了专利权人市场利益的，仍可认定具备“为生产经营目的”之要件。

本案中，已有证据表明，Y生产出的奶牛天然物饲料添加剂产品，已经在大兴区主要奶牛场、畜场进行了示范和推广，取得了很好的效果，据此可以认定Y制造了涉案专利产品并使用了涉案专利方法。统计数据显示，Y在推广涉案专利技术的过程中，共计培训技术人员和农民10,320人(次)，使4500余农户直接受益，创造直接经济效益1.14亿元。由此，Y制造、使用涉案专利产品和方法的行为不可避免会侵占涉案专利的可能市场，损害X的市场利益，故其行为具备“为生产经营目的”之要件；且其培训并积极诱导众多农户使用了涉案专利技术，故其还实施了教唆侵权行为。因此，Y对涉案专利构成侵权，应当承担相应民事责任。[1]

---

〔1〕 参见最高人民法院民事判决书，(2020)最高法知民终831号。

（三）案件评析

1. 案件的典型意义

本案属于《最高人民法院知识产权案件年度报告（2020）》从最高人民法院2020年审结的知识产权案件中精选的55件典型案件之一，还是最高院知产法庭2020年审结的2787件技术类知识产权案件中精选出的55个典型案例之一。所涉及的专利侵权判断中“为生产经营目的”的认定问题及其裁判规则，入选《最高人民法院知识产权案件年度报告（2020）》所归纳的63个具有一定指导意义的法律适用问题，以及最高院知产法庭2020年审结的2787件技术类知识产权案件中提炼成的46条裁判规则。[1]

2. 专利侵权判断中“为生产经营目的”认定的规则变迁

（1）我国《专利法》中关于“为生产经营目的”的规则变迁。“为生产经营目的”实施他人专利的主体，自1984年第一部《专利法》至2020年第四次修改一直未变，都规定为“任何单位或者个人”。但“为生产经营目的”实施他人专利的行为，我国《专利法》从1992年第一次修改到2008年第三次修改逐次有所增加，1992年第一次修改增加了发明专利方法直接获得的产品的使用、销售行为以及发明和实用新型专利产品、依照发明专利方法直接获得的产品的进口行为，2000年第二次修改增加了发明和实用新型专利产品、依照发明专利方法直接获得的产品的许诺销售行为，2008年第三次修改增加了外观设计专利产品的许诺销售行为，但仍未覆盖依照专利方法直接获得的产品的制造行为、外观设计专利产品的使用行为。[2]

（2）国家知识产权局有关规章中关于“为生产经营目的”的规则变迁。国家知识产权局曾于2014年印发《专利侵权判定和假冒专利行为认定指南（试

---

〔1〕 参见《最高人民法院知识产权案件年度报告（2020年）摘要》，载《人民法院报》2021年4月26日，第2版；孙航：《〈最高人民法院知识产权法庭裁判要旨（2020）〉发布》，载《人民法院报》2021年2月27日，第2版。

〔2〕 参见《专利法》（1984，1992，2000，2008，2020）第11条；《全国人民代表大会常务委员会关于修改〈中华人民共和国专利法〉的决定》（1992）第1条；《全国人民代表大会常务委员会关于修改〈中华人民共和国专利法〉的决定》（2000）第6条；《全国人民代表大会常务委员会关于修改〈中华人民共和国专利法〉的决定》（2008）第6条；管荣齐：《中国知识产权保护的法律边界》，载《学术论坛》2020年第1期。

行)》,2016年印发《专利侵权行为认定指南(试行)》,均规定了不属于"为生产经营目的"实施他人专利的行为。2014年《专利侵权判定和假冒专利行为认定指南(试行)》将"为生产经营目的"限定为"为工农业生产或者商业经营等目的"并排除"个人消费目的",同时明确规定"以非商业的目的私人实施专利的行为属于不以生产经营为目的的行为";"单位的性质并不能决定其行为的非生产经营性,重点考察行为本身是否为以生产经营为目的";"以生产经营为目的并不要求以营利为目的,但以营利为目的的行为",如"销售和许诺销售"行为,"市场化运行的公共服务主体"的"公共服务行为","单位为自己企业员工福利和需求"而实施他人专利的行为,则属于"为生产经营目的"的行为。2016年《专利侵权行为认定指南(试行)》在此基础上进一步完善,包括:将"个人消费"改为"私人消费",将"以私人(方式)实施专利的行为"中许诺销售和销售认定为"以生产经营为目的"。[1]

(3)北京市高级人民法院有关意见中关于"为生产经营目的"的规则变迁。北京市高级人民法院曾于2001年、2013年、2017年制定并下发了三个版本关于专利侵权判定的意见(指南),均规定了不属于"为生产经营目的"实施他人专利的行为,2001年《专利侵权判定若干问题的意见(试行)》仅规定了个人非经营目的的制造、使用行为,2013年《专利侵权判定指南》将范围扩大至任何单位或个人非生产经营目的制造、使用、进口专利产品的行为,《专利侵权判定指南(2017)》又将范围缩小至为私人利用等非生产经营目的实施他人专利的行为。[2]

3. 专利侵权判断中"为生产经营目的"认定的考虑因素

参照国家知识产权局《专利侵权行为认定指南(试行)》(2016)和北京市高级人民法院《专利侵权判定指南(2017)》,"为生产经营目的"是指为工农业生产或者商业经营等目的,不包括为私人消费、私人使用以及单纯的公共服务、公

---

〔1〕 参见国家知识产权局《专利侵权判定和假冒专利行为认定指南(试行)》(2014)第一编第三章第二节;国家知识产权局《专利侵权行为认定指南(试行)》(2016)第二章第三节。

〔2〕 参见北京市高级人民法院《专利侵权判定若干问题的意见(试行)》(2001)第94条;北京市高级人民法院《专利侵权判定指南》(2013)第118条;北京市高级人民法院《专利侵权判定指南(2017)》第130条。

益事业、慈善事业目的。[1] 专利侵权判断中认定是否属于“为生产经营目的”实施他人专利的行为，通常需要从行为主体、行为方式、行为的性质和范围三个角度进行综合判断。

从行为主体来看，“为生产经营目的”实施他人专利的主体包括单位和个人，其中“单位”按其是否具有营利性分为营利性单位和非营利性单位。营利性单位（主要是指企业）实施他人专利的行为一般属于“为生产经营目的”的性质，非营利性单位（包括国家机关、事业单位、社会团体等）实施他人专利的行为则通常不具有“为生产经营目的”的性质。但行为主体本身的性质并非决定其行为目的的关键因素，营利性单位实施他人专利的行为也可能为了私人消费、私人使用以及单纯的公共服务、公益事业、慈善事业目的，非营利性单位的某些制造、使用和进口行为亦也可能是“为生产经营目的”。[2]

从行为方式来看，生产经营性并不要求营利性，但营利性行为应当属于“为生产经营目的”的行为。[3] 未经专利权人许可，许诺销售和销售专利产品的行为，无论其行为主体是单位还是个人，一般属于“为生产经营目的”实施他人专利的行为。而未经专利权人许可制造、使用、进口专利产品和使用专利方法的行为，既可能属于“为生产经营目的”实施他人专利的行为，也可能不属于“为生产经营目的”实施他人专利的行为。但根据我国现行《专利法》的规定，依照专利方法直接获得的产品制造行为，外观设计专利产品使用行为，都不属于“为生产经营目的”实施专利的行为。[4]

从行为的性质和范围来看，需要根据实施他人专利行为的实际情况作出具体判断。从正面而言，被控侵权人在其经营范围内的业务行为，获得经济利益（具有商业性质）的行为，将被控侵权产品投入市场的行为，通常构成“为生产经营目的”实施他人专利的行为；从反面而言，以私人方式且以非商业的私人

〔1〕 参见国家知识产权局《专利侵权行为认定指南（试行）》（2016）第二章第三节；北京市高级人民法院《专利侵权判定指南（2017）》第130条。

〔2〕 参见丁文杰：《〈专利法〉中的“生产经营目的”要件及解释——莫文彩诉贵阳棋院等侵犯专利权纠纷上诉案》，载《中国发明与专利》2018年第12期。

〔3〕 生产经营性的外延大于营利性，因为非营利性活动也可能具有生产经营性。

〔4〕 参见《专利法》（2020）第11条。

消费目的实施他人专利的行为,则不属于“为生产经营目的”实施他人专利的行为,如私人使用以及从事单纯的公共服务、公益事业、慈善事业。[1] 由此,只有未经专利权人许可制造、使用、进口专利产品和使用专利方法的行为,为了私人消费、私人使用以及单纯的公共服务、公益事业、慈善事业目的,没有从中直接或间接获得任何经济利益,才不属于“为生产经营目的”实施他人专利的行为。[2]

4. 专利侵权判断中“为生产经营目的”认定的主要情形

(1)专利侵权判断中以私人方式实施他人专利的行为认定。以私人方式实施他人专利的行为是否属于“为生产经营目的”的行为,关键在于判断其是否为商业目的。为满足个人使用或者消费目的实施他人专利的行为通常不构成“为生产经营目的”的行为,但以私人方式许诺销售和销售专利产品的行为则应属于“为生产经营目的”的行为。例如,未经专利权人许可,以私人方式将专利产品销售给朋友、邻居的行为,构成侵犯专利权的行为;未经专利权人许可,雇用他人实施专利供私人使用,由于被雇用人获得了利益,故被雇用人实施专利的行为,也构成侵犯专利权的行为。[3]

(2)专利侵权判断中非营利性单位实施他人专利的行为认定。实施他人专利的单位性质并不能决定其行为的非生产经营性,重点看其行为本身是否“为生产经营目的”。国家机关、事业单位、社会团体等非营利性单位实施他人专利的行为是否属于“为生产经营目的”的行为,应该结合具体案情具体分析,如果不是单纯为了公共服务、公益事业、慈善事业目的,也可能构成“为生产经营目的”的行为。本案中,Y 虽是非营利性的事业单位,具有公共服务、公益事业等属性,但其未经 X 许可制造、使用涉案专利产品和方法的行为,获得了可观的市场利益、具有明显的营利性,因而构成“为生产经营目的”实施他人专利的侵权行为。

---

〔1〕 参见国家知识产权局《专利侵权行为认定指南(试行)》(2016)第二章第三节。

〔2〕 参见祝建军:《专利纠纷中“非生产经营目的”免责抗辩成立的条件》,载《人民法院报》2014 年 7 月 23 日,第 7 版。

〔3〕 参见国家知识产权局《专利侵权判定和假冒专利行为认定指南(试行)》(2014)第一编第三章第二节;国家知识产权局《专利侵权行为认定指南(试行)》(2016)第二章第三节。

五、方法专利侵权诉讼中举证责任分配——“萘酚生产中母液、亚硫酸钠溶液的处理方法”发明专利侵权纠纷案[1]

我国现有的方法专利侵权诉讼中举证责任分配规则是，新产品制造方法专利的举证责任倒置，主要由被控侵权人承担，但需专利权人对“新产品”这一消极事实举证证明，建议完善为“专利权人初步举证，被控侵权人主要举证”；已知产品制造方法专利“谁主张，谁举证”，主要由专利权人承担举证责任，但仅需证明被控侵权产品与专利产品属于同样产品并经由专利方法制造的可能性较大即可，建议完善为“专利权人尽力举证，被控侵权人补充举证”。

（一）事实概要

X（一审原告、二审上诉人、再审申请人）为“萘酚生产中母液、亚硫酸钠溶液的处理方法”发明专利（以下简称涉案专利）的专利权人，Y（一审被告、二审被上诉人、再审被申请人）为被控侵权方法（萘酚生产工艺）的制造者、使用者。

X 于 2016 年向河北省石家庄市中级人民法院（以下简称石家庄中院）提起本案诉讼，请求判令 Y 立即停止侵犯涉案专利的行为。石家庄中院一审认为，根据依法调取的证据及 X 提交的证据，结合 Y 的陈述、原河北省环保厅保存的环评报告，并不能证明 Y 在萘酚生产中副产品亚硫酸钠的提取工艺落入涉案专利权利要求的保护范围。因此，石家庄中院一审判决，驳回 X 的诉讼请求。[2]

X 对石家庄中院一审判决不服，向河北省高级人民法院（以下简称河北高院）提起上诉。河北高院二审认定，根据 X 提交的证据以及依 X 申请调取的证据，并不能足以证明 Y 在萘酚生产中副产品亚硫酸钠的提取工艺落入涉案专利权利要求的保护范围，不足以认定 Y 侵害涉案专利权。因此，河北高院二审判决，维持石家庄中院一审判决。[3]

---

〔1〕参见最高人民法院民事判决书，（2020）最高法民再 183 号。

〔2〕参见河北省石家庄市中级人民法院民事判决书，（2016）冀 01 民再 145 号。

〔3〕河北省高级人民法院民事判决书，（2017）冀民再 125 号。

X 对河北高院二审判决不服,向最高人民法院申请再审。X 再审称,石家庄中院、河北高院未完整保全证据、不允许鉴定,X 提交的新证据“参保人员个人账户确认表”能够证明其上 7 人是 Y 的员工,X 提交的“生产记录”具有真实性,结合 X 在一审中提交的视频、Y 的生产记录、Y 的两项专利申请,可以推定 Y 侵犯了涉案专利权。

(二)裁判要旨

最高人民法院再审判决,撤销河北高院二审判决和石家庄中院一审判决,Y 立即停止侵犯涉案专利的行为。

最高人民法院再审认为,X 提交的亚硫酸钠提取记录、手写的书面记录、2-萘酚原始记录、交接班记录表为原件,且有有关人员签名,在再审询问时 X 出示,结合参保人员个人账户确认表,可以认定上述证据相互印证形成证据链,能够真实反映 Y 的实际制备工艺,可予采信;X 再审提交的书面记录本(无签名)、班会录音及有关对应文字从内容上与上述证据相互印证,可以认定具有关联性。

根据“生产记录”(包括亚硫酸钠提取记录、手写的书面记录、2-萘酚原始记录)中记载的信息“稀释锅加亚钠”、“亚钠提取锅加液体亚钠”、在稀释工艺中有“提取亚钠”,以及交接班记录中“提取亚钠与稀释结合好,污水母液即时回稀释配底水,提取亚纳”,与 Y 在原环保厅备案工艺在稀释工艺中仅添加水稀释明显不同,可以证明 Y 的生产工艺中有以亚硫酸钠溶液做稀释剂和在碱溶稀释后提取亚硫酸钠的步骤,分别对应于涉案专利步骤 A 和 B,该两项步骤也是涉案专利方法相对于说明书中记载的传统工艺方法的改进之处。因此,X 提交的证据可以初步证明 Y 实际生产中使用涉案专利。

在 X 进一步取证困难,且 Y 掌握其生产工艺流程和生产记录的情况下,Y 应负有举证其生产方法不同于涉案专利方法的责任,否则应承担不利后果。在二审和再审询问期间,法院均要求 Y 提交生产记录或工艺操作流程等,Y 称其没有任何文字记载的生产记录或操作手册,该陈述与目前法律法规对化工企业安全生产的要求明显不符。化工企业的生产记录或操作手册应由 Y 记录并保管，在法院多次要求其提交而拒不提交的情况下，根据《最高人民法院关于民事诉讼证据的若干规定》（2008）第75条“有证据证明一方当事人持有证据无正当理由拒不提供，如果对方当事人主张该证据的内容不利于证据持有人，可以推定该主张成立”的规定，Y应承担不利后果，即推定X关于Y在萘酚生产工艺中对亚硫酸钠溶液的处理落入了涉案专利保护范围的主张成立，Y侵害了涉案专利权。[1]

（三）案件评析

1. 案件的典型意义

本案属于《最高人民法院知识产权案件年度报告（2020）》从最高人民法院2020年审结的知识产权案件中精选的55件典型案件之一，所涉及的方法专利侵权诉讼中举证责任分配问题，入选该年度报告所归纳的63个具有一定指导意义的法律适用问题。[2]

2. 方法专利侵权诉讼中举证责任分配规则变迁

我国方法专利侵权诉讼中举证责任分配规则，从1984年第一部《专利法》至今，主要经历了以下四个发展阶段：

第一阶段：最严格的举证责任倒置。我国《专利法》（1984）第60条第2款规定：“在发生侵权纠纷的时候，如果发明专利是一项产品的制造方法，制造同样产品的单位或者个人应当提供其产品制造方法的证明。”1992年《最高人民法院关于适用〈中华人民共和国民事诉讼法〉若干问题的意见》第74条规定：“……在下列侵权诉讼中，对原告提出的侵权事实，被告否认的，由被告负责举证：（1）因产品制造方法发明专利引起的专利侵权诉讼……”显然，此时方法专利侵权诉讼中举证责任分配规则并不区分新产品和已知产品，对产品制造方法专利实行最严格的举证责任倒置，被控侵权人对其产品制造方法承担完全的举证责任。

---

〔1〕参见最高人民法院民事判决书，（2020）最高法民再183号。

〔2〕参见《最高人民法院知识产权案件年度报告（2020年）摘要》，载《人民法院报》2021年4月26日，第2版。

第二阶段:有区别的举证责任倒置。我国《专利法》(1992)第60条第2款规定:“在发生侵权纠纷的时候,如果发明专利是一项新产品的制造方法,制造同样产品的单位或者个人应当提供其产品制造方法的证明。”这与“最严格的举证责任倒置”相比,增加了一个“新”字,即只有新产品的制造方法专利侵权诉讼才实行举证责任倒置,从而将已知产品制造方法专利侵权诉讼中举证责任分配划入“谁主张,谁举证”的范围之中。

第三阶段:严限度的举证责任倒置。我国《专利法》(2000)第57条第2款规定:“专利侵权纠纷涉及新产品制造方法的发明专利的,制造同样产品的单位或者个人应当提供其制造方法不同于专利方法的证明……”《最高人民法院关于民事诉讼证据的若干规定》(2008)第4条第1款第1项规定:“因新产品制造方法发明专利引起的专利侵权诉讼,由制造同样产品的单位或者个人对其产品制造方法不同于专利方法承担举证责任。”这与“有区别的举证责任倒置”相比,将新产品制造方法专利侵权诉讼中被控侵权人的举证责任,由“提供其制造方法的证明”进一步明确限定为“提供其制造方法不同于专利方法的证明”。[1]

第四阶段:宽限度的举证责任倒置。虽然我国2008年《专利法》第61条第1款、2020年《专利法》第66条第1款的有关规定,对于2000年《专利法》第57条第2款前半句的规定只字未改,但是《最高人民法院关于知识产权民事诉讼证据的若干规定》第3条规定:“专利方法制造的产品不属于新产品的,侵害专利权纠纷的原告应当举证证明下列事实:(一)被告制造的产品与使用专利方法制造的产品属于相同产品;(二)被告制造的产品经由专利方法制造的可能性较大;(三)原告为证明被告使用了专利方法尽到合理努力。原告完成前款举证后,人民法院可以要求被告举证证明其产品制造方法不同于专利方法。”[2]这与“有限度的举证责任倒置”相比,将已知产品制造方法专利侵权诉讼中举证责任分配规则,由“谁主张,谁举证”调整为“专利权人尽力举证,被控

---

〔1〕 参见刘红兵、卢山:《方法专利侵权诉讼的举证责任分配》,载《知识产权》2007年第5期;胡学军:《分合之道:两种方法发明专利侵权举证责任规则变迁评析》,载《当代法学》2014年第1期。

〔2〕《最高人民法院关于知识产权民事诉讼证据的若干规定》(2020)第3条。

侵权人补充举证”。

3. 新产品制造方法专利侵权诉讼中举证责任的分配

方法专利侵权诉讼中举证责任分配规则的内在逻辑是,如果依照专利方法制造的产品是新的,则被控侵权人不大可能较短时间开发出制造同样产品的另一方法,因而被控侵权人使用专利方法的可能性较大,除非被控侵权人提出相反证据予以推翻,即新产品制造方法专利侵权诉讼中举证责任倒置;[1] 如果依照专利方法制造的产品是已知的,则被控侵权人可能开发出制造同样产品的另一方法,因而被控侵权人使用专利方法的可能性不大,应由专利权人对被控侵权行为承担举证责任,即已知产品制造方法专利侵权诉讼中“谁主张,谁举证”。

但是,新产品制造方法专利侵权诉讼中举证责任倒置规则,虽然要求新产品制造方法专利侵权诉讼中被控侵权人“提供其制造方法不同于专利方法的证明”,但专利权人仍然要对依照专利方法制造的产品为“新产品”及其与被控侵权产品为“同样产品”承担举证责任。《最高人民法院关于审理侵犯专利权纠纷案件应用法律若干问题的解释》第 17 条规定,产品或者制造产品的技术方案在专利申请日以前为国内外公众所知的,应当认定该产品不属于“新产品”。[2] 《最高人民法院关于充分发挥知识产权审判职能作用推动社会主义文化大发展大繁荣和促进经济自主协调发展若干问题的意见》第 15 条规定,使用专利方法获得的产品以及制造该产品的技术方案在专利申请日前不为公众所知的,该产品属于“新产品”。[3] 由此,依照专利方法制造的产品为“新产品”属于消极事实,其举证证明是非常艰难的,因为专利权人无法进行穷尽式证明,而被控侵权人只需举出一个相反实例就足以将之推翻。

如前所述,按照方法专利侵权诉讼中举证责任分配规则的内在逻辑,新产品制造方法专利侵权诉讼中举证责任主要由被控侵权人承担,已知产品制造方法专利侵权诉讼中举证责任主要由专利权人承担。而根据《最高人民法院关

---

〔1〕 参见袁博:《方法专利案件中原告的举证责任》,载《人民法院报》2019 年 1 月 31 日,第 7 版;胡学军:《分合之道:两种方法发明专利侵权举证责任规则变迁评析》,载《当代法学》2014 年第 1 期。

〔2〕 参见《最高人民法院关于审理侵犯专利权纠纷案件应用法律若干问题的解释》(2009)第 17 条。

〔3〕 参见《最高人民法院关于充分发挥知识产权审判职能作用推动社会主义文化大发展大繁荣和促进经济自主协调发展若干问题的意见》(2011)。

于知识产权民事诉讼证据的若干规定》第 3 条的规定，已知产品制造方法专利侵权诉讼中专利权人，仅需证明被控侵权产品与依照专利方法制造的产品属于同样产品并经由专利方法制造的可能性较大，且为证明被控侵权人使用了专利方法尽到合理努力即可。那么相对而言，新产品制造方法专利侵权诉讼中专利权人承担的举证责任应当更小，尤其是专利权人对依照专利方法制造的产品为“新产品”的举证责任不能要求达到较高的标准。为此，法院可以通过恰当指引仅需专利权人提供初步的证据证明“新产品”的事实即可，只要法官基于专利权人举出的初步证据结合案件其他事实和经验规则形成确定心证，就应当认为专利权人在这一环节完成举证义务。[1]

4. 已知产品制造方法专利侵权诉讼中举证责任的分配

如前所述，已知产品制造方法专利侵权诉讼中举证责任主要由专利权人承担，专利权人不仅要举证证明被控侵权产品与依照专利方法制造的产品属于同样产品，还要举证证明被控侵权产品的制造方法与专利方法相同或者被控侵权人使用（侵犯）了方法专利。按照方法专利侵权诉讼中举证责任分配规则的内在逻辑，新产品与已知产品制造方法专利侵权诉讼中举证责任分配规则之所以有所不同，主要因为被控侵权人使用（侵犯）新产品制造方法专利的可能性更大。但被控侵权人使用（侵犯）已知产品制造方法专利的可能性更小，并不能降低举证证明被控侵权产品的制造方法与专利方法相同的要求或难度。[2] 1992 年《专利法》将方法专利侵权诉讼中举证责任倒置规则仅适用于新产品制造方法以后，已知产品制造方法专利侵权诉讼中专利权人的举证困难凸显。

如何解决已知产品制造方法专利侵权诉讼中专利权人举证难的问题，在 2020 年《最高人民法院关于知识产权民事诉讼证据的若干规定》出台以前，已经进行过一些有益探索。2011 年《最高人民法院关于充分发挥知识产权审判职能作用推动社会主义文化大发展大繁荣和促进经济自主协调发展若干问题的意见》第 15 条第 4 句规定：“使用专利方法获得的产品不属于新产品，专利

---

〔1〕 参见袁博：《方法专利案件中原告的举证责任》，载《人民法院报》2019 年 1 月 31 日，第 7 版。

〔2〕 参见胡学军：《分合之道：两种方法发明专利侵权举证责任规则变迁评析》，载《当代法学》2014 年第 1 期。

权人能够证明被诉侵权人制造了同样产品,经合理努力仍无法证明被诉侵权人确实使用了该专利方法,但根据案件具体情况,结合已知事实以及日常生活经验,能够认定该同样产品经由专利方法制造的可能性很大的,可以根据民事诉讼证据司法解释有关规定,不再要求专利权人提供进一步的证据,而由被诉侵权人提供其制造方法不同于专利方法的证据。"[1]对比来看,这一规定与2020年《最高人民法院关于知识产权民事诉讼证据的若干规定》第3条基本一致,初步形成已知产品制造方法专利侵权诉讼中"专利权人尽力举证,被控侵权人补充举证"规则。

在2020年《最高人民法院关于知识产权民事诉讼证据的若干规定》出台以后,北京市高级人民法院《知识产权民事诉讼证据规则指引》于2021年4月22日发布,其第2.13条第1款规定了已知产品制造方法专利侵权诉讼中举证责任分配规则:"侵害专利权纠纷涉及不属于新产品制造方法发明专利的,原告围绕以下事实提供证据后,可以推定被告使用了涉案专利方法:(一)被诉侵权产品与依照该专利方法直接获得的产品在形状、结构或成份等方面无实质性差异;(二)结合已知事实及本领域技术人员的惯常认知,被告经由涉案专利方法制造被诉侵权产品的可能性较大;(三)原告为证明被告使用了专利方法已尽合理努力。"这与其第2.12条规定的新产品制造方法专利侵权诉讼中举证责任分配规则相比,已知产品制造方法的专利权人不承担"新产品"的举证责任,但要尽力举证证明被控侵权人使用(侵犯)了方法专利,达到结合已知事实和公知常识能够认定侵权可能性较大的程度。[2]

六、现有技术抗辩规则——"输入过程中删除信息的方法及装置"发明专利侵权纠纷案[3]

我国现有技术抗辩的适用以认定构成专利相同或等同侵权为前提,针对落

[1] 《最高人民法院关于充分发挥知识产权审判职能作用推动社会主义文化大发展大繁荣和促进经济自主协调发展若干问题的意见》(2011)。

[2] 参见北京市高级人民法院《知识产权民事诉讼证据规则指引》(2021)第2.12条、第2.13条。

[3] 参见最高人民法院民事判决书,(2020)最高法民再82号。

入专利保护范围的全部技术特征,不能结合两项或更多的现有技术方案;现有技术抗辩和无效宣告抗辩可以同时申请和主张,但现有技术组合限于一项现有技术与所属领域公知常识的简单组合。

(一)事实概要

X(一审原告、二审被上诉人、再审被申请人)为“输入过程中删除信息的方法及装置”发明专利(以下简称涉案专利)的专利权人,Y(一审被告、二审上诉人、再审申请人)为被控侵权方法与产品(百度输入法)的使用者、销售者。

X 于 2015 年向北京知识产权法院(以下简称北京知产法院)提起本案诉讼,请求判令 Y 立即停止使用、发行或通过任何方式向第三方提供百度输入法,并赔偿 X 经济损失以及为制止侵权行为所支付的合理开支共计 1000 万元。北京知产法院一审认为,百度输入法连续下发删除指令的技术特征与涉案专利的保护范围是相关的,且该特征与飞利浦手机一次下发删除键指令即全部清空已输入内容的特征既不相同也不等同,故 Y 的现有技术抗辩不能成立。因此,北京知产法院一审先行判决,Y 立即停止使用、发行或通过任何方式向第三方提供百度输入法。[1]

X 对北京知产法院一审先行判决不服,向北京市高级人民法院(以下简称北京高院)提起上诉。北京高院二审认为,飞利浦手机的清除键下发的是一次性清空的删除指令,而百度输入法则是连续多次下发删除指令,两者实施删除的具体方式不相同;飞利浦手机一次性清空的删除方式控制选择的余地较小,不能保留不需要删除的内容,而百度输入法对于删除的内容有较大的控制余地,可以保留部分不需要删除的内容,故两者既不相同也不等同。因此,北京高院二审判决,维持北京知产法院一审判决。[2]

X 对北京高院二审判决不服,向最高人民法院申请再审。X 再审称,百度输入法实施的删除方法属于现有技术而不构成侵害涉案专利权,因为无论后台是连续发出多个删除键指令还是发出一次性删除键指令,均在涉案专利权利要

---

〔1〕 参见北京知识产权法院民事判决书,(2015)京知民初字第 1943 号。

〔2〕 参见北京市高级人民法院民事判决书,(2018)京民终 498 号。

求 1 限定的保护范围内；百度输入法被指控落入涉案专利权利要求 1 保护范围内的技术特征与飞利浦手机输入法的删除方案是相同的，飞利浦手机输入法的删除方案同样能解决误操作删除字符上屏区中已上屏字符的技术问题。

（二）裁判要旨

最高人民法院再审判决，撤销北京高院二审判决和北京知产法院一审先行判决，Y 立即停止侵犯涉案专利的行为。

最高人民法院再审认为，根据 2008 年《专利法》第 62 条、2009 年《最高人民法院关于审理侵犯专利权纠纷案件应用法律若干问题的解释》第 14 条的规定，在认定现有技术抗辩是否成立时，应当在对权利要求限定的技术方案进行技术特征划分后，对照权利要求中的各项技术特征，对应性地确定被控侵权技术方案中的各项“被诉特征”，以及现有技术中的各项“相应特征”，再行比对以确定各项“被诉特征”与“相应特征”是否相同或者无实质性差异；被控侵权技术方案中与权利要求的保护范围无关的特定技术特征，或者对认定是否落入权利要求所限定的保护范围没有实质性影响的特定技术特征，在认定现有技术抗辩时不予考虑；在认定“被诉特征”与“相应特征”是否相同或者无实质性差异时，应当围绕涉案专利所要解决的技术问题以及权利要求中争议技术特征在专利技术方案中的功能和技术效果，对二者在手段、功能、效果等方面的差异及其影响程度作出认定。

本案中，根据北京知产法院一审先行判决、北京高院二审判决以及 Y 申请再审的理由，有关现有技术抗辩的争议集中于涉案专利权利要求 1 中“删除编码”特征。百度输入法“长按”删除键时，编码输入区中已输入的编码（拼音）被删除，故其具备与涉案专利权利要求 1 中“删除编码”特征相同的技术特征。就涉案专利所要解决的技术问题“现有的删除方法在进行编码删除的时候，由于误操作将已经上屏的字符也删除掉”以及“删除编码”特征在涉案专利中功能、效果而言，“逐个”删除拼音与“一次性删除”拼音的手段、功能、效果并不存在实质性的差异。尤其是，涉案专利的技术改进或者贡献并不在于删除拼音的具体方式，本案也没有证据证明两种删除方式的替换需要所属领域普通技术人员付出创造性劳动,因而在涉案专利权利要求 1 没有限定删除已输入编码(拼音)具体方式的情况下,无论是“逐个删除”还是“一次性删除”均已被涉案专利权利要求 1 中“删除已输入编码”所覆盖,具体删除方式的不同不会对专利侵权判断产生实质性影响。相应地,在现有技术飞利浦手机长按删除键会删除编码输入区的编码(拼音)即公开了与“删除已输入编码”“相应特征”的情况下,不能仅因百度输入法与现有技术“删除已输入编码(拼音)”的具体方式有所不同而认定现有技术抗辩不能成立。[1]

(三)案件评析

1. 案件的典型意义

本案属于《最高人民法院知识产权案件年度报告(2020)》从最高人民法院 2020 年审结的知识产权案件中精选的 55 件典型案件之一,所涉及的现有技术抗辩是否成立的认定问题,入选该年度报告所归纳的 63 个具有一定指导意义的法律适用问题。[2]

2. 现有技术抗辩规则的变迁

2008 年《专利法》以前,判断现有技术抗辩是否成立的主要依据是 2001 年北京高院《专利侵权判定若干问题的意见(试行)》。根据该意见第 100 ~ 103 条的规定,现有技术抗辩是指被控侵权技术方案构成专利等同侵权的情况下,被控侵权人主张并提供证据证明其技术方案与一项现有技术方案等同,那么被控侵权行为就不构成专利侵权。其中,专利等同侵权是被控侵权人主张现有技术抗辩的必要前提,要求被控侵权技术方案与涉案专利技术方案等同;现有技术方案要么是单独的且在专利申请日以前已经公开,要么是现有技术的简单组合且对所属领域普通技术人员来说显而易见;被控侵权技术方案、涉案专利技术方案、现有技术方案中,如果前两者相同即构成专利相同侵权或者三者明显相同,被控侵权人就不能主张现有技术抗辩而仅可请求宣告涉案专利无效。[3]

---

[1] 参见最高人民法院民事判决书,(2020)最高法民再 82 号。

[2] 参见《最高人民法院知识产权案件年度报告(2020 年)摘要》,载《人民法院报》2021 年 4 月 26 日,第 2 版。

[3] 参见北京市高级人民法院《专利侵权判定若干问题的意见(试行)》(2001)第 100 ~ 103 条。

2008年《专利法》以后，确立了新的现有技术抗辩规则。根据2020年《专利法》第67条、2008年《专利法》第62条，《最高人民法院关于审理侵犯专利权纠纷案件应用法律若干问题的解释》第14条，北京高院2013年《专利侵权判定指南》第125条，《专利侵权判定指南（2017）》第137条和第143条，只要被控侵权人主张并提供证据证明，被控侵权技术方案被现有技术方案所公开，那么被控侵权行为就不构成专利侵权。其中，被控侵权技术方案被现有技术方案所公开的仅限于其落入专利保护范围的全部技术特征，现有技术方案只能包含一项现有技术或者一项现有技术与所属领域公知常识的简单组合，被控侵权行为包括专利相同侵权（被控侵权技术方案与涉案专利技术方案相同）和专利等同侵权（被控侵权技术方案与涉案专利技术方案等同）。[1]

2008年《专利法》以后新确立的现有技术抗辩规则，与北京高院2001年《专利侵权判定若干问题的意见（试行）》相比，主要有三大变化：（1）现有技术抗辩的适用范围进一步扩大，涵盖了专利相同侵权（被控侵权技术方案与涉案专利技术方案相同）、被控侵权技术方案与现有技术方案相同的情形，不再以被控侵权技术方案和涉案专利技术方案、现有技术方案等同作为前提和限制条件；（2）现有技术所允许使用的范围进一步缩小，尤其是现有技术的组合只能局限于一项现有技术与所属领域公知常识的简单组合；[2]（3）对于现有技术抗辩是否成立的审查判断，明确为应当比对被控侵权技术方案中落入专利权保护范围的技术特征与现有技术方案中的相应技术特征是否相同或等同，而不应当比对专利技术方案与现有技术方案。

3. 现有技术抗辩规则的适用

根据2008年《专利法》以后新的现有技术抗辩规则，现有技术抗辩的适用以认定构成专利相同或等同侵权为前提，不能结合两项或更多的现有技术方案，并且针对落入专利保护范围的全部技术特征。

---

[1] 参见《专利法》（2020）第67条；《专利法》（2008）第62条；《最高人民法院关于审理侵犯专利权纠纷案件应用法律若干问题的解释》（2010）第14条；北京市高级人民法院《专利侵权判定指南》（2013）第125条；北京市高级人民法院《专利侵权判定指南（2017）》第137条。

[2] 参见管荣齐：《现有技术抗辩与无效宣告抗辩的竞合——盐城泽田机械有限公司与盐城市格瑞特机械有限公司侵犯实用新型专利权纠纷案》，载《中国发明与专利》2018年第12期。

(1)现有技术抗辩的适用以认定构成专利相同或等同侵权为前提。有人主张现有技术抗辩的适用不必以专利相同或等同侵权认定为前提,即无须事先比对被控侵权技术方案与专利技术方案,而只需比对被控侵权技术方案与现有技术方案即可。[1] 这一观点在理论上似乎能够成立,但实践中一般不会被采纳,因为被控侵权技术方案和现有技术方案的技术特征通常都比较繁多,如果不事先进行专利相同或等同侵权认定,就无法确定被控侵权技术方案落入专利保护范围的技术特征,进而无法以这些技术特征为被比对对象与现有技术方案的相应技术特征进行比对,使得被控侵权技术方案与现有技术方案的比对就会缺少头绪、功效低下。

(2)现有技术抗辩的适用不能结合两项或更多的现有技术方案。现有技术抗辩的制度本意在于纠正专利新颖性的明显缺陷,因而只能允许一项现有技术或者一项现有技术与所属领域公知常识的简单组合适用于现有技术抗辩。如果允许结合两项或更多的现有技术方案适用于现有技术抗辩,实质上是允许法院直接审查、认定专利创造性的缺陷,这不但偏离现有技术抗辩的制度本意,而且超越专利行政机关主导、法院间接进行司法审查的现行专利确权机制,并因专利创造性判断的主观性和复杂性而丧失现有技术抗辩便捷、低廉、高效的比较优势。现有技术抗辩不可能治愈专利诉讼和行政确权程序二元分立、复杂冗长的沉疴,不应当成为打开法院直接审查、认定专利有效性大门的钥匙。[2]

(3)现有技术抗辩的适用针对落入专利保护范围的全部技术特征。《最高人民法院关于审理侵犯专利权纠纷案件应用法律若干问题的解释》第 14 条、北京高院 2013 年《专利侵权判定指南》第 125 条和 2017 年《专利侵权判定指南》第 137 条都明确规定,认定现有技术抗辩是否成立,应当以被控侵权技术方案落入专利保护范围的全部技术特征作为被比对对象,与现有技术方案中的相应技术特征进行比对。这显然排除了多余指定原则的适用,与《关于审理侵犯专利权纠纷案件应用法律若干问题的解释》第 7 条、《专利审查指南》中关于专利

---

〔1〕 参见徐家力:《现有技术抗辩的司法适用顺序》,载《暨南学报(哲学社会科学版)》2017 年第 8 期。

〔2〕 参见管荣齐:《现有技术抗辩的适用——朱豹诉北京居然之家公司等侵犯实用新型专利案》,载《中国发明与专利》2019 年第 6 期。

新颖性审查的有关规定一致。而本案中,最高人民法院再审认为,认定现有技术抗辩时不予考虑与专利保护范围无关或者没有实质性影响的特定技术特征,这似乎又在适用已被《关于审理侵犯专利权纠纷案件应用法律若干问题的解释》丢弃的多余指定原则。

4. 现有技术抗辩规则的竞合

当被控侵权技术方案和专利技术方案、现有技术方案明显相同时,不仅构成专利相同侵权,还成立现有技术抗辩,并使涉案专利因缺乏新颖性而被宣告无效,从而产生现有技术抗辩与无效宣告抗辩的竞合。北京高院 2001 年《专利侵权判定若干问题的意见(试行)》为了避免这一竞合的产生,在被控侵权技术方案和专利技术方案、现有技术方案明显相同时,要求不得主张现有技术抗辩而只能请求宣告专利无效。但我国 2008 年《专利法》以后新确定的现有技术抗辩规则既适用于专利等同侵权又适用于专利相同侵权,不再排斥现有技术抗辩与无效宣告抗辩的竞合的产生,即使现有技术抗辩和无效宣告决定的结果不一致也无所谓,只要有利于快速、高效地解决专利纠纷,有利于减轻当事人负担。

其实,现有技术抗辩和无效宣告抗辩本为互补关系,前者的引入是为了弥补后者的缺位或者缺陷,但在多数国家并不允许同时申请和主张。德国引入现有技术抗辩是因为原《专利法》(1891)不允许专利在授权公告之日起 5 年内被请求宣告无效,在《专利法》于 1941 年修订后则作为权利瑕疵用来限定专利保护范围。[1] 日本专利法没有规定现有技术抗辩,而司法实践中现有技术抗辩用以判断专利有效性,如果法院认定涉案专利具有明显瑕疵,则相应侵权诉讼就属于专利权滥用而不被允许。[2] 美国《专利法》也没有规定现有技术抗辩,司法实践中除了涉案专利为狭义的商业方法以外,只允许申请宣告涉案专利无效,而不允许引入现有技术抗辩。[3] 而我国新的现有技术抗辩规则允许现有

---

〔1〕 参见杨志敏:《专利侵权诉讼中"公知技术抗辩"适用之探讨——中、德、日三国判例、学说的比较研究》,载国家知识产权局条法司编:《专利法研究(2002)》,知识产权出版社 2002 年版,第 75 ~ 76 页。

〔2〕 参见闫文军:《日本知识产权审判情况概要》,载《电子知识产权》2005 年第 3 期。

〔3〕 See *Practicing the Prior Art Is Not a Defense*. https://www.cnet.com/news/practicing-the-prior-art-is-not-a-defense/, 2021 - 11 - 22.

技术抗辩和无效宣告抗辩同时申请和主张，同时将现有技术组合限于一项现有技术与所属领域公知常识的简单组合，主要是为了解决我国专利侵权诉讼周期长、效率低等突出问题。[1]

七、专利与技术秘密的权利冲突——"高纯度氟氧头孢钠制备工艺"发明专利权属纠纷案[2]

技术方案有专利和商业秘密两种保护方式可以选择，其中：专利保护的优点是权利明确、具有独占性，缺点是需要授权和公开、有期限、侵权举证难；技术秘密保护的优点是不需要授权和公开、没有期限，缺点是权利不明确、不具有独占性、侵权举证难。一项技术方案选择采用哪一种保护方式，需要综合考虑5个方面的因素：技术获得的难易程度，技术知晓的人员数量，第三方研发的可能性，权利人的保密能力，技术的可专利性。

（一）事实概要

X（一审被告、二审被上诉人）为"高纯度氟氧头孢钠制备工艺"发明专利（以下简称涉案专利）的专利权人，Y（一审原告、二审上诉人）为"氟氧头孢钠"保密工艺技术方案（以下简称涉案保密工艺）的所有者。

Y于2018年向河北省石家庄市中级人民法院（以下简称石家庄中院）提起本案诉讼，请求判令涉案专利归Y所有。石家庄中院一审认为，司法鉴定意见书以及Y提交的现有证据，均不能证明涉案专利技术方案来自涉案保密工艺，Y关于涉案专利归其所有的主张缺乏事实依据。因此，石家庄中院一审判决，驳回Y的诉讼请求。[3]

Y对石家庄中院一审判决不服，向最高人民法院知识产权法庭（以下简称最高院知产法庭）提起上诉。Y上诉称，本案争议核心是判断谁是对涉案专利的实质性特点作出创造性贡献的主体，亦即判断涉案专利相比于现有技术所具

---

〔1〕 参见管荣齐：《现有技术抗辩与无效宣告抗辩的竞合——盐城泽田机械有限公司与盐城市格瑞特机械有限公司侵犯实用新型专利权纠纷案》，载《中国发明与专利》2018年第12期。

〔2〕 参见最高人民法院民事判决书，（2020）最高法知民终871号。

〔3〕 参见河北省石家庄市中级人民法院民事判决书，（2018）冀01民初1021号。

“实质性特点(核心发明点)的创造性贡献”是谁做出的。虽然本案石家庄中院一审采信的司法鉴定意见书没有查明和认定涉案专利的“实质性特点”(核心发明点),但关联案件中的司法鉴定意见书已经清楚地查明和认定涉案专利公开了涉案保密工艺的“三个秘密点”,且对该“三个秘密点”的认定不仅 X 没有异议,还被关联案件终审判决所确认,因而已经具有司法既判力。

(二)裁判要旨

最高院知产法庭二审判决,撤销石家庄中院一审判决,确认涉案专利由 X、Y 共同共有。

最高院知产法庭二审认为,涉案保密工艺构成技术秘密。根据我国《反不正当竞争法》(1993)第 10 条第 3 款的规定,受《反不正当竞争法》保护的技术秘密应当具有秘密性和价值性,并被权利人采取保密措施。技术秘密所具有的秘密性,应当同时具备不为公众“普遍知悉”和“并非容易获得”两个具体条件。本案中,已有证据可以初步证明涉案保密工艺不为相关公众“普遍知悉”,也并非“容易获得”;涉案保密工艺的主要目的是生产氟氧头孢钠,具有商业价值;Y 对于涉案保密工艺采取了保密措施,因而可以认定涉案保密工艺构成技术秘密。

涉案专利披露和使用了构成技术秘密的涉案保密工艺。技术秘密权利人以侵害技术秘密作为请求权基础,主张有关专利申请权或者专利权归其所有的,应当审查专利文件是否披露了或者专利技术方案是否使用了技术秘密,以及技术秘密是否构成专利技术方案的实质性内容。如果技术秘密确为专利文件所披露或者专利技术方案所使用,且其构成专利技术方案的实质性内容,则技术秘密权利人对有关专利申请或者专利享有相应权利。本案中,涉案专利文件披露了涉案保密工艺,涉案专利技术方案也使用了涉案保密工艺,并且涉案保密工艺构成涉案专利技术方案实质性内容,故 Y 对涉案专利享有合法权利。

X 对涉案专利的实质性特点作出了创造性贡献。我国《专利法实施细则》(2010)第 13 条规定,如果两个以上的当事人均对专利技术方案的实质性特点作出创造性贡献,且难以区分贡献大小的,应当认定该专利权为其共同共有。

本案中,由于涉案专利披露并使用了 Y 的技术秘密,故 Y 应当对涉案专利享有权利;X 在获得涉案保密工艺基础上,对涉案专利权利要求 1 步骤 c 作出了创造性贡献,故而可以认定 X、Y 对于涉案专利均作出了创造性贡献。鉴于现有证据无法区分 X、Y 对涉案专利权的贡献程度,故涉案专利权应由 X、Y 共同共有。[1]

(三)案件评析

1. 案件的典型意义

本案属于《最高人民法院知识产权案件年度报告(2020)》从最高人民法院 2020 年审结的知识产权案件中精选的 55 件典型案件之一,还是最高院知产法庭 2020 年审结的 2787 件技术类知识产权案件中精选出的 55 个典型案例之一。所涉及的未经许可使用他人技术秘密申请的专利权归属问题及其裁判规则,入选《最高人民法院知识产权案件年度报告(2020)》所归纳的 63 个具有一定指导意义的法律适用问题,以及最高院知产法庭 2020 年审结的 2787 件技术类知识产权案件中提炼成的 46 条裁判规则。[2]

2. 技术方案保护的方式

技术方案保护的方式主要有两种,一是通过申请获得专利保护,二是作为商业秘密进行保护。一项技术方案选择采用哪一种方式进行保护,至少应当考虑五个方面的因素:(1)技术本身的特性,通过观察、反向工程等比较容易获得的技术,国家强制在产品包装上标明其技术内容或信息的技术,应当选择专利而不是技术秘密进行保护。(2)技术知晓的人数,如果知道技术的人员较多,则技术外泄的可能性较大,技术保密比较困难,这种情况下宜采用专利保护;反之,可以通过技术秘密进行保护。(3)第三方独立研发成功的可能性,第三方容易独立研发出来的技术宜采用专利保护,第三方很难独立研发出来的技术可以采用技术秘密保护。(4)权利人的保密能力,权利人的保密能力较差,技术

---

〔1〕 参见最高人民法院民事判决书,(2020)最高法知民终 871 号。

〔2〕 参见《最高人民法院知识产权案件年度报告(2020 年)摘要》,载《人民法院报》2021 年 4 月 26 日,第 2 版;孙航:《〈最高人民法院知识产权法庭裁判要旨(2020)〉发布》,载《人民法院报》2021 年 2 月 27 日,第 2 版。

泄密风险较高，宜采用专利保护；反之，可以通过技术秘密进行保护。(5)技术本身是否具有可专利性，不具有可专利性或专利授权可能性小的技术，宜采用技术秘密进行保护。[1]

专利保护和技术秘密保护两种方式各有优缺点。相对而言，专利保护的优点主要是权利明确、具有独占性，其缺点主要是需要履行授权手续、公开技术方案、只在法定期限内有效、权利人举证比较困难；与之相反，技术秘密保护的优点主要是不需要履行授权手续和公开技术方案、没有期限的限制，其缺点主要是权利不明确、不具有独占性、权利人举证更加困难。专利保护需要履行的授权手续包括：经过必要的撰写和递交专利申请文件、初步审查、实质审查、公告登记等程序，以及可能的复审、无效宣告、司法审查等程序；支付必要的申请费、公布印刷费、实质审查费、专利登记费、公告印刷费、年费等，以及可能的复审费、无效宣告请求费、[2]诉讼受理费、代理费等。履行授权手续和权利明确既是同一问题的两个方面，其相互之间又具有相关性，之所以专利保护具有权利明确的优点，是因为其履行了授权手续；正因为技术秘密没有履行授权手续，所以其权利不明确。权利人举证困难是所有知识产权纠纷的共同特点，尤以技术秘密侵权纠纷中权利人举证困难为甚，因为权利人不仅要举证证明技术秘密具备法定的构成要件，还要举证证明被控侵权人使用技术秘密的情况，而其相应证据是权利人难以获得、被控侵权人掌握着或者容易反证的。

3. 技术秘密保护的问题

如前所述，技术秘密保护的主要缺点之一是其权利不明确，如果通过技术秘密保护技术方案，就需要确保技术秘密符合法定的构成要件。根据我国《反不正当竞争法》第 9 条第 4 款的规定，技术秘密的法定构成要件有三：一是不为公众所知悉；二是具有商业价值；三是经权利人采取相应保密措施。对于这三个构成要件，《最高人民法院关于审理侵犯商业秘密民事案件适用法律若干问题的规定》(以下简称《商业秘密司法解释》)第 3 ~ 7 条作出了具体解释，其中

---

〔1〕　参见刘书芝：《浅谈技术秘密与专利的特点及技术保护策略选择》，载《中国发明与专利》2017 年第 5 期。

〔2〕　参见《专利法实施细则》(2010)第 93 条第 1 款。

“不为公众所知悉”是指权利人请求保护的技术信息在被控侵权行为发生时不为所属领域的相关人员普遍知悉和容易获得，并列举出5种可以认定有关技术信息“为公众所知悉”的具体情形。由于“不为公众所知悉”是难以举证证明的消极事实，权利人只能提供其具体内容及其区别于一般常识、不易从公开渠道获得等证据，而对应的正面事实商业秘密“为公众所知悉”更易于举证证明，宜由被控侵权人提供其属于行业内公知常识、已被在先专利所公开等证据。[1]

技术秘密保护的另一主要缺点是其权利人举证困难，如果通过技术秘密保护技术方案，除了需要确保技术秘密符合法定的构成要件以外，还要举证证明被控侵权人使用或侵犯了权利人的技术秘密。但是，被控侵权人使用技术秘密的情况，包括所使用的具体信息及其使用范围、使用程度等，其相应证据是技术秘密权利人通过普通的调查手段无法获得的，宜由被控侵权人举证证明其所使用的信息具有合法来源而非权利人的技术秘密。[2] 为此，我国《反不正当竞争法》于2019年4月修改时增加的第32条规定，在侵犯技术秘密的民事诉讼程序中，技术秘密的权利人提供初步证据，证明其已经对所主张的技术秘密采取保密措施，且合理表明技术秘密被侵犯，被控侵权人应当证明权利人所主张的技术秘密不具备法定构成要件。技术秘密的权利人提供初步证据合理表明技术秘密被侵犯，且提供以下证据之一的，被控侵权人应当证明其不存在侵犯技术秘密的行为：(1)有证据表明被控侵权人有渠道或者机会获取技术秘密，且其使用的信息与该技术秘密实质上相同；(2)有证据表明技术秘密已经被被控侵权人披露、使用或者有被披露、使用的风险；(3)有其他证据表明技术秘密被被控侵权人侵犯。

即便如此，权利人提供其技术秘密“不为公众所知悉”、已被使用或侵犯的初步证据依然非常困难，因而常会通过刑事追诉借助公安机关侦查手段追究被控侵权人侵犯其技术秘密的法律责任。我国《刑法》中与侵犯技术秘密对应的罪名是侵犯商业秘密罪，虽然已由“结果犯”调整为“情节犯”，不再以发生“给

---

〔1〕 参见管荣齐：《中美经贸协议下加强知识产权保护的对策建议》，载《学术论坛》2021年第1期。

〔2〕 参见北京市高级人民法院知识产权庭课题组：《〈反不正当竞争法〉修改后商业秘密司法审判调研报告》，载《电子知识产权》2019年第11期。

权利人造成重大损失”的特定危害结果为立案追诉标准和法定构成要件，但“情节犯”与“结果犯”、“行为犯”都存在交叉。而在美国，侵犯商业秘密罪是“行为犯”，旨在震慑严重扰乱市场竞争秩序的侵犯商业秘密行为不再发生，因而只要被控侵权人实施了法定的侵犯商业秘密行为就构成犯罪和立案追诉。[1] 我国《刑法》第213条规定的假冒注册商标罪、第216条规定的假冒专利罪一直是“情节犯”，其犯罪情节既有“非法经营数额”“违法所得数额”“给专利权人造成直接经济损失”等危害结果，又有“假冒两种以上注册商标”“假冒两项以上他人专利”等危害行为。[2] 由此，建议我国侵犯商业秘密罪的犯罪情节除了“给商业秘密的权利人造成重大损失”等危害结果以外，还应包括“侵犯两项以上商业秘密”“被侵犯的商业秘密具有较高市场价值”等危害行为。

4. 专利与技术秘密保护竞合

鉴于专利保护和技术秘密保护各有优缺点，一项技术方案选择采用哪一种保护方式，需要综合考虑以下因素：

(1)技术获得的难易程度。如果技术本身通过反向工程容易获得，如用肉眼很容易识别的机械结构和构造，很容易检测获知其组分的生化领域，则应当选择通过专利进行保护。如果技术本身通过反向工程难以获得，如产品制备过程中需要添加一种试剂，而该试剂在后期处理中会从产品去除，或者在产品中含量很少无法检测出来，则可以考虑通过技术秘密进行保护。

(2)技术知晓的人员数量。如果产品生产过程中需要很多人员知晓该产品的技术方案，则技术外泄的可能性很大，技术保密很困难，那么宜通过专利进行保护；如果技术秘密仅需要有限的几个人知道，则可以考虑通过技术秘密进行保护。

(3)第三方研发的可能性。对于第三方容易独立研发出来的技术，宜通过专利进行保护。对于第三方很难独立研发出来的技术，如在所属技术领域很难

---

[1] 宋建宝：《美国侵犯商业秘密罪的量刑依据问题及借鉴——以美国〈经济间谍法〉为中心》，载《法律适用》2015年第2期。

[2] 《最高人民法院、最高人民检察院关于办理侵犯知识产权刑事案件具体应用法律若干问题的解释》(2004)第1条、第4条。

想到或很难通过常规实验获得，生产过程采用的工艺步骤非常多且技术难度大，方案非常复杂，则可以考虑通过技术秘密进行保护。

(4)权利人的保密能力。如果权利人的企业人员流动性大，尤其是技术人员离职率高；或者权利人的企业规模小、保密能力差，技术泄密风险高，则尽量采用专利保护。

(5)技术的可专利性。如果技术方案属于专利权的授权主题，满足新颖性、创造性、实用性等专利授权条件，则可以通过专利进行保护，否则宜采用技术秘密进行保护。[1]

八、专利侵权获利的举证责任分配——"简易访问网络运营商门户网站的方法"发明专利权属纠纷案[2]

专利侵权获利的举证责任分配规则应当是，专利权人积极举证，所提交的证据可以合理推算出专利侵权获利，能够支持其所主张的专利侵权赔偿数额；与被控侵权行为相关的账簿、资料主要由被控侵权人或第三人掌握的情况下，可以责令被控侵权人或第三人提供；被控侵权人或第三人不提供或者虚假提供的，参考专利权人的主张和提供的证据判定专利侵权赔偿数额。

(一)事实概要

X(一审原告、二审被上诉人)为"简易访问网络运营商门户网站的方法"发明专利(以下简称涉案专利)的专利权人，Y(一审被告、二审上诉人)为被控侵权产品和方法(路由器设备及其访问网络运营商门户网站的方法)的制造者、销售者。

X于2017年向福建省泉州市中级人民法院(以下简称泉州中院)提起本案诉讼，请求判令Y立即停止侵害涉案专利权，并赔偿X经济损失及合理费用1000万元。泉州中院一审审理中，责令Y提交相应的财务报表、销售台账、利

〔1〕 参见刘书芝：《浅谈技术秘密与专利的特点及技术保护策略选择》，载《中国发明与专利》2017年第5期。
〔2〕 参见最高人民法院民事判决书，(2019)最高法知民终725号。

润报表等相关材料，但 Y 均拒绝提供从而构成怠于举证，应当负担举证不能的不利后果。因此，对于 X 要求 Y 赔偿经济损失及合理费用 1000 万元的主张，泉州中院一审判决予以支持。[1]

Y 对泉州中院一审判决不服，向最高人民法院知识产权法庭（以下简称最高院知产法庭）提起上诉。Y 上诉称，泉州中院一审判决关于被控侵权产品型号和数量统计事实认定错误，有多处涉及重复计算以及数量累加错误的情形；依据销售数量以及库存数量计算 Y 侵权获益的计算方式，属于事实认定错误；将更改前的产品技术方案作为更改后的产品技术方案的样本进行比对，导致将不侵权产品全部统计为侵权产品，从而使侵权赔偿数额与实际严重不符。

（二）裁判要旨

最高院知产法庭二审判决，驳回 Y 的上诉，维持泉州中院一审判决。

最高院知产法庭二审认为，在侵害专利权纠纷案件中，权利人已尽其所能就侵权损害赔偿积极举证，且基于其所提交的证据可以合理推算出侵权获利，能够支持其所主张的赔偿数额的，法院应当予以支持；被控侵权人主张该数额不应得到支持的，应当提交足以推翻该侵权获利事实认定的反证，不仅要能够否定依据专利权人提交相关证据所认定的事实，还要能够证明其实际侵权获利情况；对于被控侵权人掌握的能够反映其真实侵权规模的相关证据材料，法院也可以责令被控侵权人提交；被控侵权人怠于举证或举证不充分的，应当承担相应的不利后果。

本案中，X 就其侵权赔偿主张已履行积极举证的义务，其所主张的赔偿数额具有事实基础。为支持其侵权赔偿的主张，X 在泉州中院一审中提交了五方面的证据，从这些证据的来源、可信度、时间跨度、数量等情况看，可以认定 X 就其所主张的侵权赔偿已经履行了其积极举证的义务。按照 X 所主张的计算方法计算，明显超过 X 所主张的 1000 万元赔偿额。按照其他计算方式计算，无论以辅导报告所记载的 Y 的净利润为基础，还是以部分型号被控侵权产品的网上销售状况和涉案专利的许可合同为基础，均可以认定 X 所主张的 1000

〔1〕 参见福建省泉州市中级人民法院民事判决书，(2017)闽 05 民初 1124 号。

万元赔偿数额具有事实基础。

Y怠于举证,应当承担不利后果。在根据X提交的现有证据可以合理认定X所主张的1000万元赔偿数额具有事实基础的情况下,Y对泉州中院一审法院确定的全额赔偿持有异议,应当就X计算赔偿所依据的基础事实是否客观、准确进行实质性抗辩,同时提交足以推翻根据X提交证据所认定事实的反证,并证明其实际侵权获利情况,否则应当承担相应不利后果。但是,Y相关抗辩理由及提交的相应证据不足以推翻根据X提交证据所认定事实,也不能证明Y实际侵权获利情况;并且,Y存在怠于提交其所掌握的能够反映其真实侵权规模相关证据的情形。因此,对于需建立在已查明相关基础事实的前提下才具备实质性抗辩意义的Y的相关主张均不予支持,而根据X提交的现有证据合理推定X所主张的1000万元具有事实基础并予以支持。[1]

(三)案件评析

1. 案件的典型意义

本案属于《最高人民法院知识产权案件年度报告(2020)》从最高人民法院2020年审结的知识产权案件中精选的55件典型案件之一,还是最高院知产法庭2020年审结的2787件技术类知识产权案件中精选出的55个典型案例之一。所涉及的专利侵权获利举证责任分配问题及其裁判规则,入选《最高人民法院知识产权案件年度报告(2020)》所归纳的63个具有一定指导意义的法律适用问题,以及最高院知产法庭2020年审结的2787件技术类知识产权案件中提炼成的46条裁判规则。[2]

2. 专利侵权获利的举证责任分配规则变迁

本案是我国《专利法》于2020年10月第4次修改以前关于专利侵权获利举证责任分配规则的典型案例。在我国《专利法》于2020年10月第4次修改以前,专利侵权获利的举证责任分配规则主要适用2016年3月公布的《最高人

---

〔1〕 参见最高人民法院民事判决书,(2019)最高法知民终725号。

〔2〕 参见《最高人民法院知识产权案件年度报告(2020年)摘要》,载《人民法院报》2021年4月26日,第2版;《〈最高人民法院知识产权法庭裁判要旨(2020)〉发布》,载《人民法院报》2021年2月27日,第2版。

民法院关于审理侵犯专利权纠纷案件应用法律若干问题的解释（二）》第27条的规定。根据该条规定，专利权人已经提供被控侵权人专利侵权获利的初步证据，而与被控侵权行为相关的账簿、资料主要由被控侵权人掌握的情况下，法院可以责令被控侵权人提供该账簿、资料；被控侵权人无正当理由拒不提供或者提供虚假的账簿、资料的，法院可以根据专利权人的主张和提供的证据认定专利侵权获利情况。[1] 由此，《关于审理侵犯专利权纠纷案件应用法律若干问题的解释（二）》第27条所规定的专利侵权获利举证责任分配规则，主要有三点：一是专利权人初步举证；二是被控侵权人提供被控侵权行为相关的账簿、资料；三是被控侵权人妨碍举证时将根据专利权人的主张和证据认定专利侵权赔偿数额。

我国《专利法》于2020年10月第4次修改以后，其第71条第4款规定了专利侵权赔偿的举证责任分配规则。根据该条款规定，法院为确定专利侵权赔偿数额，在专利权人已经尽力举证，而与被控侵权行为相关的账簿、资料主要由被控侵权人掌握的情况下，可以责令被控侵权人提供与被控侵权行为相关的账簿、资料；被控侵权人不提供或者提供虚假的账簿、资料的，法院可以参考专利权人的主张和提供的证据判定专利侵权赔偿数额。[2] 由此，我国2020年《专利法》第71条第4款所规定的专利侵权赔偿举证责任分配规则，也主要有三点：一是专利权人尽力举证；二是被控侵权人提供被控侵权行为相关的账簿、资料；三是被控侵权人妨碍举证时将参考专利权人的主张和证据判定专利侵权赔偿数额。这与《关于审理侵犯专利权纠纷案件应用法律若干问题的解释（二）》第27条所规定的专利侵权获利举证责任分配规则相比，区别在于第一点和第三点。从字面理解，似乎专利权人“尽力”举证的责任大于提供“初步”举证，“参考”专利权人主张和证据的效果弱于“根据”，但在司法实践中好像没有发现两者之间存在实质性差别。

---

〔1〕 参见《最高人民法院关于审理侵犯专利权纠纷案件应用法律若干问题的解释（二）》（2016）第27条。
〔2〕 参见《专利法》（2020）第71条第4款。

3. 专利权人就专利侵权获利的初步或尽力举证责任

无论是《关于审理侵犯专利权纠纷案件应用法律若干问题的解释(二)》第27条所规定的专利权人初步举证，还是我国2020年《专利法》第71条第4款所规定的专利权人尽力举证，在后续的有关法律、行政法规、部门规章和司法解释层面，如2020年11月公布的《最高人民法院关于知识产权民事诉讼证据的若干规定》,2020年12月修改的上述司法解释、《最高人民法院关于审理专利纠纷案件适用法律问题的若干规定》，都没有对专利侵权获利的初步或尽力举证作出进一步解释说明。但是，不同知识产权的侵权举证责任分配具有相似性，[1]我国2020年《专利法》第71条第4款、我国2020年《著作权法》第54条第4款规定的侵权赔偿举证责任分配规则，就是参考了我国2013年《商标法》第63条第2款规定而增加的。[2] 鉴于此，我国《反不正当竞争法》于2019年4月修改时增加的第32条所规定的商业秘密侵权举证分配规则，可以用作对专利侵权获利的初步或尽力举证进一步解释说明的参考。

根据我国2019年《反不正当竞争法》第32条的规定，在侵犯商业秘密的民事诉讼程序中，商业秘密的权利人提供初步证据，证明其已经对所主张的商业秘密采取保密措施，且合理表明商业秘密被侵犯，被控侵权人应当证明权利人所主张的商业秘密不具备法定构成要件。商业秘密的权利人提供初步证据合理表明商业秘密被侵犯，且提供以下证据之一的，被控侵权人应当证明其不存在侵犯商业秘密的行为：(1)有证据表明被控侵权人有渠道或者机会获取商业秘密，且其使用的信息与该商业秘密实质上相同；(2)有证据表明商业秘密已经被被控侵权人披露、使用或者有被披露、使用的风险；(3)有其他证据表明商业秘密被被控侵权人侵犯。[3] 参照该规定和本案中最高院知产法庭二审判决，专利权人就专利侵权获利的初步或尽力举证责任应当是：专利权人积极举证，所提交的证据可以合理推算出专利侵权获利，能够支持其所主张的专利侵权赔偿数额。

---

[1] 参见李明德：《关于知识产权损害赔偿的几点思考》，载《知识产权》2016年第5期。

[2] 参见《著作权法》(2020)第54条第4款；《商标法》(2013、2019)第63条第2款。

[3] 参见《反不正当竞争法》(2019)第32条。

4. 被控侵权人就专利侵权获利的举证责任和妨碍举证后果

《关于审理侵犯专利权纠纷案件应用法律若干问题的解释(二)》第27条和我国2020年《专利法》第71条第4款所规定的被控侵权人提供被控侵权行为相关的账簿、资料,都有一个前提即与被控侵权行为相关的账簿、资料主要由被控侵权人掌握。如果与被控侵权行为相关的账簿、资料掌握在第三人手中,那么被控侵权人就不承担提供被控侵权行为相关账簿、资料的举证责任。在这种情况下,被控侵权人不提供与被控侵权行为相关的账簿、资料,就不应承担妨碍举证的法律后果,即法院不能根据或参考专利权人的主张和证据认定专利侵权获利情况。那么新的问题来了,在第三人不提供或者虚假提供与被控侵权行为相关的账簿、资料的情况下,专利侵权获利情况如何认定?第三人是否、如何承担妨碍举证的法律后果?当然,掌握与被控侵权行为相关账簿、资料的第三人,肯定与被控侵权人之间存在一定关联关系,比如第三人是被控侵权人的控股股东、实际控制人,但毕竟第三人和被控侵权人是两个独立的法人,如果第三人妨碍举证的法律后果由被控侵权人承担,显然没有法律依据也有失公平。

合法又合理的做法应当是,与被控侵权行为相关的账簿、资料主要由第三人掌握的情况下,可以责令第三人和被控侵权人提供与被控侵权行为相关的账簿、资料;第三人和被控侵权人不提供或者提供虚假的账簿、资料的,法院可以参考专利权人的主张和提供的证据判定专利侵权赔偿数额。这样做的理由有三:一是与被控侵权行为相关的账簿、资料本应由被控侵权人掌握,而由与被控侵权人存在关联关系的第三人掌握是被控侵权人的选择;二是被控侵权人有权利也有义务和责任将第三人掌握的与被控侵权行为相关的账簿、资料取回,提供给法院;三是第三人和被控侵权人都有提供与被控侵权行为相关账簿、资料的责任,不提供或者提供虚假的账簿、资料,都应承担妨碍举证的法律后果,其中被控侵权人妨碍举证的法律后果是法院参考专利权人的主张和提供的证据判定专利侵权赔偿数额。[1] 至于第三人妨碍举证的法律后果,可以适用我国《民事诉讼法》第114条、第117条规定,对第三人予以罚款、拘留甚至追究刑事

---

〔1〕 参见管荣齐、李明德:《中国知识产权司法保护体系改革研究》,载《学术论坛》2017年第1期。

责任。[1]

5. 专利侵权获利举证责任分配规则的行政和司法适用

国家知识产权局《专利行政执法证据规则指引(征求意见稿)》(2016)曾规定,在专利行政执法中,对于法律法规未明确规定的举证责任,管理专利工作的部门可以根据以下因素作适当调整:(1)举证责任承担方的举证能力远比对方当事人弱;(2)证明待证事实的证据由对方当事人独家控制;(3)举证责任承担方主张的事实发生的可能性较高。当请求人依据被请求人往年的经营状况、经营规模或者广告宣告、新闻报道等中所称的被控侵权产品的生产、销售额等确定侵权获利额时,如果被请求人不提供其财务账册或者提供的财务账册不真实或不完整的,管理专利工作的部门将认可请求人的主张。管理专利工作的部门可以对被请求人是否负有证据披露义务进行审核,若审核认为被申请人应当披露其获利状况的证据,但被请求人通过积极行为或消极行为不履行披露义务,或者故意造成披露的证据不真实、不完整,构成举证妨碍,应承担相应的法律后果。[2]

专利侵权获利举证责任分配规则适用的典型司法判例,比较早的是格力公司诉美的公司侵犯发明专利权纠纷案。[3] 该案中,因无法查明格力公司被侵权所受到的损失,故按美的公司的侵权获利确定赔偿数额。但美的公司的侵权获利情况没有对外披露,格力公司很难查知,据此法院责令美的公司提交相关证据。由于美的公司无正当理由没有完整地履行证据披露义务,依据《最高人民法院关于民事诉讼证据的若干规定》(2001)第 75 条的规定,判定美的公司承担妨碍举证的法律后果,推定其每款空调器的获利均不少于 477,000 元。鉴于美的公司侵权获利明显超过我国《专利法》(2008)规定的 100 万元法定赔偿最高限额,综合全案的证据情况并主要考虑涉案专利性质、美的公司主观过错程度、格力公司制止侵权的开支情况等因素,综合确定美的公司赔偿格力公司

---

[1] 参见《民事诉讼法》(2021)第 114 条、第 117 条。

[2] 参见国家知识产权局《专利行政执法证据规则指引(征求意见稿)》(2016)第二章第一节 1.3。

[3] 参见何培育、蒋启蒙:《论专利侵权损害赔偿数额认定的证明责任分配》,载《知识产权》2018 年第 7 期。

经济损失200万元。[1]

九、专利权共有人单独实施专利的行为——"用于医院大堂的自助终端"发明专利侵权纠纷案[2]

我国《民法典》第860条规定,合作开发完成的发明创造,申请专利的权利属于合作开发的当事人共有,但合作开发的当事人一方不同意申请专利的,另一方或者其他各方不得申请专利。即便如此,各专利权共有人在行使权利时不得无限地相互牵制,阻碍技术的实施。鉴于专利申请权或者专利权的共有人对权利的行使约定优先,因而鼓励专利权共有人提前订立协议规避相应纠纷。

(一)事实概要

X(一审原告、二审上诉人)为"用于医院大堂的自助终端"发明专利(以下简称涉案专利)的专利权人,Y(一审被告、二审被上诉人)为被控侵权产品的制造者、销售者。

X于2019年向广东省深圳市中级人民法院(以下简称深圳中院)提起诉讼,请求判决Y的行为落入了X与Y共有专利权权利要求1的保护范围中,Y应承担立即停止生产、销售相关发明专利侵权产品,销毁侵权产品的责任;赔付经济损失、承担合理费用并支付诉讼费。深圳中院一审认定,被诉侵权产品所采用的被诉侵权技术方案落入专利权利要求1的保护范围;同时,Y作为诉争发明专利的共有专利权人,依照我国《专利法》(2008)第15条第1款的规定,依法可以"单独实施或者以普通许可方式许可他人实施该专利",Y的行为因此不构成侵权行为。由此,深圳中院判决驳回X的全部诉讼请求。[3]

X不服该判决,向最高人民法院提起上诉,请求撤销一审判决,依法支持其全部诉讼请求,并由Y承担一审、二审诉讼费用,其主要理由是:(1)Y并非以单独实施涉案专利的方式对外销售涉案自助终端一体机,Y许可他人实施了涉

---

〔1〕参见广东省高级人民法院民事判决书,(2011)粤高法民三终字第326号。
〔2〕参见最高人民法院民事判决书,(2020)最高法知民终954号。
〔3〕参见广东省深圳市中级人民法院民事判决书,(2019)粤03民初3163号。

案专利,侵害了X的合法权益;(2)X对该专利作出了重大实质性贡献,但其难以通过普通市场主体身份对涉案专利进行商业化运作以获取商业利益。鉴于民法有关共有人对共有财产共同享有权利的规定以及公平原则,Y通过涉案专利获取的商业利益应当与X进行分享。

(二)裁判要旨

最高人民法院二审判决,驳回X的上诉请求,维持一审判决。

最高人民法院二审判决认为,Y作为涉案专利权的共有人,其制造、销售该设备是实施涉案专利的合法行为,故本案中并不存在专利侵权纠纷问题。由此,最高人民法院将二审阶段的审理焦点总结为"Y是否应向X支付其主张的经济收益"。

首先,在部分涉案自助挂号一体机外壳上标注有"汇利斯通公司与涉案医院联合研发"等字样的行为不能充分证明Y以普通许可方式许可涉案医院使用了涉案专利,本案亦无证据表明涉案医院向Y支付了任何涉案专利许可费。由此,支持X关于"分享Y因实施涉案专利所获取经济收益"的诉讼主张不符合我国《专利法》规定。其次,我国《民法通则》的规定属于对共有财产的一般规定,而《专利法》的规定属于专利共有情形下各共有人权益分配机制的特别规定,故应优先适用《专利法》的特别规定。由此,不支持X以《民法通则》为依据提出的上诉请求。最后,关于X"其受限于医院事业单位的特殊民事主体身份,难以通过自身将涉案专利投入商业化运营,故Y独享涉案专利的商业利益有违公平原则"的主张,最高人民法院认为,X作为一家法人单位,法律上并无禁止其单独使用或以普通许可方式许可他人使用涉案专利以获取商业利益的任何规定。即使现实中存在此种情况,X也可以在研发阶段通过协议与Y就专利申请成功后双方如何分享收益进行细致约定,故其该项主张亦未得到支持。因此,即使一审判决适用法律存在瑕疵,但鉴于其作出了正确的裁判结果,最高人民法院对此予以维持。[1]

---

〔1〕 参见最高人民法院民事判决书,(2020)最高法知民终954号。

（三）案件评析

1. 本案的典型意义

本案是审理专利权共有人单独实施专利的典型案例，是最高院知产法庭2020年审结的2787件技术类知识产权案件中，精选出的55个典型案例、提炼成的46条裁判规则之一。[1] 在本案中，法院结合创新规律与基本法理，基于知识产权特殊性质及利益平衡原则的考量，明确了我国《专利法》较我国《民法通则》而言的特别法地位，在尊重共有人间约定的前提下，进一步释明了我国《专利法》中有关于专利权共有规定的适用路径，并阐释了该法的基本目标，即其通过保障并鼓励专利权的行使，从而推动整个社会的科技进步和经济发展。同时，本案亦对专利权共有人提供了清晰的指引：各专利权共有人在行使权利时不得无限地相互牵制，阻碍技术的实施。由此，本案的判决既有利于维护专利权共有人间的共有关系，又促进了共有专利权的对外行使。

专利权共有主要指向于一种协同创新形式，其具有主体多元性、客体同一性、行使负担性及权责特殊性。现行法律体系对于专利权共有的规制主要由我国《民法典》和《专利法》完成。其中，我国《专利法》分别就共有的申请专利的权利、专利申请权及专利权的行使规则作出了具体规定。[2] 我国《民法典》则就共有的专利申请权的转让、放弃作出了进一步指引，但其调整范围仅限于合作开发的情形。[3] 同时，我国《民法典》亦发展出另一共有形式，即"准共有"，[4]其一般被定义为"数人按份共有或共同共有所有权以外的财产权的共有"。[5] 事实上，理论界始终存在的有关于我国的专利共有制度究竟属于"共同共有"[6]抑或"按份共有"[7]的争论，相关法律法规并未作出明确解答。但从具体规定及立法精神来看，包含专利权在内的知识产权的共有应属于一种特

〔1〕 参见孙航：《〈最高人民法院知识产权法庭裁判要旨（2020）〉发布》，载《人民法院报》2021年2月27日，第2版。

〔2〕 参见《专利法》（2020）第8条、第14条。

〔3〕 参见《民法典》（2020）第860条。

〔4〕 参见《民法典》（2020）第310条。

〔5〕 参见慎理：《试论专利权共有制度》，载《科技与法律》2009年第2期。

〔6〕 尹新天：《中国专利法详解》，知识产权出版社2011年版，第189页。

〔7〕 李文江：《论共有专利权行使及立法完善》，载《知识产权》2014年第12期。

殊类型的共有，而不能直接类比为“共同共有”或“按份共有”。

2. 专利权共有关系的形成

专利权的共有可通过原始或继受方式取得，前者基于共同的发明创造这一事实行为，后者则主要表现为继承、法人的合并与分立等法律行为。发明创造完成后，共同发明人即共同享有申请专利的权利。对于合作开发完成的发明创造，我国《民法典》第 860 条第 3 款设定了“一致决”的规则，即“合作开发的当事人一方不同意申请专利的，另一方或者其他各方不得申请专利”[1]。共有人提出专利申请后，便享有共同的专利申请权。我国《专利法》赋予专利申请权与专利权在共有关系层面的同等地位，就后续事项进行规定时，均采二者并行的立法手段。

在本案中，X 与 Y 共有关系的产生是其后续纠纷的基础。双方合作研发医疗多功能自助终端一体机，具体由 Y 的技术人员和 X 的计算机技术与信息管理处技术人员共同负责。在研发过程中，X 负责提供技术信息并进行测试，Y 则凭借自身的研发能力发挥了主导作用，二者对于发明创造的完成均作出了实质性的贡献，共同申请了涉案专利并获得授权后，二者便成为涉案专利的专利权共有人。诉讼过程中，X 与 Y 并未就其共有关系产生异议。[2]

3. 专利权共有的权利行使规则

我国《专利法》在规定共有专利时，实际上是将单个专利看作共有权存在的基本单元，[3]亦即，共有人就某一发明创造同享一个专利权。鉴于专利权的民事权利特性，我国《专利法》对于专利权共有问题的指引贯彻了民法中“约定优先”的基本原则，具体表现为“专利申请权或者专利权的共有人对权利的行使有约定的，从其约定”；共有人不存在相关约定时，按照我国《专利法》第 14 条的规定，相关权利行使行为又具体区分为单独实施行为、向第三人发放普通许可行为及其他行为。对于前两种行为而言，专利权人的行使行为无须取得全

---

〔1〕《民法典》(2020)第 860 条。

〔2〕参见广东省深圳市中级人民法院民事判决书，(2019)粤 03 民初 3163 号。

〔3〕参见崔国斌：《中国专利共有制度述评(上)》，载《电子知识产权》2010 年第 6 期。

体共有人的同意。[1] 对于后种行为而言，常见的权利行使方式包括专利权的转让、出质、放弃及向第三人发放独占许可、排他许可的行为，以及专利申请权、优先权的转让、专利申请及优先权要求的撤回或者发动侵权诉讼等。[2] 该规定在实践层面由《专利审查指南》保障，具体表现为“办理直接涉及共有权利的手续，应当由全体权利人签字或者盖章”。[3]

在本案中，鉴于双方并未就有关事项签订协议，因此，本案的处理应依照法律的规定而非当事人的约定。同时，在审理过程中，一审、二审法院就具体案由产生了争议。一审法院将本案定性为“侵害发明专利权纠纷”，[4] 二审法院则将其纠正为“收益分配纠纷”。[5] 同时，由于一审法院对于本案案由的错误定性，其并未在案件审理中处理“使用费分配”的问题，而是进一步分析了 Y 的行为是否落入了 X 与 Y 共有专利权权利要求 1 的保护范围中。事实上，两审法院之所以对本案案由产生不同观点，系对于我国《专利法》(2008) 第 15 条及 X 的诉求存在不同理解。既然专利权共有人可以在不与其他共有人协商的情形下单独实施或以普通许可方式许可他人实施该专利，那么，无论 Y 的行为属于上述何种权利行使方式，X 都不享有向其主张停止侵权、赔偿损失的请求权。因此，在本案中并不存在专利侵权问题。

4. 专利权共有的收益分配方式

在专利共有的制度安排下，共有人之间进行“博弈”——每个共有人的收益不仅取决于自己的行为选择，也取决于其他共有人的行为选择。[6] 本案中，双方当事人就 Y 行使共有专利权的行为属于“单独实施行为”抑或“普通许可行为”产生了争议，X 认为 Y 的行为属于后者，Y 则以“相关专利产品由其独家生产”为由主张其行为性质属于前者。究其原因，乃是我国《专利法》对于两类

---

〔1〕 参见《专利法》(2020) 第 14 条。

〔2〕 参见崔国斌：《中国专利共有制度述评(下)》，载《电子知识产权》2010 年第 7 期。

〔3〕 参见国家知识产权局《专利审查指南》(2021) 第五部分第一章第八节。

〔4〕 参见广东省深圳市中级人民法院民事判决书，(2019) 粤 03 民初 3163 号。

〔5〕 参见最高人民法院民事判决书，(2020) 最高法知民终 954 号。

〔6〕 参见何怀文、陈如文：《专利共有制度的博弈分析》，载《清华知识产权评论》2015 年第 1 期，法律出版社 2015 年版。

行为的收益分配问题作出了不同规定。前一行为所获收益由共有人自行享有，后一行为收取的使用费则应在共有人之间分配。

同时，在本案中，X 亦主张其并不具备与 Y 相同的专利实施能力，因此，Y 的行为将减损 X 作为共有人相关专利商业化输出的空间。最高人民法院并未支持 X 的上述诉求，其根本原因在于，X 并未充分举证证明 Y 以普通许可方式实施了涉案专利。考虑到我国《专利法》中有关于专利共有情形下各共有人权益分配机制的特别规定优先于《民法典》中共同共有人对共有财产享有权利、承担义务的规则适用，因此，X 的主张无法在程序法及实体法层面成立。当 X 认为其受限于单位性质而无法获得与 Y 同等的获益机会时，依照最高人民法院的审判思路可知，该重风险可以通过提前约定进行规避，而非以其共有人身份对 Y 的行为进行牵制，并要求对于 Y 单独的推广、利用行为进行收益分享。[1] 不妨试想，在本案中，若 X 完成了"Y 以普通许可方式许可涉案医院使用了涉案专利"的举证责任，那么，其将基于共有人的收益分配请求权与 Y 分享收益。

我国《专利法》虽承认在向第三人发放普通许可的情形中，共有人享有共同获取收益的权利，但并未明确具体的收益分配方式。我国《民法典》在将共有关系塑造为动产或者不动产的共同共有抑或按份共有时进一步明确："按份共有人对共有的不动产或者动产享有的份额，没有约定或者约定不明确的，按照出资额确定；不能确定出资额的，视为等额享有。"[2] 鉴于知识产权共有关系的特殊性，理论界中始终存在专利权共有人间的收益分配采"平均分配"抑或"按份额分配"方式的争论。就这一争论而言，较为合理的解决路径应是鼓励专利权共有人提前订立协议规避相应纠纷，这既是本案裁判的主要思想，亦契合于基本法理。事实上，要求执法者或者司法者回溯到发明创造的研发阶段，从而通过相关证据还原共同发明者所作出的实质性贡献，并依此确定共有人之间收益分配的份额具有困难性及非客观性。因此，有学者认为，从节约社会成

---

〔1〕 参见最高人民法院民事判决书，(2020)最高法知民终 954 号。

〔2〕《民法典》(2020)第 309 条。

本的角度而言，在共有人不存在相关约定时，默认其享有平等的份额更具操作性。[1] 譬如，英国《专利法》中即规定："在专利共有人没有约定的情况下，直接推定共有人对专利权或相关利益享有相同的份额。"[2]

十、职务发明报酬的法律适用——"便携可充式喷液瓶"职务发明报酬纠纷案[3]

职务发明报酬实现至少需要满足两个条件，一是被授予专利权的单位已经实施职务发明创造的专利；二是被授予专利权的单位在职务发明创造的专利实施中获得经济效益。职务发明创造的发明人或者设计人要求被授予专利权的单位向其支付职务发明报酬，应当对是否满足职务发明报酬的实现条件进行举证，但由于事实和法律原因往往面临诸多困难或障碍。为此，建议降低职务发明报酬的证据保全门槛，实行举证责任转移，适用举证妨碍规则。

（一）事实概要

X（一审被告、二审上诉人）为"便携可充式喷液瓶"实用新型专利（以下简称涉案专利）的专利权人，Y（一审原告、二审被上诉人）为涉案专利的发明人。

Y 于 2017 年向广州知识产权法院（以下简称广州知产法院）提起本案诉讼，请求判令 X 向 Y 支付职务发明报酬 100 万元。广州知产法院一审认为，涉案专利证书及授权文本记载，Y 系涉案专利的发明人之一，故其有权依据法律规定或双方约定向 X 主张职务发明报酬；涉案专利已实际实施并已取得经济效益，X 应向 Y 给予合理报酬；双方未约定、X 也未在其规章制度中规定职务发明报酬的方式和数额，且双方均未举证证明涉案专利的营业利润情况，故综合考量涉案专利性质、发明人数量、X 提起的侵权诉讼判赔数额等，广州知产法院一审判决 X 向 Y 支付职务发明报酬 20 万元。[4]

X 对广州知产法院一审判决不服，向最高人民法院知识产权法庭（以下简

---

〔1〕 参见崔国斌：《中国专利共有制度述评（上）》，载《电子知识产权》2010 年第 6 期。
〔2〕 See Section 36 of the Patent Act 1977（UK）.
〔3〕 参见最高人民法院民事判决书，（2019）最高法知民终 230 号。
〔4〕 参见广州知识产权法院民事判决书，（2017）粤 73 民初 3581 号。

称最高院知产法庭)提起上诉。X上诉理由主要有四:(1)广州知产法院一审认定涉案专利已实施有误,因为依涉案专利技术生产的产品打样后即被发现存在漏液现象,X不可能去实施一个技术落后、不产生任何经济效益反而会亏损的技术方案;(2)广州知产法院一审认定涉案职务发明报酬应分成三等份有误,因为Y不具备对涉案专利作出贡献的技术能力;(3)广州知产法院一审判决将X以涉案专利提起的侵权诉讼赔偿额作为衡量报酬的依据有误,因为X付出了巨大的维权成本,实际收到的款项扣除维权成本为负数;(4)广州知产法院一审判决对我国《专利法实施细则》(2010)第76条、第78条规定的“实施”理解有误,此“实施”应为实际投放市场,X不存在此“实施”行为。

(二)裁判要旨

最高院知产法庭二审判决,驳回X的上诉,维持广州知产法院一审判决。

最高院知产法庭二审认为,根据我国《专利法》(2008)第16条的规定,支付职务发明报酬的义务主体是被授予专利权的单位,支付的对象是职务发明创造的发明人、设计人。按照涉案专利著录登记记载的事项,X为被授予涉案专利权的单位,Y为涉案专利的三位发明人之一。再根据涉案专利的完成时间、Y的入职时间、工作岗位、担任的职务以及其他发明人的陈述等事实,足以认定Y是涉案专利的职务发明人之一,故其有权依据法律规定或双方约定向X主张职务发明报酬。

根据我国《专利法》(2008)第11条的规定,专利权人不仅有权自己实施专利,而且有权禁止他人未经许可实施专利;对于禁止他人未经许可实施专利,不以专利权人有实施专利的事实为维权之必要条件。X对涉案专利维权时曾向法院明确主张,由于涉案专利产品投入市场后,因产品具有实用性强等特点受到消费者青睐,给X带来了经济效益,被诉侵权人未经X许可实施了涉案专利。X的这一主张属于对客观事实的陈述,根据诚实信用原则推定X存在实施涉案专利技术方案的事实。

鉴于实施涉案专利取得的营业利润难以查明,而X作为被授予专利权的单位,基于涉案专利维权而获得的损害赔偿款112.5万元,系专利权人禁止他人未经许可实施专利而获得的收入,在扣除必要的维权成本后,应当视为我国《专利法实施细则》(2010)第78条规定的营业利润,可以作为给付Y职务发明报酬的基础之一。综合考虑涉案专利为实用新型专利、涉及三位发明人、对相关产品研发和改进具有影响和价值、X获得判赔款实际到账情况等因素,酌定X应当支付Y职务发明报酬20万元基本适当。[1]

(三)案件评析

1.案件的典型意义

本案属于最高院知产法庭发布的七个典型案例和2020年度广东省知识产权审判十大案件之一,明确了我国《专利法》(2008)第16条规定的"实施""经济效益"和我国《专利法实施细则》(2010)第78条规定的"营业利润"的理解和适用,对于涉及职务发明报酬法律适用的类案审判具有指导意义。

2.职务发明报酬的有关规定

我国《专利法》(2008)第11条规定,发明和实用新型专利权被授予后,除另有规定的以外,任何单位或者个人未经专利权人许可,都不得实施其专利;外观设计专利权被授予后,任何单位或者个人未经专利权人许可,都不得实施其专利。[2] 据此,实施专利不仅包括专利权人自己实施专利,还包括专利权人许可他人或者禁止他人未经其许可而实施专利;而专利权人许可他人或者禁止他人未经其许可而实施专利,不以专利权人自己实施专利为必要前提。

我国《专利法》(2008)第16条规定,职务发明创造的专利实施后,应当根据其推广应用的范围和取得的经济效益,对职务发明创造的发明人或者设计人给予合理的报酬。[3] 据此,被授予专利权的单位应当向职务发明创造的发明人或者设计人支付报酬,是因为被授予专利权的单位实施职务发明创造的专利并获得了经济效益,强调的是在职务发明创造的专利实施从而产生经济效益的

---

[1] 参见最高人民法院民事判决书,(2019)最高法知民终230号。

[2] 参见《专利法》(2008)第11条。2020年修正《专利法》时,该条无变化。

[3] 参见《专利法》(2008)第16条。2020年修正《专利法》时,该条变更为第15条,第2款增加:"国家鼓励被授予专利权的单位实行产权激励,采取股权、期权、分红等方式,使发明人或者设计人合理分享创新收益。"

情况下,获得该经济效益的单位应当给予职务发明创造的发明人或者设计人合理的报酬。

我国《专利法实施细则》(2010)第78条规定,被授予专利权的单位未与职务发明创造的发明人、设计人约定,也未在其依法制定的规章制度中规定职务发明报酬的方式和数额的,在有效期限内的职务发明创造的专利实施后,每年应当从职务发明创造的专利实施获得的营业利润中提取不低于2%(发明或实用新型专利)或者0.2%(外观设计专利),作为职务发明报酬给予职务发明创造的发明人或者设计人;或者参照上述比例,给予职务发明创造的发明人或者设计人一次性报酬;被授予专利权的单位许可其他单位或者个人实施职务发明创造的专利的,应当从收取的使用费中提取不低于10%,作为职务发明报酬给予职务发明创造的发明人或者设计人。[1] 据此,职务发明报酬的方式和数额"约定优先,法定为辅",被授予专利权的单位与职务发明创造的发明人、设计人之间有约定的,从其约定,否则按照法律规定。

3.职务发明报酬的实现条件

发明人或者设计人要顺利实现职务发明报酬,至少需要满足以下两个条件:

(1)被授予专利权的单位已经实施职务发明创造的专利。根据我国《专利法》(2008)第11条、第16条和我国《专利法实施细则》(2010)第78条的规定,职务发明报酬有赖于职务发明创造的专利实施,[2] 具体包括被授予专利权的单位自己实施职务发明创造的专利,以及被授予专利权的单位许可他人或者禁止他人未经其许可而实施职务发明创造的专利。[3] 本案中,X虽然没有自己实施职务发明创造的专利,但通过提起专利侵权诉讼而禁止他人未经其许可而实施职务发明创造的专利,因而满足了"被授予专利权的单位已经实施职务发明创造的专利"这一职务发明报酬的实现条件。[4]

---

[1] 参见《专利法实施细则》(2010)第78条。

[2] 参见周路、肖冰:《职务发明奖酬制度的立法完善——以地方性专利法规为研究对象》,载《北京理工大学学报(社会科学版)》2013年第2期。

[3] 参见《专利法》(2008)第11条、第16条;《专利法实施细则》(2010)第78条。

[4] 参见最高人民法院民事判决书,(2019)最高法知民终230号。

（2）被授予专利权的单位在职务发明创造的专利实施中获得经济效益。根据我国《专利法》（2008）第16条和我国《专利法实施细则》（2010）第78条的规定，职务发明创造的专利实施后，被授予专利权的单位只有从职务发明创造的专利实施中获得经济利益，才向职务发明创造的发明人或者设计人支付职务发明报酬；被授予专利权的单位获得的经济效益主要表现为营业利润；在被授予专利权的单位与职务发明创造的发明人、设计人之间没有约定的情况下，被授予专利权的单位只有从职务发明创造的专利实施中获得营业利润，才按照法定比例提取职务发明创造的专利实施获得的营业利润支付职务发明报酬。[1]本案中，X作为被授予专利权的单位，基于涉案专利维权而获得损害赔偿款112.5万元，在扣除必要的维权成本后，应当视为其从涉案专利实施中获得的营业利润，因而满足了"被授予专利权的单位在职务发明创造的专利实施中获得经济效益"这一职务发明报酬的实现条件。[2]

4.职务发明报酬的举证责任

在职务发明报酬纠纷中，按照"谁主张，谁举证"原则，职务发明创造的发明人或者设计人要求被授予专利权的单位向其支付职务发明报酬，应当对是否满足职务发明报酬的实现条件进行举证。具体而言，证明"被授予专利权的单位已经实施职务发明创造的专利"的证据主要有：被授予专利权的单位或被许可人使用的技术方案落入了职务发明创造的专利保护范围、职务发明创造的专利许可使用合同等，证明"被授予专利权的单位在职务发明创造的专利实施中获得经济效益"的证据主要是被授予专利权的单位的财务账册、销售发票等。

职务发明创造的发明人或者设计人可以自行获得相关证据材料，也可以通过诉前或诉中证据保全的方式获得。但由于事实和法律原因，职务发明报酬的举证往往面临诸多困难或障碍。

（1）职务发明创造的发明人或者设计人相对于被授予专利权的单位所处的弱势地位决定了其很难直接获得相关证据。在职务发明报酬纠纷中，职务发

[1] 参见《专利法》（2008）第16条；《专利法实施细则》（2010）第78条。
[2] 参见最高人民法院民事判决书，（2019）最高法知民终230号。

明创造的发明人或者设计人处于相对弱势的劳动者地位，职务发明创造的专利是否已经实施以及产生的经济效益或营业利润等信息，往往属于被授予专利权的单位商业秘密，职务发明创造的发明人或者设计人在职期间也很难有所知悉，更何况大多数都是离职以后才通过诉讼等方式主张职务发明报酬的。

（2）高昂的维权费用为职务发明创造的发明人或者设计人获取相关证据设置了障碍。职务发明创造的发明人或者设计人要顺利实现职务发明报酬，一般要购买到包含相关技术方案的产品以与职务发明创造的专利权利要求进行比对，否则无法证明相关产品是否使用了职务发明创造的专利。如果相关产品价格高昂，则职务发明创造的发明人或者设计人负担沉重。如果相关技术比较复杂，还有可能进行司法鉴定，则职务发明创造的发明人或者设计人需要预先垫付司法鉴定费用。如果再考虑聘请律师的费用，职务发明创造的发明人或者设计人无疑要负担相当高昂和沉重的维权费用。

（3）相对较高的证据保全门槛为职务发明创造的发明人或者设计人获取相关证据设置了障碍。虽然职务发明创造的发明人或者设计人可以申请诉前或诉中证据保全，但证据保全的门槛较高，除了需要提供必要的担保以外，一般还要提供初步的证据证明相关产品可能使用了职务发明创造的专利。由于是否使用了职务发明创造的专利往往需要进行复杂的技术比对，职务发明创造的发明人或者设计人很难提供初步的证据予以证明，从而证据保全申请难以得到法院准许。

5. 职务发明报酬的完善建议

（1）降低证据保全门槛。考虑到职务发明创造的发明人或者设计人在经济实力、证据获取能力等方面的不足，应当尽量降低其通过证据保全的方式获取证据的门槛，尤其是申请证据保全应当提交初步证据的要求。在很多情况下，即使最初步的证据，职务发明创造的发明人或者设计人也很有可能无法收集到。如果职务发明创造的发明人或者设计人能够证明其是相关职务发明创造的专利完成人，而被授予专利权的单位亦在正常生产经营，即使职务发明创造的发明人或者设计人无法举证证明相关产品使用了职务发明创造的专利，也可以准许针对相关产品或财务账册提出的证据保全申请。[1]

(2)实行举证责任转移。根据《最高人民法院关于知识产权民事诉讼证据的若干规定》(2020)第 24 条的规定,承担举证责任的当事人书面申请法院责令控制证据的对方当事人提交证据,申请理由成立的,法院应当作出裁定,责令其提交。[2] 据此,在职务发明报酬纠纷中,综合考虑职务发明创造的发明人或者设计人与被授予专利权的单位之间在地位上的不平等性以及双方获取证据的难易性、便捷性,在职务发明创造的发明人或者设计人初步举证和申请法院责令被授予专利权的单位举证的前提下,由被授予专利权的单位对其是否使用职务发明创造的专利承担举证责任。[3]

(3)适用举证妨碍规则。根据《最高人民法院关于知识产权民事诉讼证据的若干规定》(2020)第 25 条的规定,法院依法要求当事人提交有关证据,其无正当理由拒不提交、提交虚假证据、毁灭证据或者实施其他致使证据不能使用行为的,法院可以推定对方当事人就该证据所涉证明事项的主张成立。[4] 据此,在职务发明报酬纠纷中,在职务发明创造的发明人或者设计人初步举证和申请法院责令被授予专利权的单位举证的前提下,被授予专利权的单位拒绝甚至虚假举证的,法院可以参考职务发明创造的发明人或者设计人的相关主张和证据,推定职务发明创造的发明人或者设计人相关诉讼请求成立。[5]

(4)酌情确定职务发明报酬。即使被授予专利权的单位提供了完整的财务账册,但由于这些财务账册并没有体现职务发明创造的专利产品及其具体的销售数据,被授予专利权的单位基于这些专利产品获得的利润仍然无法得到准确计算。在职务发明报酬穷尽各种手段仍然无法准确查明的情况下,可以借鉴知识产权侵权纠纷中法定赔偿制度,由法院根据职务发明创造的专利情况、经营规模、实际贡献、产品价格等因素酌情确定职务发明报酬数额。

---

〔1〕 参见凌宗亮:《职务发明报酬实现的程序困境及司法应对》,载国家知识产权局条法司编:《专利法研究(2013)》,知识产权出版社 2015 年版,第 191 ~ 200 页。

〔2〕 参见《最高人民法院关于知识产权民事诉讼证据的若干规定》(2020)第 24 条。

〔3〕 参见李石勇:《协同创新背景下职务发明奖励报酬制度的完善》,载《广东社会科学》2018 年第 2 期。

〔4〕 参见《最高人民法院关于知识产权民事诉讼证据的若干规定》(2020)第 25 条。

〔5〕 参见管荣齐、李明德:《中国知识产权司法保护体系改革研究》,载《学术论坛》2017 年第 1 期。

(5)维权支出由败诉方承担。鉴于职务发明报酬纠纷并不比专利侵权纠纷简单,同样需要证明相关产品是否落入了专利保护范围,职务发明创造的发明人或者设计人往往需要聘请专业律师代为诉讼。职务发明报酬能否实现直接影响职务发明创造的积极性,在职务发明创造的发明人或者设计人胜诉的情况下,可以判令被授予专利权的单位赔偿其为维权所支付的合理费用,包括但不限于聘请律师的费用、公证费、差旅费等。[1]

第二节　专利行政前沿判例精解

一、专利新颖性判断中惯用手段的适用——“用于执行电信系统中的随机访问的方法和设备”发明专利无效纠纷案[2]

要求保护的发明或者实用新型与对比文件的区别仅仅是所属技术领域惯用手段的直接置换,则不具备专利新颖性。专利新颖性判断中惯用手段的适用条件,一是相关技术手段为所属技术领域惯用手段;二是相关技术手段的置换属于“所属技术领域惯用手段的直接置换”。专利新颖性判断中惯用手段的适用程序,首先考量是否存在惯用手段置换的基础,其次考量技术手段是否属于惯用手段,再次考量技术手段的功能和作用是否相同,最后考量惯用手段置换后是否未改变原技术方案。

(一)事实概要

X(一审原告、二审上诉人)为“用于执行电信系统中的随机访问的方法和设备”发明专利(以下简称涉案专利)的专利权人,Y(一审被告、二审被上诉人)为作出涉案专利无效宣告请求审查决定的国家知识产权局。

涉案专利共有26项权利要求,其中权利要求4在权利要求1~3的基础上,附加技术特征“在物理下行链路控制信道PDCCH上传送包含所述RAPID

---

[1] 参见凌宗亮:《职务发明报酬实现的程序困境及司法应对》,载国家知识产权局条法司编:《专利法研究(2013)》,知识产权出版社2015年版,第191~200页。

[2] 参见北京市高级人民法院行政判决书,(2019)京行终513号。

的所述消息”。[1] 第三人华为技术有限公司于2014年11月14日向Y提出无效宣告请求，同时提交了证据1（CN101682870A中国发明专利申请公布说明书）。Y经审查，于2015年5月21日作出第26030号无效宣告请求审查决定（以下简称第26030号专利无效行政决定），宣告涉案专利权利要求1～7、12、14～20、25无效，并在权利要求8～11、13、21～24、26的基础上继续维持涉案专利有效。[2]

X对第26030号专利无效行政决定不服，向北京知识产权法院（以下简称北京知产法院）提起本案诉讼，请求依法撤销第26030号专利无效行政决定，判令Y就涉案专利重新作出无效宣告请求审查决定。北京知产法院一审认为，证据1满足构成抵触申请的形式要件，且已经公开了通过切换消息传送包含特征码ID编号的消息，在涉案专利权利要求1、2相对于证据1不具备新颖性的情况下，涉案专利权利要求4将通过切换消息的方式传送消息，改换为在物理下行链路控制信道PDCCH上传送消息，是所属技术领域的惯用手段的直接置换，故其相对于证据1不具备新颖性。因此，北京知产法院一审判决，驳回X的诉讼请求，维持第26030号专利无效行政决定。

X对北京知产法院一审判决不服，向北京市高级人民法院（以下简称北京高院）提起上诉。X的上诉理由主要有二：（1）涉案专利权利要求1仅涉及单个基站，而证据1为涉及两个基站的技术方案，且未公开涉案权利要求2的附加技术特征，故涉案专利权利要求1、2相对于证据1具备新颖性。（2）证据1是通过切换消息的方式传送消息，而涉案专利权利要求4的附加技术特征与之在逻辑上完全不同，两者不可置换；如果将两者置换，则证据1的技术效果难以实现，其他组成部分也将受到影响，故涉案专利权利要求4相对于证据1具备新颖性。

（二）裁判要旨

北京高院二审判决，撤销北京知产法院一审判决和第26030号专利无效行

[1] 参见中国发明专利（200880129948.X）——用于执行电信系统中的随机访问的方法和设备。

[2] 参见国家知识产权局专利复审委员会第26030号无效宣告请求审查决定。

政决定,判令国家知识产权局就涉案专利重新作出无效宣告请求审查决定。

北京高院二审认为,新颖性的判断过程中,涉案专利请求保护的技术方案一般应当以涉案专利权利要求中记载的内容为准,未记载在权利要求中的技术特征不能作为判断其是否具备新颖性的基础。在专利确权案件中,涉案专利权利要求限定的保护范围,在所属领域普通技术人员阅读该权利要求的内容后还不能直接地、毫无疑义地确定,可以结合说明书及附图的内容作出认定。本案中,涉案专利权利要求 1 限定的技术方案仅涉及单个基站,且证据 1 已经公开了权利要求 2 的附加技术特征,故涉案专利权利要求 1、2 相对于证据 1 不具备新颖性。

《专利审查指南》(2010)第二部分第三章 3.2.3 规定:"如果要求保护的发明或者实用新型与对比文件的区别仅仅是所属技术领域的惯用手段的直接置换,则该发明或者实用新型不具备新颖性……"由此,在判断是否属于"惯用手段的直接置换"的过程中,至少需满足两个要件:(1)相关技术手段为所属技术领域惯用手段;(2)相关技术手段的置换属于"直接置换"。其中,所属技术领域惯用手段为所属技术领域公知常识的下位概念,因而有关公知常识的判断规则同样适用于对于相关技术手段是否为所属技术领域惯用手段的认定。但是,以所属领域普通技术人员为新颖性判断的主体,系专利授权确权案件中所普遍适用的基本规则,因而所谓的惯用手段应当为所属领域普通技术人员所应当掌握的知识。考虑到举证的必要性及难易程度等因素,当事人可以通过充分说明或者提交证据证明的方式确定相关技术手段是否属于惯用手段。

新颖性的判断适用单独比对原则,即发明或者实用新型专利申请的各项权利要求分别与每一项现有技术或抵触申请的相关技术内容单独地进行比较,不得将其与几项现有技术或者抵触申请的相关技术内容组合或者与一份对比文件中多项技术方案的组合进行对比。而创造性的判断适用多项比对原则,若涉案专利对于所属领域普通技术人员而言,相对于一篇对比文件和公知常识的结合是显而易见的,则其不具备创造性。虽然新颖性下所属技术领域惯用手段为创造性下所属技术领域公知常识的下位概念,但新颖性下所属技术领域惯用手段的替换为"直接的",不仅要求相关的技术手段可以替换,还要求将涉案专利与对比文件中的不同技术手段替换后,不会影响该技术手段与其他技术特征之间的配合等关系。由此,对于所属领域普通技术人员而言,即便相关技术手段的替换是容易想到的,但若相关技术手段替换后,同时要求与该技术手段配合的其他技术特征需要作出适应性调整,此时虽然涉案专利可能不具备创造性,但不宜认定其不具备新颖性。

本案中,所属领域普通技术人员公知,证据 1 公开的是通过切换消息的方式传送消息,系通过数据信道传送相应的消息;通过数据信道传送消息与通过控制信道传送消息涉及不同解调制及解压缩等,对其他与之匹配的技术特征提出了新的要求。因此,在证据 1 的基础上,不宜认定涉案专利权利要求 4 限定的附加技术特征属于"惯用手段的直接置换"。[1]

(三)案件评析

1. 案件的典型意义

本案属于最高人民法院发布的 2020 年中国法院 50 件典型知识产权案例之一,[2]且居于北京高院发布的 2020 年度北京法院知识产权司法保护十大案例之首。北京高院二审判决严格适用新颖性的裁判标准,明确了"惯用手段的直接置换"认定规则,为今后此类案件的裁判提供了指引。

2. 专利新颖性判断的内在要求和对比原则

(1)专利新颖性判断的内在要求

专利新颖性是指授予专利权的发明或者实用新型不属于现有技术和抵触申请,[3]其中现有技术是指申请日以前在国内外为公众所知的技术,抵触申请是指申请日以前任何单位和个人就同样的发明或者实用新型向国务院专利行政部门提出并记载在申请日以后公布的专利申请文件或者公告的专利文件中的专利申请。[4] 由此,专利新颖性要求专利与现有技术之间存在差异。至于

---

〔1〕 参见北京市高级人民法院行政判决书,(2019)京行终 513 号。

〔2〕 参见《最高人民法院办公厅关于印发 2020 年中国法院 10 大知识产权案件和 50 件典型知识产权案例的通知》(法办〔2021〕146 号)。

〔3〕 参见管荣齐:《中国知识产权法律制度》,知识产权出版社 2016 年版,第 113 页。

〔4〕 参见《专利法》(2008,2020)第 22 条第 2 款、第 5 款。

专利与现有技术之间的差异达到什么程度,不是专利新颖性的要求,而是专利创造性的要求。[1]

专利创造性是在专利新颖性的基础上提出的要求。[2] 专利创造性是指与现有技术相比,发明具有突出的实质性特点和显著的进步,实用新型具有实质性特点和进步。[3] 其中,发明具有突出的实质性特点,实用新型具有实质性特点,是指对所属技术领域的技术人员来说,发明或实用新型相对于现有技术是非显而易见的;发明具有显著的进步,实用新型具有进步,是指发明或实用新型与现有技术相比能够产生有益的技术效果。[4] 由此,专利创造性要求专利与现有技术之间的差异达到非显而易见的程度。[5]

(2)专利新颖性的对比原则

专利新颖性的判断适用单独对比原则。专利新颖性判断时,应当将发明或者实用新型专利的各项权利要求分别与每一项现有技术或抵触申请的相关技术内容单独地进行比较,不得将其与几项现有技术或者抵触申请的相关技术内容的组合或者与一份对比文件中的多项技术方案的组合进行对比,即发明或者实用新型专利新颖性的判断适用单独对比原则,这与发明或者实用新型专利创造性判断适用多项对比原则有所不同。[6]

专利创造性判断时,可以将一份或者多份现有技术中不同的技术内容组合在一起对要求保护的发明或者实用新型专利进行评价。[7] 对于发明专利而言,可以引用一项、两项或者多项现有技术评价其创造性。对于实用新型专利而言,一般情况下可以引用一项或者两项现有技术评价其创造性,对于由现有技术通过"简单的迭加"而成的实用新型专利,可以根据情况引用多项现有技术评价其创造性。[8]

---

[1] 参见管荣齐:《发明专利的创造性》,知识产权出版社 2012 年版,第 55 页。

[2] 参见管荣齐:《发明专利的创造性》,知识产权出版社 2012 年版,第 52 页。

[3] 参见《专利法》(2008,2020)第 22 条第 3 款。

[4] 参见国家知识产权局《专利审查指南》(2010,2019,2021)第二部分第四章 2.2~2.3。

[5] 参见管荣齐:《发明专利的创造性》,知识产权出版社 2012 年版,第 55 页。

[6] 参见国家知识产权局《专利审查指南》(2010,2019,2021)第二部分第三章 3.1。

[7] 参见国家知识产权局《专利审查指南》(2010,2019,2021)第二部分第四章 3.1。

[8] 参见国家知识产权局《专利审查指南》(2010,2019,2021)第四部分第六章第四节。

3. 专利新颖性判断中惯用手段的适用条件

如果要求保护的发明或者实用新型与对比文件的区别仅仅是所属技术领域惯用手段的直接置换。例如，对比文件公开了采用螺钉固定的装置，而要求保护的发明或者实用新型仅将该装置的螺钉固定方式改换为螺栓固定方式，则该发明或者实用新型不具备专利新颖性。[1] 由此，专利新颖性判断中适用惯用手段，至少需满足两个条件：(1) 相关技术手段为所属技术领域惯用手段；(2) 相关技术手段的置换属于“所属技术领域惯用手段的直接置换”。

所谓“所属技术领域惯用手段”，是指所属领域普通技术人员在解决所属技术领域存在的技术问题时惯常使用的技术手段，[2] 属于专利创造性判断中所属技术领域公知常识的下位概念。[3] 在专利创造性判断中，如果要求保护的发明或者实用新型与最接近的现有技术相比，其区别技术特征为所属技术领域公知常识，如所属技术领域中解决其存在的技术问题的惯用手段，则通常认为该发明或者实用新型专利是显而易见的。[4] 由此，所属技术领域惯用手段是所属技术领域公知常识的下位概念，因而有关所属技术领域公知常识的判断规则同样适用于所属技术领域惯用手段的认定。

所属技术领域公知常识是指所属技术领域广泛为人所知或所认同的技术知识或技术手段，其载体一般为技术词典、技术手册、技术教科书等。[5] 所属技术领域公知常识不同于“众所周知的事实”，后者一般没有技术领域的区分，亦即在任何技术领域都是众所周知的，因此当事人一般无须举证证明，法官仅凭自己现有的知识就可以直接认定；而所属技术领域公知常识显然是有技术领域限制的，在这个技术领域是公知常识的到其他技术领域可能就不是了，法官不可能通晓所有技术领域，更不可能按技术领域配备，因此一般需要当事人举

---

〔1〕 参见国家知识产权局《专利审查指南》(2010,2019,2021)第二部分第三章 3.2.3。

〔2〕 参见范明瑞、路剑锋等：《新颖性评判中“惯用手段直接置换”的考量因素》，载《中国发明与专利》2020 年第 3 期。

〔3〕 参见杨倩：《专利新颖性评价中“惯用手段的直接置换”概念辨析》，载《中国发明与专利》2016 年第 2 期。

〔4〕 参见国家知识产权局《专利审查指南》(2010,2019,2021)第二部分第四章 3.2.1.1。

〔5〕 参见国家知识产权局《专利审查指南》(2010,2019)第四部分第二章 3.3、第三章 4.1、第八章 4.4；《专利审查指南》(2021)第四部分第二章 3.3、第四章 3.2.1.1、第八章 4.3.3。

证证明。[1]

所谓"所属技术领域惯用手段的直接置换",不但要求所属技术领域惯用手段可以替换,而且要求所属技术领域惯用手段替换后,不影响所属技术领域惯用手段与其他技术特征之间的配合、协作关系。由于授予专利权的发明或者实用新型首要应当具备专利新颖性,[2]因而"所属技术领域惯用手段的直接置换"的要求仅限于专利新颖性判断而不适用于专利创造性,即所属技术领域惯用手段的替换不构成直接置换,只破坏专利新颖性而不破坏专利创造性。如果相关技术手段的替换是所属领域普通技术人员容易想到的,即构成所属技术领域惯用手段的替换,但所属技术领域惯用手段替换后与之配合的其他技术特征需要作出适应性调整,则该发明或者实用新型可能不具备专利创造性,但不宜认定其不具备专利新颖性。[3]

4. 专利新颖性判断中惯用手段的适用步骤

专利新颖性判断中惯用手段的适用,首先考量是否存在惯用手段置换的基础,其次考量技术手段是否属于惯用手段,再次考量技术手段的功能和作用是否相同,最后考量惯用手段置换后是否未改变原技术方案。这四点同时得到肯定的答复,才能认定为"惯用手段的直接置换"。

(1)惯用手段置换的基础。在专利新颖性判断中,发明或者实用新型专利权利要求和对比文件中应当存在相对应的技术特征,这是认定是否存在惯用手段置换的基础。当发明或者实用新型专利权利要求和对比文件中不存在相对应的技术特征时,一般不宜认定为惯用手段的直接置换。

(2)技术手段的"惯用性"。虽然惯用手段属于公知常识的范畴,可以适用公知常识的判断规则,但惯用手段的范围比公知常识要小得多,认定标准也比公知常识更为严格。惯用手段是所属领域普通技术人员在所属技术领域中普遍熟知、广泛使用的常规技术手段,可以说是"公知常识中的公知常识"。

---

〔1〕 参见管荣齐:《发明专利的创造性》,知识产权出版社2012年版,第107~110页。

〔2〕 参见国家知识产权局《专利审查指南》(2010,2019)第二部分第四章第三节;《专利审查指南》(2021)第二部分第三章3.2.3。

〔3〕 参见北京市高级人民法院行政判决书(2019)京行终513号。

(3)技术手段的功能和作用。相互置换的技术手段在各自技术方案中所起的功能和作用应当是相同的。只有功能和作用相同的两种技术手段进行置换,才能保证技术方案无实质性变化,才能解决相同的技术问题并达到相同的技术效果,否则两种技术手段的替换就不是惯用手段的直接置换。

(4)惯用手段置换的“直接性”。两种技术手段的置换应当是所属领域普通技术人员可以直接作出的,而不需要经过进一步的分析、推理或试验等,且置换后与权利要求中其他技术特征的关系不应被改变,即能够“无缝衔接”“即插即用”。[1]

二、发明构思在区别技术特征认定中的考量——“假捻变形机”发明专利无效纠纷案[2]

区别技术特征的认定是专利创造性判断中的一个重要步骤,需要考量发明创造的发明构思,属于一个总的发明构思的多个技术要素的结合视为一个区别技术特征。两个及以上技术方案组合或结合后构成一个新的技术方案,可以解决现有技术客观存在的技术问题,即为组合发明(或结合发明),其创造性在于所包含的技术方案组合或结合在一起对所属领域普通技术人员来说是非显而易见的。

(一)事实概要

X(一审第三人、二审上诉人)为“用于使多根复丝丝线变形的假捻变形机”发明专利(以下简称涉案专利)的专利权人,Y(一审被告、二审上诉人)为作出涉案专利无效宣告请求审查决定的国家知识产权局,Z(一审原告、二审被上诉人)为申请宣告涉案专利无效的请求人。

针对涉案专利,Z 于 2017 年 2 月 17 日向 Y 提出无效宣告请求,同时提交了证据 1(公开号为 WO2007/036242A1 的 PCT 专利申请公开说明书)、证据 2

---

〔1〕 参见曾定洲:《“惯用手段的直接置换”的理解与适用》,载《中国发明与专利》2019 年 S2 期;范明瑞、路剑锋等:《新颖性评判中“惯用手段直接置换”的考量因素》,载《中国发明与专利》2020 年第 3 期。

〔2〕 参见最高人民法院行政判决书,(2020)最高法知行终 279 号。

(公开号为 CN1514891A 的中国发明专利申请公开说明书)。Y 经审查认为,涉案专利相对于证据 1 或证据 2 的区别技术特征为:第一输送机构和第二输送机构分别构成为一个缠绕输送机构,而第三输送机构构成为一个夹紧输送机构,故涉案专利权利要求 1 相对于证据 1 结合公知常识、证据 1 结合证据 2 都具备创造性。因此,Y 于 2017 年 8 月 1 日作出第 32984 号无效宣告请求审查决定(以下简称第 32984 号专利无效行政决定),维持涉案专利有效。[1]

Z 对第 32984 号专利无效行政决定不服,向北京知识产权法院(以下简称北京知产法院)提起本案诉讼,请求依法撤销第 32984 号专利无效行政决定,判令 Y 就涉案专利重新作出无效宣告请求审查决定。北京知产法院一审认为,涉案专利相对于证据 1 或证据 2 的区别技术特征为:第三输送机构构成为一个夹紧输送机构,故涉案专利权利要求 1 相对于证据 1 结合公知常识、证据 1 结合证据 2 都不具备创造性。因此,北京知产法院一审判决,撤销第 32984 号专利无效行政决定,判令 Y 就涉案专利的无效宣告请求重新作出审查决定。

X、Y 对北京知产法院一审判决不服,向最高人民法院知识产权法庭(以下简称最高院知产法庭)提起上诉,请求撤销北京知产法院一审判决,维持第 32984 号专利无效行政决定,驳回 Z 的诉讼请求。X 的主要上诉理由是,北京知产法院一审判决认定的区别技术特征有误,将涉案专利与证据 1 或证据 2 相比,其区别技术特征均在于:第一输送机构和第二输送机构分别构成为一个缠绕输送机构,而第三输送机构构成为一个夹紧输送机构。Y 的主要上诉理由是,第 32984 号专利无效行政决定关于涉案专利与证据 1 区别技术特征的认定并无不当,彰显了涉案专利的发明构思和实质贡献——采用不同类型的输送机构配合使用。

(二)裁判要旨

最高院知产法庭二审判决,撤销北京知产法院一审判决,维持第 32984 号专利无效行政决定,驳回 Z 的诉讼请求。

最高院知产法庭二审认为,在判断要求保护的发明创造相对于最接近的现

[1] 参见国家知识产权局专利复审委员会第 32984 号无效宣告请求审查决定。

有技术的区别技术特征时,要从该发明创造的发明构思出发,确定该发明创造与最接近的现有技术之间所存在的技术差异。如果该发明创造的发明构思就在于所对应的各个技术手段的结合,并且现有技术既没有直接或者隐含公开这种结合的教导,也没有公开这种结合所能产生的技术效果,则在确定区别技术特征时,应当将该发明创造保护的这种技术手段的结合予以整体性对待,不宜以其中的单个技术手段作为判断是否构成区别技术特征的基本对象。

根据涉案专利说明书的记载,涉案专利相较于证据 1 的改进和完善在于:将缠绕输送机构与夹紧输送机构这两种不同类型的输送机构进行组合,构成新的丝线输送机构,实现对丝线的高质量变形和处理。由此可见,涉案专利的发明构思是:通过不同类型的输送机构的组合配置,即将第一输送机构和第二输送机构设置为一个缠绕输送机构,将第三输送机构设置为一个夹紧输送机构,实现"将丝线不损伤地引导到后处理区,并保证丝线张力在后处理区能够保持恒定,在卷绕换筒过程中不松弛"的技术效果。

Y 所提交的证据 1 中,第一、第二实施例所公开的丝线输送装置均系由单一类型输送机构组合构成,并未给出由不同类型输送机构组合配置而成的供料装置的教导,也没有公开由不同类型输送机构组合配置所能达到的技术效果,因此,在确定涉案专利与最接近的现有技术的区别技术特征时,应将涉案专利不同类型输送机构的组合配置作为一个整体予以对待。

Y 所提交的证据 2 表明,组成供料装置的各个输送机构之间并非相互独立,输送机构的类型和工序配置关系等,均会对最终产品的质量以及效率产生重要影响,由此亦印证了组成涉案专利供料装置的各输送机构之间构成紧密的配合关系。因此,在认定涉案专利与最接近的现有技术的区别技术特征时,宜将涉案专利不同类型输送机构的组合配置作为一个整体予以对待。

总之,涉案专利相对于证据 1、2 的区别技术特征应为:第一输送机构和第二输送机构分别构成为一个缠绕输送机构;而第三输送机构构成为一个夹紧输送机构。北京知产法院一审判决未从涉案专利的发明构思出发,忽略了涉案专利三个输送机构的内在配合联系及其所能带来的技术效果,未能将涉案专利不同类型输送机构的组合配置作为一个整体予以对待,不当地将每一个输送机构单独作为判断是否构成区别技术特征的基本对象，对于涉案专利区别技术特征的认定有误。[1]

（三）案件评析

1. 案件的典型意义

本案属于《最高人民法院知识产权案件年度报告（2020）》从最高人民法院2020年审结的知识产权案件中精选的55件典型案件之一，还是最高院知产法庭2020年审结的2787件技术类知识产权案件中精选出的55个典型案例之一。所涉及的区别技术特征认定中对发明构思的考量问题及其裁判规则，入选《最高人民法院知识产权案件年度报告（2020）》所归纳的63个具有一定指导意义的法律适用问题，以及最高院知产法庭2020年审结的2787件技术类知识产权案件中提炼成的46条裁判规则。[2]

2. 区别技术特征的认定

区别技术特征的认定是专利创造性判断中的一个重要步骤。[3] 根据美国《专利审查指南》的有关规定，专利创造性判断的"Graham分析法"第二步是现有技术与发明创造之间区别的查明，要求把发明创造、现有技术都从整体上考虑，提取发明创造的要点或宗旨。[4] 根据欧洲《专利审查指南》的有关规定，欧洲专利创造性判断的"问题—解决方法"（Problem and Solution Approach）第二步是确定发明创造所要解决的客观技术问题，要求首先研究发明创造相对于最接近现有技术的区别技术特征，无论是结构性的还是功能性的。[5] 根据日本《专利审查指南》的有关规定，日本专利创造性判断的第二步是发明创造与最适合引用发明之间区别的查明，要求找出与发明创造相比较最合适引用发明的区别技术特征。[6] 根据我国《专利审查指南》的有关规定，判断发明创造相对

---

〔1〕 参见最高人民法院行政判决书，（2020）最高法知行终279号。

〔2〕 参见《最高人民法院知识产权案件年度报告（2020年）摘要》，载《人民法院报》2021年4月26日，第2版；孙航：《〈最高人民法院知识产权法庭裁判要旨（2020）〉发布》，载《人民法院报》2021年2月27日，第2版。

〔3〕 参见杨勤之：《新形势下专利审查中的创造性判断相关问题分析》，载《知识产权》2019年第10期。

〔4〕 See Manual of Examiinng Pricedure of U. S. 2141.01, 2141.02, 2141.03.

〔5〕 See Guidelines for Examination in the European Patent Office. Part C Chapter Ⅳ. 11.7.

〔6〕 日本特許・実用新案審査基準. 第Ⅱ部，第2章，2.4。

于现有技术是否显而易见的第二步是确定发明创造的区别特征和实际解决的技术问题，要求首先分析发明创造与最接近的现有技术相比有哪些区别技术特征。[1]

本案中，最高院知产法庭二审判决指出，在专利创造性判断中认定区别技术特征时，要从发明创造的发明构思出发，确定其与最接近的现有技术之间所存在的技术差异；如果发明创造的发明构思就在于对各个技术要素的结合，且现有技术既没有公开这种结合的教导，也没有公开这种结合所能产生的技术效果，则可以将相互结合的多个技术要素视为一个整体，认定为一个区别技术特征。[2] 由此，专利创造性判断中认定区别技术特征时需要考量发明创造的发明构思，属于一个总的发明构思的多个技术要素的结合视为一个区别技术特征。

3. 发明构思与组合发明

根据我国《专利法实施细则》和《专利审查指南》的有关规定，"属于一个总的发明构思"是指具有相同或者相应的特定技术特征。如果两个及以上技术方案在技术上相互关联，包含一个或多个相同或相应的特定技术特征，可以认定为属于一个总的发明构思。其中，"特定技术特征"是指两个及以上技术方案的组合或结合作为整体对现有技术作出贡献的技术特征，它使发明创造相对于现有技术具有新颖性和创造性；"两个及以上技术方案"即使都已经公开，但若其组合或结合后构成一个新的技术方案，可以解决现有技术客观存在的技术问题，则该两个及以上已知技术方案的组合或结合也可以授予专利权，称为组合发明（或结合发明）。[3]

由组合发明的定义可知，其具有以下特征或要件。（1）由两个及以上技术方案组合或结合而成，其组合或结合方式主要有三种：①同一现有技术中不同技术方案的组合或结合；②不同现有技术中技术方案的组合或结合；③现有技

〔1〕参见国家知识产权局《专利审查指南》（2021）第二部分第四章3.2.1.1。

〔2〕参见最高人民法院行政判决书，（2020）最高法知行终279号。

〔3〕参见《专利法实施细则》（2010）第35条；国家知识产权局《专利审查指南》（2021）第二部分第四章4.2、第六章2.1.2。

术和公知常识中技术方案的组合或结合。[1] (2)属于一个总的发明构思,具有相同或相应的对现有技术作出新颖性和创造性贡献的技术特征。(3)构成一个新的技术方案,所包含的两个及以上技术方案组合或结合在一起是前所未有的,[2]能够取得预料不到的技术效果。(4)能够解决现有技术客观存在的技术问题,至少包括三层含义:①发现和提出了现有技术中存在的技术问题;②所解决的技术问题在现有技术中客观存在;③对于技术问题的解决方案能够实现。

4.组合发明的创造性

如前所述,组合发明是由两个及以上已知技术方案组合或结合而成的,其专利创造性不在于所包含的两个及以上技术方案是否显而易见,而在于所包含的技术方案组合或结合在一起对所属领域普通技术人员来说是非显而易见的,[3]或者能够取得预料不到的技术效果。根据美国《专利审查指南》的有关规定,依照已知方法将现有技术和公知常识中的技术方案组合或结合而成的组合发明,如果不能产生预料不到的技术效果,且缺乏其他事实证据,就是非显而易见的。[4] 根据欧洲专利局上诉委员会判例法的有关规定,多个技术特征组合或结合而成的组合发明,如果各技术特征在功能上不能彼此相互支持,就不会产生超越各个技术特征之和的技术效果,就是显而易见的。[5] 根据日本《专利审查指南》的有关规定,由各个要素组合或结合而成的组合发明,如果组成要素之间在功能或作用上不能彼此关联,只是技术特征的简单拼凑,就是显而易见的。[6] 根据我国《专利审查指南》的有关规定,组合的各技术特征在功能上彼此支持并取得了新的技术效果,或者组合后的技术效果比每个技术特征效果的总和更优越,不论每个单独的技术特征本身是否完全或部分已知,该组合发明都是非显而易见的;组合后的各技术特征之间在功能上无相互作用关系且总的技术效果是各组合部分效果之总和,或者组合仅仅是公知结构的变型或处

---

〔1〕 参见管荣齐:《发明专利的创造性》,知识产权出版社 2012 年版,第 217~219 页。
〔2〕 参见翟燕燕:《浅析“发明构思”在组合发明创造性判断中的作用》,载《广东化工》2020 年第 10 期。
〔3〕 参见李梅香:《浅谈组合发明的创造性评价》,载《专利代理》2019 年第 1 期。
〔4〕 See Manual of Examiinng Pricedure of U.S. 2143.
〔5〕 See Case Law of the Boards of Appeal of the European Patent Office. I. D. 8.2.
〔6〕 日本特許・実用新案審査基準.第Ⅱ部,第 2 章,2.5。

于常规技术继续发展的范围之内而没有取得预料不到的技术效果，则该组合发明是非显而易见的。[1]

组合发明等改进性发明的专利创造性判断，具有不同于一般发明的特点。组合发明的专利创造性判断原则无须重复适用，前提是在确定其是否属于组合发明等改进性发明的程序中，已经适用了整体判断原则、多项对比原则、避免事后诸葛亮原则。组合发明的专利创造性判断标准宜高不宜低，因为组合发明没有在申请日以前于国内外公开过，也没有在申请日以前提出、申请日以后公布过，且能够产生不同于（如优于）原单个技术特征之和的合成技术效果。组合发明的专利创造性判断方法宜严不宜松，需要考虑组合发明的已知技术特征之间在功能上是否相互作用，组合发明对所属领域普通技术人员来说是否具有预料不到的技术效果，组合发明是否存在其他有关专利创造性的事实证据。组合发明的专利创造性判断辅助考虑因素中，预料不到的技术效果、商业上成功只能作为其必要条件，长期渴望解决的需求和克服技术偏见则不适用。[2]

三、平行无效宣告程序中专利权利要求的修改——“头发矫直刷”实用新型专利无效纠纷案[3]

无效宣告程序中专利权利要求修改，其价值在于保护专利权人的发明创造和技术贡献，并平衡专利权人与社会公众之间的利益；应当以原专利独立权利要求的保护范围为比对基准，将修改后的独立权利要求与原专利独立权利要求进行比较；其法律效力仅溯及尚未执行（或履行）的司法判决和调解书、行政决定、合同，以及专利权人的恶意损害、明显违反公平原则的不返还费用。

（一）事实概要

X（一审原告、二审上诉人）为“头发矫直刷”实用新型专利（以下简称涉案专利）的专利权人，Y（一审被告、二审被上诉人）为作出涉案专利无效宣告请求

〔1〕 参见国家知识产权局《专利审查指南》（2021）第二部分第四章4.2。

〔2〕 参见管荣齐：《发明专利的创造性》，知识产权出版社2012年版，第225～227、240～244页。

〔3〕 参见最高人民法院行政判决书，（2020）最高法知行终93号。

审查决定的国家知识产权局。

涉案专利授权公告时共有10项权利要求，其中权利要求1为独立权利要求，权利要求2~4、6~10为权利要求1的从属权利要求，权利要求5为权利要求4的从属权利要求。[1] 针对涉案专利，深圳纳斯威电子有限公司（以下简称深圳纳斯威公司）于2015年9月21日向Y提出无效宣告请求；Y于2016年10月19日作出第30338号无效宣告请求审查决定（以下简称本案第30338号专利无效行政决定），宣告涉案专利权全部无效。[2] 深圳纳斯威公司还曾于2016年2月1日对涉案专利提出无效宣告请求，X在该无效宣告程序中修改了授权公告时的权利要求，删除权利要求1、4、9，将权利要求1、4、9合并为新的权利要求1，权利要求的数量减少为8项；Y经审查认定，X对涉案专利权利要求的修改符合我国《专利审查指南》的相关规定；在修改后的权利要求的基础上，Y于2016年10月18日作出第30358号无效宣告请求审查决定（以下简称另案第30358号专利无效行政决定），宣告涉案专利无效。[3]

X对本案第30338号专利无效行政决定不服，向北京知识产权法院（以下简称北京知产法院）提起本案诉讼，请求依法撤销本案第30338号专利无效行政决定，判令Y就涉案专利重新作出无效宣告请求审查决定。北京知产法院一审认为，因本案第30338号专利无效行政决定审理的基础为涉案专利授权公告时的权利要求，而在针对涉案专利的另一无效宣告案件中，X修改了涉案专利授权公告时的权利要求，且修改后的权利要求已被Y接受，故本案第30338号专利无效行政决定的审理基础已经发生变化，针对本案第30338号专利无效行政决定的审理已不具有实质意义。因此，北京知产法院一审判决，驳回X的诉讼请求。

X对北京知产法院一审判决不服，向最高人民法院知识产权法庭（以下简称最高院知产法庭）提起上诉，请求撤销北京知产法院一审判决和本案第30338号专利无效行政决定，判令Y就涉案专利重新作出无效宣告请求审查决

[1] 参见中国实用新型专利（201390000237.9）——头发矫直刷。
[2] 参见国家知识产权局专利复审委员会第30338号无效宣告请求审查决定。
[3] 参见国家知识产权局专利复审委员会第30358号无效宣告请求审查决定。

定。X 的主要上诉理由是，北京知产法院一审判决中关于针对本案第 30338 号专利无效行政决定的审理已不具有实质意义的认定不成立，因为涉案专利的两个无效宣告案件的争议焦点紧密相关，本案第 30338 号专利无效行政决定对另案第 30358 号专利无效行政决定的审判结果具有实质性的影响；涉案专利的两个无效行政决定均未生效，另案第 30358 号专利无效行政决定并没有导致本案第 30338 号专利无效行政决定的审查基础发生变化。

（二）裁判要旨

最高院知产法庭二审判决，撤销北京知产法院一审判决和第 30338 号专利无效行政决定。

最高院知产法庭二审认为，在同一专利的多个无效宣告请求审查行政程序中，专利权人在其中一个程序中对权利要求进行了修改，且符合我国《专利法》规定已被国家知识产权局接受的，应当视为专利权人对原权利要求的处分，必然会对其他尚未完成的同一专利的无效宣告请求审查行政程序及后续行政诉讼程序产生实质性影响；以修改前的权利要求为审查基础的在后同一专利无效宣告案件，因审查基础已不复存在而无继续审理之必要，在后同一专利无效行政决定已经作出的，法院应当判决撤销但无须判令国家知识产权局重新作出决定。

本案中，在另案第 30358 号专利无效行政决定涉及的涉案专利无效宣告请求审查行政程序中，X 作为专利权人修改了涉案专利权利要求且已被 Y 接受，修改方式为删除权利要求 1、4、9，将权利要求 1、4、9 合并为新的权利要求 1。这一修改构成对涉案专利授权公告时即修改前的权利要求的放弃，必然会对同时正在进行中的本案涉及的涉案专利无效宣告请求审查行政程序产生实质性影响。在此情况下，本案涉及的涉案专利无效请求审查行政程序不应再基于涉案专利授权公告时即修改前的权利要求继续审查并作出决定。

另案第 30358 号专利无效行政决定于 2016 年 10 月 18 日作出，宣告涉案专利全部无效；而 Y 又基于授权公告时即修改前的权利要求，于 2016 年 10 月 19 日作出本案第 30338 号专利无效行政决定，宣告涉案专利全部无效。本案第30338号专利无效行政决定作出时，实质上涉案专利无效的审查基础已不复存在而无继续审查必要，故应对本案第30338号专利无效行政决定予以撤销，且Y也无须就涉案专利重新作出无效宣告请求审查决定。[1]

（三）案件评析

1. 案件的典型意义

本案属于《最高人民法院知识产权案件年度报告（2020）》从最高人民法院2020年审结的知识产权案件中精选的55件典型案件之一，还是最高院知产法庭2020年审结的2787件技术类知识产权案件中精选出的55个典型案例之一。所涉及的平行无效宣告程序中权利要求修改的影响问题及其裁判规则，入选《最高人民法院知识产权案件年度报告（2020）》所归纳的63个具有一定指导意义的法律适用问题，以及最高院知产法庭2020年审结的2787件技术类知识产权案件中提炼成的46条裁判规则。[2]

2. 无效宣告程序中专利权利要求修改的规则

我国《专利法》（2020）第33条规定，专利申请人可以对其专利申请文件进行修改，但是，对发明和实用新型专利申请文件的修改不得超出原说明书和权利要求书记载的范围，对外观设计专利申请文件的修改不得超出原图片或者照片表示的范围。

我国《专利法实施细则》（2010）第69条规定，在无效宣告请求的审查过程中，发明或者实用新型专利的专利权人可以修改其权利要求书，但是不得扩大原专利的保护范围。发明或者实用新型专利的专利权人不得修改专利说明书和附图，外观设计专利的专利权人不得修改图片、照片和简要说明。

我国《专利审查指南》（2021）第四部分第三章4.6规定，在专利无效宣告程序中，外观设计专利文件不得修改，虽然发明、实用新型专利文件可以修改，但仅限于专利权利要求的修改，且须遵循以下原则、方式和限制：

---

〔1〕 参见最高人民法院行政判决书，（2020）最高法知行终93号。

〔2〕 参见《最高人民法院知识产权案件年度报告（2020年）摘要》，载《人民法院报》2021年4月26日，第2版；《〈最高人民法院知识产权法庭裁判要旨（2020）〉发布》，载《人民法院报》2021年2月27日，第2版。

（1）无效宣告程序中专利权利要求修改的原则：①不得改变原权利要求的主题名称；②与授权的权利要求相比，不得扩大原专利的保护范围；③不得超出原说明书和权利要求书记载的范围；④一般不得增加未包含在授权的权利要求书中的技术特征。

（2）无效宣告程序中专利权利要求修改的方式：一般限于权利要求的删除、技术方案的删除、权利要求的进一步限定、明显错误的修正。其中，权利要求的删除是指从权利要求书中去掉某项或者某些项权利要求，技术方案的删除是指从同一权利要求中并列的两种以上技术方案中删除一种或者一种以上技术方案，权利要求的进一步限定是指在权利要求中补入其他权利要求中记载的一个或者多个技术特征以缩小保护范围。

（3）无效宣告程序中专利权利要求修改的限制：一般情况下，只允许删除权利要求或者权利要求中包括的技术方案。但在特殊情形下，允许以删除以外的方式修改权利要求，包括：①针对无效宣告请求书；②针对请求人增加的无效宣告理由或者补充的证据；③针对请求人未提及的无效宣告理由或者证据。[1]

3. 无效宣告程序中专利权利要求修改的价值

无效宣告程序中专利权利要求修改的价值主要在于两个方面，一是保护专利权人的发明创造和技术贡献；二是平衡专利权人与社会公众之间的利益。

根据我国《专利法》（2020）第 64 条第 1 款的规定，对于专利权人的发明创造和技术贡献，其保护范围以其专利权利要求的内容为准。专利权利要求作为确定专利保护范围的专利文件，其文字表达的准确性无比重要。但文字表达本身存在多义甚至歧义等局限，尤其要将技术方案通过文字精准表达并不容易；专利权人的认知也存在一定局限性，尤其是对现有技术以及发明创造等的认知。[2] 在专利无效宣告程序中，这种局限性往往会使其成为专利无效宣告请求人的标靶。基于此，我国《专利法》赋予专利权人在专利无效宣告程序中修改专利权利要求的权利。

---

〔1〕 参见国家知识产权局《专利审查指南》（2021）第四部分第三章 4.6。

〔2〕 参见朱理：《专利文件修改基本问题研究：原理、标准与规则》，载《中国专利与商标》2015 年第 2 期。

虽然专利权人在专利无效宣告程序中有权修改专利权利要求,但基于专利的公示效力及社会公众对此产生的信赖利益,应当避免专利权人利用修改专利权利要求的机会将专利申请时未完成或者未预见的技术内容补充进去。因此,在专利无效宣告程序中,专利权人对专利权利要求的修改必须受到一定限制,包括不得改变原权利要求的主题名称、不得扩大原专利的保护范围、不得超出原权利要求书和说明书记载的范围、不得增加未包含在授权的权利要求中的技术特征等。其中,原说明书和权利要求书记载的范围包括原说明书和权利要求书文字记载的内容和根据原说明书和权利要求书文字记载的内容以及说明书附图能直接地、毫无疑义地确定的内容。[1]

4. 无效宣告程序中专利权利要求修改的基准

根据我国《专利法实施细则》(2010)第69条的规定,专利无效宣告程序中专利权利要求的修改不得扩大原专利的保护范围,其中"原专利"作为比对的基准,系解决修改是否超范围的前提和条件,但其表述较为笼统。当专利权利要求的修改是将从属权利要求的全部或部分附加技术特征加入其所引用的独立权利要求时,判断修改后的独立权利要求是否扩大了原专利的保护范围,究竟是以保护范围较小的从属权利要求为比对基准,还是以保护范围较大的独立权利要求为比对基准?如果以独立权利要求为比对基准,则此种修改属于进一步限定,通常不会超出原专利的保护范围;如果以从属权利要求为比对基准,则对权利要求的修改提出了极为严格的限制,并可能导致修改后的权利要求超出从属权利要求的范围。

该问题的解决思路应当回归到专利权利要求修改的价值和社会公众的行为预期,因为专利一旦获得授权即具有公示效力,社会公众会据此预测和评价自身行为的合法性,而评价标准往往建立在保护范围最大的独立权利要求上,而非某个具体从属权利要求上。当专利权人将从属权利要求的附加技术特征加入独立权利要求时,由于独立权利要求增加了新的技术特征,其保护范围相较于原来必定缩小,故这种修改既不损害原专利的公示效力,又不影响社会公

---

〔1〕 参见国家知识产权局《专利审查指南》(2021)第二部分第八章5.2.1.1。

众基于原专利而产生的信赖利益，还有助于保护发明人利益、推动全社会创新。基于此，应当以原专利独立权利要求的保护范围为比对基准，将修改后的独立权利要求与原专利独立权利要求进行比较，而非与原专利从属权利要求进行比较。[1]

5. 无效宣告程序中专利权利要求修改的效力

根据我国《专利法》(2020)第 47 条第 1 款的规定，宣告无效的专利权视为自始即不存在。根据我国《专利审查指南》(2019)第四部分第三章第二节 2.2、第五节的规定，在专利无效宣告程序中，专利权人针对请求人提出的无效宣告请求主动缩小专利保护范围且相应的修改文本已被国家知识产权局接受的，视为专利权人承认大于该保护范围的权利要求自始不符合我国《专利法》及《专利法实施细则》的有关规定；一项专利被宣告部分无效后，被宣告无效的部分应视为自始即不存在。但是被维持的部分(包括修改后的权利要求)也同时应视为自始即存在。[2] 由此，无效宣告程序中专利权利要求修改的法律效力是，被删除(或放弃)的权利要求、技术方案和被进一步限定(或缩小)的专利保护范围视为自始即不存在。

但是，我国《专利法》(2020)第 47 条第 2～3 款规定，宣告专利无效的决定，对在宣告专利无效前法院作出并已执行的专利侵权判决、调解书，已经履行或者强制执行的专利侵权纠纷处理决定，以及已经履行的专利实施许可合同和专利权转让合同，不具有追溯力；但因专利权人的恶意给他人造成的损失，应当给予赔偿。依此不返还专利侵权赔偿金、专利使用费、专利权转让费，明显违反公平原则的，应当全部或者部分返还。[3] 由此，无效宣告程序中专利权利要求修改的法律效力仅溯及尚未执行(或履行)的司法判决和调解书、行政决定、合同，以及专利权人的恶意损害、明显违反公平原则的不返还费用。本案中，另案第 30358 号专利无效行政决定作出在前，其无效宣告程序中对涉案专利权利要

---

〔1〕 参见傅蕾、宾岳成：《权利要求修改超范围的认定》，载《人民司法》2021 年第 2 期。

〔2〕 参见《专利法》(2020)第 47 条；国家知识产权局《专利审查指南》(2021)第四部分第三章第二节 2.2、第五节。

〔3〕 参见《专利法》(2020)第 47 条第 2 款、第 3 款。

求进行了修改;而本案第30338号专利无效行政决定作出在后(尚未执行),故涉案专利权利要求修改的法律效力应当及于此。

四、专利说明书充分公开的判断标准——“聊天机器人系统”发明专利无效纠纷案[1]

专利说明书应当对发明或者实用新型作出“清楚”“完整”的说明,以所属领域普通技术人员“能够实现”为准。其中,专利说明书结合专利权利要求书、专利申请日或者优先权日之前的现有技术是专利说明书充分公开的判断客体,所属领域普通技术人员是专利说明书充分公开的判断主体,“能够实现”是指所属领域普通技术人员按照说明书记载的内容能够实现专利技术方案、解决专利技术问题且产生预期的技术效果。

(一)事实概要

X(一审第三人、再审申请人)为“聊天机器人系统”发明专利(以下简称涉案专利)的专利权人,Y(一审被告、二审被上诉人、再审被申请人)为作出涉案专利无效宣告请求审查决定的国家知识产权局,Z(一审原告、二审上诉人、再审被申请人)为申请宣告涉案专利无效的请求人。

涉案专利授权公告时共有11项权利要求,其中权利要求1记载:“该聊天机器人还拥有查询服务器及其对应的数据库和游戏服务器。”[2]针对涉案专利,Z于2012年11月19日向Y提出无效宣告请求。Y经审查认为,所属领域普通技术人员根据涉案专利说明书的记载,能够实现涉案专利利用聊天机器人系统的游戏服务器互动游戏的功能。因此,Y于2013年9月3日作出第21307号无效宣告请求审查决定(以下简称本案第21307号专利无效行政决定),维持涉案专利权全部有效。[3]

Z对本案第21307号专利无效行政决定不服,向北京市第一中级人民法院

[1] 参见最高人民法院行政判决书,(2017)最高法行再34号。

[2] 中国发明专利(200410053749.9)——聊天机器人系统。

[3] 参见国家知识产权局专利复审委员会第30358号无效宣告请求审查决定。

（以下简称北京一中院）提起本案诉讼，请求依法撤销本案第 21307 号专利无效行政决定，判令 Y 就涉案专利重新作出无效宣告请求审查决定。北京一中院一审认为，根据涉案专利的发明目的可知，涉案专利首先要实现拟人化的对话，而游戏功能是在拟人化对话的基础上的附加功能，并不是实现涉案专利必不可少的技术内容。过滤器本身并不对用户语句所需执行的内容予以区分；聊天机器人系统必然对用户语句进行语言分析，将语言分析后与游戏相关的内容发送至游戏服务器，这也是所属领域普通技术人员根据其普通技术知识能够实现的。因此，北京一中院一审判决，维持第 21307 号专利无效行政决定，驳回 Z 的诉讼请求。

Z 对北京一中院一审判决不服，向北京市高级人民法院（以下简称北京高院）提起上诉，请求撤销北京一中院一审判决和本案第 21307 号专利无效行政决定，判令 Y 就涉案专利重新作出无效宣告请求审查决定。北京高院二审认为，实现游戏功能是涉案专利实现拟人化的一种表现形式，并非拟人化的附加功能；相应地，游戏功能也应当是涉案专利权利要求 1 所记载的必要技术特征；涉案专利说明书未充分公开如何实现涉案专利权利要求 1 所限定的游戏功能，违反了我国《专利法》第 26 条第 3 款的规定。因此，北京高院二审判决，撤销北京一中院一审判决和本案第 21307 号专利无效行政决定，判令 Y 就涉案专利重新作出无效宣告请求审查决定。

X 对北京高院二审判决不服，向最高人民法院申请再审，请求撤销北京高院二审判决，维持北京一中院一审判决和本案第 21307 号专利无效行政决定。X 申请再审的主要理由是，北京高院二审判决关于实现游戏功能是涉案专利实现拟人化的一种表现形式，涉案专利未充分公开游戏功能的认定存在错误，因为涉案专利中游戏功能和拟人化没有直接关系，所属领域普通技术人员理解的计算机拟人化，其标准是图灵测试，而非实现游戏功能；涉案专利发明目的指出，用户和机器人聊天，可以进行交互式对话，更可以命令机器人为用户查找信息、做游戏，与涉案专利权利要求相互对应，所属领域普通技术人员能够理解实施。

(二)裁判要旨

最高人民法院再审判决,撤销北京高院二审判决,维持北京一中院一审判决和第21307号专利无效行政决定。

最高人民法院再审认为,我国《专利法》第26条第3款规定,说明书应当对发明或者实用新型作出清楚、完整的说明,以所属领域普通技术人员能够实现为准。由此,所属领域普通技术人员是否能够实现发明技术方案是判断说明书公开是否充分的根本落脚点。

我国《专利审查指南》(2001)第二部分第二章第二节2.2.6规定:"在具体实施方式部分,对最接近的现有技术或者与最接近的现有技术共有的技术特征,一般来说可以不作详细描述,但对发明或者实用新型区别于现有技术的技术特征以及从属权利要求中的附加技术特征应当足够详细地描述,以所属技术领域的技术人员能够实现该技术方案为准。"由此,对于涉案专利与现有技术的共有技术特征和区别技术特征的公开提出不同的要求,是因为公开是以所属领域普通技术人员能够实现为准,对于所属领域普通技术人员知识和能力范围以内的技术特征要求较低,而对于所属领域普通技术人员知识和能力范围以外的、区别于现有技术的技术特征要求较高。

所属领域普通技术人员通过阅读涉案专利说明书可知,涉案专利限定的游戏服务器的功能是通过涉案专利中描述的格式化语句调用现有的成熟的游戏模块来实现的。使用格式化语句调用游戏模块来实现游戏功能,属于涉案专利申请日之前的现有技术。根据所属领域普通技术人员的理解,涉案专利虽然基于功能的不同分别列明了游戏服务器与查询服务器,但并没有限定游戏服务器与查询服务器是物理上分离的两个服务器,同一个服务器可以同时具备查询和游戏功能。

第21307号专利无效行政决定并没有认定涉案专利与对比文件的区别特征是涉案专利具有单独的查询服务器和游戏服务器,而是认定涉案专利权利要求1限定的过滤器及其相关功能是其区别于对比文件的特征。从整体上考量涉案专利的三次审查意见通知书及涉案专利申请人的意见陈述可知,涉案专利与对比文件相比具有游戏服务器并非涉案专利获得授权的原因;结合涉案专利的记载和现有技术的状况来看,游戏服务器并非涉案专利相对于现有技术的区别技术特征。

在游戏服务器不是涉案专利相对于现有技术的区别技术特征的情况下,根据我国《专利审查指南》(2001)的相关规定,对于涉及游戏服务器的技术方案可以不作详细描述。在此情况下,所属领域普通技术人员根据涉案专利说明书的相关记载可以实现,聊天机器人的一端连接用户,另一端连接游戏服务器,用户通过即时通信平台或短信平台与聊天机器人进行对话,使用格式化的命令语句与机器人做互动游戏。因此,涉案专利涉及游戏服务器的技术方案符合我国《专利法》第 26 条第 3 款规定。[1]

(三)案件评析

1. 案件的典型意义

本案属于最高人民法院发布的 2020 年中国法院 10 大知识产权案件之一,其再审判决明确了专利说明书充分公开的判断标准,充分保护了企业的自主创新成果,在确保公共利益和激励创新兼得的同时,助力加强关键领域自主知识产权的创造和储备。[2] 本案还是《最高人民法院知识产权案件年度报告(2020)》从最高人民法院 2020 年审结的知识产权案件中精选的 55 件典型案件之一,所涉及的专利说明书是否充分公开的认定问题,入选该年度报告所归纳的 63 个具有一定指导意义的法律适用问题。[3]

2. 专利说明书充分公开判断的有关规定

专利说明书充分公开的判断标准,应当源于我国《专利法》、《专利法实施细则》和《专利审查指南》的有关规定。我国《专利法》第 26 条第 3 款规定,专利说明书应当对发明或者实用新型作出"清楚""完整"的说明,以所属领域普

---

〔1〕 参见最高人民法院行政判决书,(2017)最高法行再 34 号。

〔2〕 参见《最高人民法院办公厅关于印发 2020 年中国法院 10 大知识产权案件和 50 件典型知识产权案例的通知》(法办〔2021〕146 号)。

〔3〕 参见《最高人民法院知识产权案件年度报告(2020 年)摘要》,载《人民法院报》2021 年 4 月 26 日,第 2 版。

通技术人员“能够实现”为准。[1]

我国《专利法实施细则》(2010)第17条第1款规定,专利说明书应当包括以下内容。(1)技术领域:写明要求保护的技术方案所属的技术领域。(2)背景技术:写明对发明或者实用新型的理解、检索、审查有用的背景技术。(3)发明内容:写明发明或者实用新型所要解决的技术问题以及解决其技术问题采用的技术方案,并对照现有技术写明发明或者实用新型的有益效果。(4)附图说明:专利说明书有附图的,对各幅附图作简略说明。(5)具体实施方式:详细写明实现发明或者实用新型的优选方式,必要时举例说明,有附图的对照附图。[2]

我国《专利审查指南》(2019)第二部分第二章第二节规定,专利说明书对发明或者实用新型作出的“清楚”“完整”的说明,应当达到所属领域普通技术人员“能够实现”的程度。专利说明书应当“清楚”,包括“主题明确”“表述准确”,其中“主题明确”是指专利说明书应当写明要解决的技术问题、应采用的技术方案、所产生的有益效果,“表述准确”是指专利说明书应当使用所属领域的技术术语、准确地表达技术内容。专利说明书应当“完整”,包括理解和实现该专利所需的所属领域普通技术人员不能从现有技术中直接、唯一地得到的所有内容,如技术领域、技术背景、技术问题、技术方案、有益效果、附图说明、具体实施方式。专利说明书应当达到所属领域普通技术人员“能够实现”的程度,即全部并依次满足再现技术方案、解决技术问题和产生预期效果的要求。但在具体实施方式部分,对最接近的现有技术或者发明或实用新型与最接近的现有技术共有的技术特征,一般来说可以不作详细的描述,以所属领域普通技术人员“能够实现”为准。[3]

3. 专利说明书充分公开判断的具体标准

专利说明书充分公开的判断标准,应当具体可执行。根据我国《专利法》第26条第3款的规定,判断专利说明书对一项专利权利要求所保护的技术方

---

〔1〕 参见《专利法》(1984,1992,2000,2008,2020)第26条第3款。

〔2〕 参见《专利法实施细则》(2010)第17条第1款。

〔3〕 参见国家知识产权局《专利审查指南》(2021)第二部分第二章第二节。

案是否作出了“清楚”“完整”的说明，以所属领域普通技术人员是否“能够实现”该技术方案为判断标准，即专利说明书充分公开只要满足“能够实现”一项判断标准即可。而根据我国《专利审查指南》第二部分第二章2.1.1～2.1.3的规定，“清楚”“完整”“能够实现”之间是并列关系，从而专利说明书充分公开必须同时满足“清楚”“完整”“能够实现”三项判断标准。专利说明书充分公开的判断标准提高既有内因又有外因，内因是我国专利权人为了防止其专利技术方案因公开而被侵权，总是希望把一些技术要点作为商业秘密隐藏起来而不写入说明书；[1]外因是美国的专利说明书充分公开有“书面描述”（Written Description）、“能够制造和使用”两项判断标准，其中“书面描述”（Written Description）对应于我国的“清楚”“完整”，“能够制造和使用”对应于我国的“能够实现”。[2]

专利说明书充分公开的判断标准无论是一项还是三项，都有所属领域普通技术人员“能够实现”这一项。我国《专利审查指南》（2019）第二部分第二章2.1.3规定，所属领域普通技术人员“能够实现”，是指所属领域普通技术人员按照说明书记载的内容，就能够实现专利技术方案，并解决专利技术问题，且产生预期的技术效果。由此，专利说明书充分公开的判断，不仅要判断所属领域普通技术人员按照说明书记载的内容是否能够实现专利技术方案，还要判断所属领域普通技术人员依据专利技术方案是否能够解决专利技术问题，也要判断所属领域普通技术人员实施专利技术方案是否能够取得预期的技术效果。如果所属领域普通技术人员按照说明书记载的内容不能实现专利技术方案，或者依据专利技术方案不能解决专利技术问题，抑或实施专利技术方案不能取得预期的技术效果，就可以认定专利说明书公开不充分。[3]

4. 专利说明书充分公开判断的主体和客体

专利说明书充分公开的判断标准，还应当包括由适当的主体执行和针对适当的客体。专利说明书充分公开判断的主体应当是所属领域普通技术人员。

---

〔1〕参见何春晖：《专利申请文件撰写中应当注意的几个问题》，载《电子知识产权》2003年第4期。

〔2〕参见吕炳斌：《专利说明书充分公开的判断标准之争》，载《中国发明与专利》2010年第10期。

〔3〕参见石必胜：《专利说明书充分公开的司法判断》，载《人民司法》2015年第5期。

根据我国《专利法》第26条第3款和《专利审查指南》(2021)第二部分第二章第二节的规定,专利说明书充分公开的判断,以所属领域普通技术人员“能够实现”为准。[1] 所属领域普通技术人员是一种假设的“人”,假定他知晓专利申请日或者优先权日之前所属领域所有的普通技术知识,能够获知所属领域所有的现有技术,并且具有应用专利申请日或者优先权日之前常规实验手段的能力,但他不具有创造能力。如果所要解决的技术问题能够促使所属领域普通技术人员在其他领域寻找技术手段,他也具有从其他领域获知专利申请日或优先权日之前相关现有技术、普通技术知识和常规实验手段的能力。[2]

专利说明书充分公开判断的客体应当是专利说明书结合专利权利要求书、专利申请日或者优先权日之前的现有技术。专利说明书充分公开的判断,应当结合专利权利要求书。根据我国《专利法》第26条第3款和《专利审查指南》(2021)第二部分第二章第二节的规定,专利说明书应当对专利权利要求书中每项权利要求保护的技术方案作出清楚、完整的说明,所属领域普通技术人员能够实现的是专利权利要求书中每项权利要求保护的技术方案。[3] 由此,专利权利要求书中不同的权利要求保护的技术方案不同,所属领域普通技术人员按照专利说明书记载的内容“能够实现”的技术方案也可能不完全相同;相同的专利说明书,可能会使所属领域普通技术人员能够实现专利权利要求书中一部分权利要求保护的技术方案,而不会使所属领域普通技术人员实现专利权利要求书中所有权利要求保护的技术方案。因此,专利说明书充分公开的判断中,专利说明书是起点,而专利权利要求书是落脚点。

专利说明书充分公开的判断,还应当结合专利申请日或者优先权日之前的现有技术。如前所述,所属领域普通技术人员具有检索能力,能够获知所属领域中所有的现有技术和其他技术领域中相关现有技术,因而其在判断专利说明

---

〔1〕 参见《专利法》(1984,1992,2000,2008,2020)第26条第3款;国家知识产权局《专利审查指南》(2021)第二部分第二章第二节。

〔2〕 参见国家知识产权局《专利审查指南》(2021)第二部分第四章2.4;管荣齐:《发明专利的创造性》,知识产权出版社2012年版,第106页。

〔3〕 参见《专利法》(1984,1992,2000,2008,2020)第26条第3款;国家知识产权局《专利审查指南》(2021)第二部分第二章第二节。

书充分公开时,除了依据专利说明书、结合专利权利要求书以外,还要结合专利申请日或者优先权日之前的现有技术。如果专利申请日或者优先权日之前的现有技术没有公开实现专利技术方案的某些技术信息,专利说明书就应当记载,否则应当认定专利说明书公开不充分。[1]

〔1〕 参见石必胜:《专利说明书充分公开的司法判断》,载《人民司法》2015 年第 5 期。

第二章 商标前沿判例精解

第一节 商标民事前沿判例精解

一、外文商标的注册和使用——"鹦鹉 PARROT"商标侵权纠纷案[1]

外文商标的注册和使用,需要面对和解决两种冲突:一是外文商标与不同使用范围的相同或近似商标之间的冲突;二是外文商标与其外文的中文译名或拼音商标之间的冲突。外文商标与他人在先(申请)注册商标的构成要素不完全相同时,应当允许外文商标与他人在先(申请)注册的商标共存。外文商标与其中文译文或拼音商标构成近似商标,要求两者之间的对应关系达到唯一对应的程度。

(一)事实概要

X(一审原告、二审被上诉人、再审被申请人)为第119207号"鹦鹉YINGWU及图"商标(以下简称涉案商标1)的专用权人,Y(一审被告、二审上诉人、再审申请人)为第40540号"鹦鹉PARROT及图"(以下简称涉案商标2)的专用权人和被控侵权产品("鹦鹉PARROT"牌手风琴)的销售者。

涉案商标1于1979年10月31日注册,核定使用在第65类"手风琴、提琴"商品上,国际分类为第15类。涉案商标2于1962年1月22日注册,核定使用在第65类"西乐器、口琴、校音器、琴盒、乐谱架、电子琴"商品上,国际分

[1] 参见最高人民法院民事判决书,(2020)最高法民再25号。

类为第15类。

X于2018年向天津市第二中级人民法院(以下简称天津二中院)提起本案诉讼,请求判令Y不得在国内销售被控侵权产品,并判令Y赔偿X的经济损失100万元。天津二中院一审认为,涉案商标1、2均属有效注册状态,是基于早期体制条件下形成的局面,即外贸企业注册涉案商标2供生产企业出口使用,生产企业注册涉案商标1在国内销售商品;涉案商标1、2虽存在英文和拼音的区别,但其主体图案、中文以及整体构图完全相同,且相关公众对其称呼亦完全相同,因而属于极其近似又极易混淆的标志。因此,天津二中院一审判决,Y停止销售被控侵权产品,并赔偿X经济损失20万元。[1]

Y对天津二中院一审判决不服,向天津市高级人民法院(以下简称天津高院)提起上诉,请求撤销天津二中院一审判决,驳回X的诉讼请求。天津高院二审认为,涉案商标1处于合法有效注册状态,具有较高的知名度和美誉度,依法应提供较强的法律保护;X、Y在使用涉案商标1、2时,均应尊重并考虑其历史发展沿革和背景;涉案商标1、2属于高度近似又极易混淆的标志,国内市场上再行出现称谓相同且标志基本相同的商标,会误导相关公众。因此,天津高院二审判决,驳回Y的上诉,维持天津二中院一审判决。[2]

Y对天津高院二审判决不服,向最高人民法院申请再审。Y申请再审的主要理由是,Y是涉案商标2的专用权人,根据我国《商标法》的规定,有权自行使用或许可他人使用涉案商标2;天津二中院根据我国《商标法》第57条第7项,认定Y自行使用或许可他人使用涉案商标2在国内销售被控侵权产品的行为构成商标侵权,严重违反我国《商标法》基本原则,损害Y合法权益。

(二)裁判要旨

最高人民法院再审判决,撤销天津高院二审判决和天津二中院一审判决,驳回X的全部诉讼请求。

最高人民法院再审认为,在我国《商标法》施行前,包含外国文字的注册商

---

〔1〕参见天津市第二中级人民法院民事判决书,(2018)津02民初707号。

〔2〕参见天津市高级人民法院民事判决书,(2018)津民终457号。

标的受让人,也只能在出口商品上使用该注册商标;但是,由于我国《商标法》取消了包含外国文字的注册商标只能用于出口商品的限制性规定,此类商标的注册人和受让人权利受到限制的状况,因我国《商标法》的颁布施行而发生改变。

对于在《商标法》施行时仍然有效的注册商标而言,由于我国《商标法》取消了包含外国文字的注册商标使用范围的限制,我国《商标法》施行前核准注册的包含外国文字的注册商标,其使用范围即应自我国《商标法》施行之日起扩展至全部核定使用商品,无论该商品是用于出口还是内销。

参照《最高人民法院、最高人民检察院关于办理侵犯知识产权刑事案件具体应用法律若干问题的解释》第 8 条、《最高人民法院、最高人民检察院关于办理侵犯知识产权刑事案件具体应用法律若干问题的解释(三)》第 1 条的规定,在使用于出口商品的商标包含外国文字而使用于内销商品的商标不包含外国文字的情况下,由于两类商标在商标标志构成要素、呼叫、视觉效果等方面均存在区别,不属于“相同的商标”。

即使考虑两商标原注册人曾经达成协议并签订《商标使用许可合同》的事实,也无法得出 2004 年 9 月 14 日受让“鹦鹉 PARROT”商标的 Y 在行使注册商标专用权时,要受到商品销售地域范围限制的结论。

综上所述,在“鹦鹉 PARROT”商标和“鹦鹉 YINGWU”商标在商标标志构成要素、呼叫、视觉效果等方面均存在区别而非“相同的商标”或“同一商标”的情况下,其各自的专用权范围仍然应当适用《商标法》的规定加以认定。作为有效的注册商标,两商标均在其各自核定使用的商品上享有专用权,而不应区分其所使用的商品是否用于出口或者内销。[1]

(三)案件评析

1. 案件的典型意义

本案属于《最高人民法院知识产权案件年度报告(2020)》从最高人民法院 2020 年审结的知识产权案件中精选的 55 件典型案件之一,所涉及的历史形成

---

〔1〕 参见最高人民法院民事判决书,(2020)最高法民再 25 号。

的外文商标与近似中文商标共存的认定问题，入选该年度报告所归纳的63个具有一定指导意义的法律适用问题。[1]

2. 外文商标注册和使用的规则变迁

外文商标在我国主要经历了《商标法》施行前“原则上限制注册并限制使用”，到《商标法》施行后“原则上不限制注册也不限制使用”的变化。我国《商标法》施行前规定外文商标注册和使用规则的，主要有我国《商标注册暂行条例》（1950）和我国《商标管理条例》（1963）。我国《商标注册暂行条例》（1950）第一次规定了外文商标注册和使用的规则，其第4条第4项规定：用外国文字作为商标的不得申请注册，但运销国外或由外国进口的商品不在此限。[2] 我国《商标管理条例》（1963）替代了我国《商标注册暂行条例》（1950），其第5条第2款规定：商标不得使用外国文字，但是出口商品的商标可以附注外国文字。[3]

我国《商标法》（1982）替代了我国《商标管理条例》（1963），该法不仅取消了商标原则上不得使用外国文字的规定，其第43条第2款还规定该法施行以前已经注册的商标继续有效；[4]而根据其第18条的规定，在同一种或类似商品或服务上使用的相同或近似商标，已被他人在先申请注册的，或者同日申请注册但在先使用的，均不能获得商标注册。[5] 此后，我国《商标法》（1993，2001，2013，2019）对这些条款的内容基本上没有修改，只是对其序号进行了适应性调整。[6] 但是，我国《商标法》（2001，2013，2019）增加了第9条，规定申请注册的商标不得与他人在先取得的合法权利（在先权利）相冲突；[7]根据《最高人民法院关于审理注册商标、企业名称与在先权利冲突的民事纠纷案件若干问

---

[1] 参见《最高人民法院知识产权案件年度报告（2020年）摘要》，载《人民法院报》2021年4月26日，第2版。

[2] 参见原政务院《商标注册暂行条例》（1950）第4条第4项。

[3] 参见国务院《商标管理条例》（1963）第5条第2款。

[4] 参见《商标法》（1982）第43条。

[5] 参见《商标法》（1982）第43条；管荣齐：《中国知识产权保护的法律边界》，载《学术论坛》2020年第1期。

[6] 参见《商标法》（1993）第18条、第43条；《商标法》（2001）第29条、第64条；《商标法》（2013，2019）第31条、第73条。

[7] 参见《商标法》（1993，2001，2013，2019）第9条。

题的规定》(2008)第1条的规定,在先权利包括著作权、外观设计专利权、企业名称权、在先的注册商标等。[1] 由此可见,我国《商标法》施行后外文商标在我国“原则上不限制注册也不限制使用”。

我国《商标法》施行后,原国家工商行政管理局曾发布《关于重申工贸双方注册同一商标使用原则的通知》(1990),明确指出:“外贸企业拥有出口商品商标专用权,只能用于安排出口货源、经销出口商品时使用,不得用于内销商品的生产和销售,也不得擅自许可他人在内销商品上使用;工业企业拥有内销商品商标专用权,不得擅自用于出口商品。”“外贸企业需要将出口商品转内销,或工业企业需要将内销商品转外销时,双方必须签订商标使用许可合同。若一方未经对方许可,超越自己商品专用权范围使用商标的,属于侵犯对方商标专用权行为。”但是,这一文件已于2004年6月30日废止。

3.外文商标注册和使用的冲突解决

外文商标注册和使用的冲突主要有两种:外文商标与不同使用范围的相同或近似商标之间的冲突,外文商标与其外文的中文译名或拼音商标之间的冲突。

(1)外文商标与不同使用范围的相同或近似商标之间的冲突解决

商标的使用范围主要因商标所核定使用的商品或服务的种类不同而不同,但也会因商标所核定使用的商品或服务的销售区域(或销售方式)不同而不同。就外文商标而言,如其所核定使用的商品或服务的销售区域为国外(或销售方式为出口),而他人的相同或近似商标所核定使用的同一种或类似商品或服务的销售区域为国内(或销售方式为内销),则外文商标在国内(或内销)使用就与他人的相同或近似商标发生冲突。

权利冲突最基本的解决原则是保护在先权利,当外文商标与他人的相同或近似商标发生冲突时,如果外文商标(申请)注册在后而他人的相同或近似商标(申请)注册在先,则按照我国《商标法》的有关规定,外文商标在注册前被驳

[1] 参见《最高人民法院关于审理注册商标、企业名称与在先权利冲突的民事纠纷案件若干问题的规定》(2008)第1条;管荣齐:《中国知识产权保护的法律边界》,载《学术论坛》2020年第1期。

回、在注册后被宣告无效。但是，保护在先权利并不意味着否定在后权利，尤其是在前后两项权利的客体有相同之处但不完全相同的情况下。如果外文商标除包含他人在先（申请）注册的商标以外还有其他构成要素，特别是外文商标只包含他人在先（申请）注册商标的一部分构成要素，就不能以他人在先（申请）注册的商标简单地驳回或无效外文商标。[1] 由此，以保护在先权利原则解决外文商标与他人在先（申请）注册的商标之间的冲突，是以外文商标与他人在先（申请）注册商标的构成要素完全相同为前提的；外文商标与他人在先（申请）注册的商标之间的冲突解决不能简单地将外文商标一概驳回或无效，而应当区分外文商标与他人在先（申请）注册商标的构成要素是否完全相同而作出不同处理。

当外文商标与他人在先（申请）注册商标的构成要素不完全相同时，为了避免他人在先（申请）注册的商标不当损害在后善意（申请）注册和使用的外文商标，避免因在先（申请）注册的商标权人获得多重赔偿而形成新的不当得利，避免停止外文商标（申请）注册和使用的成本高企甚至损害公共利益，加之TRIPS 协议和域外司法均未禁止善意取得的在后权利，[2] 对在后善意注册（申请）和使用的外文商标应予承认和保护，即允许在后善意（申请）注册和使用的外文商标与他人在先（申请）注册的商标共存，他人在先（申请）注册的商标不得妨碍在后善意注册（申请）和使用的外文商标。[3]

（2）外文商标与其外文的中文译名或拼音商标之间的冲突解决

鉴于外文翻译成中文或拼音的方法有音译法、意译法和音译兼意译法，因而外文商标与其外文的中文译文或拼音商标之间的冲突主要表现为两种商标构成近似商标，那么要解决两种商标之间的冲突首先要认定两种商标构成近似商标。

外文商标与其外文的中文译文或拼音商标是否构成近似商标，要根据外文商标中的外文与其中文译文或拼音之间是否形成对应关系及其程度如何进行

---

〔1〕 参见尹新天：《中国专利法详解》，知识产权出版社 2011 年版，第 312 ~ 314 页。

〔2〕 参见王闯：《知识产权的权利边界与裁判方法》，载《人民司法（应用）》2016 年第 22 期。

〔3〕 参见管荣齐：《中国知识产权保护的法律边界》，载《学术论坛》2020 年第 1 期。

判断。虽然一般性的外文与其中文译文或拼音之间是否形成对应关系及其程度如何，可以从“音、形、义”三个方面进行判断；但外文商标中的外文与其中文译文或拼音之间是否形成对应关系及其程度如何，主要从“义”上进行认定，包括外文商标中的外文本身固有的含义、在使用和宣传中的含义、相关公众认知的含义等。既要兼顾我国相关公众的外文认知水平，又不能局限于外文商标中的外文本身固有的含义翻译，而应以外文商标中的外文在使用和宣传中的含义为主，综合判断外文商标中的外文与其中文译文或拼音之间是否形成对应关系及其程度如何。[1]

需要强调的是，要认定外文商标与其中文译文或拼音商标构成近似商标，则外文商标中的外文与其中文译文或拼音之间对应关系应当达到唯一对应的程度。从外文翻译的角度来说，即使依照最权威的中外文词典，同一个外文也往往有不止一个中文含义，这导致外文意译存在诸多可能性；而读音方面，由于汉字中同音字众多，故外文音译亦存在诸多可能性。因此，如果不要求外文商标中的外文与其中文译文或拼音之间对应的唯一性，就会造成外文商标中的外文中文译文或拼音商标禁止用权范围不当扩大，垄断和排挤了在后善意注册（申请）和使用的外文商标生存空间。另外，商标保护的立足点在于制止商标所使用的商品或服务来源混淆，在外文商标中的外文中文译文或拼音存在诸多可能性的情况下，消费者不可能对外文商标与其外文的每个中文译文或拼音商标所使用的商品或服务来源都产生混淆。因此，如果外文商标中的外文与其中文译文或拼音之间没有唯一对应性，消费者就不会对外文商标与其外文的中文译文或拼音商标所使用的商品或服务来源产生混淆。[2]

二、商品改装再售的商标侵权认定——“DOMINO 及图”商标侵权纠纷案[3]

实质性影响商品品质的改装，割裂甚至切断了商标与商品之间的对应关

[1] 参见陶钧：《商标授权、确权行政诉讼中“中、外文商标”近似性认定》，载《中华商标》2017 年第 2 期。
[2] 参见袁博：《论外文商标中文译名受保护的条件》，载《人民法院报》2013 年 7 月 3 日，第 7 版。
[3] 参见最高人民法院民事裁定书，(2019)最高法民申 4241 号。

系,造成了消费者对商品来源产生误认、对商品品质产生怀疑,使得改装再售者获得了额外的经济利益,影响了原装商品的销售和商标权人的信誉,从而违背了商标权用尽的制度初衷,损害了商标的来源识别、品质保证功能和商标权人的利益,因而构成商标侵权。

（一）事实概要

X(一审原告、二审被上诉人、再审被申请人)为第 G709885 号"DOMINO 及图"商标(以下简称涉案商标)的专用权人,Y(一审被告、二审上诉人、再审申请人)为被控侵权商品(改装 A200 喷码机、改装 E50 喷码机)的生产者、销售者。

X 于 2015 年 9 月 24 日向广州知识产权法院(以下简称广州知产法院)提起本案诉讼,请求确认 Y 销售被控侵权商品的行为侵犯了涉案商标专用权,并判令 Y 立即停止侵权、赔偿 X 经济损失以及制止侵权的合理开支共计人民币 2, 827, 200 元、在《法制日报》刊登声明以消除影响。广州知产法院一审认为,改装 A200 喷码机上仅显示涉案商标,而无标识明示其源于 Y,足以导致相关公众对其来源的混淆及误认;改装 E50 喷码机外壳上使用了涉案商标,但其重要组成部分即一体式墨水箱已被改装,故其已成为 Y 生产、销售的新商品,其上涉案商标所指示的已非原装 E50 喷码机。因此,广州知产法院一审判决,确认 Y 在被控侵权商品上使用涉案商标的行为侵害了涉案商标专用权,并判令 Y 赔偿 X 经济损失人民币 1, 052, 626 元、维权支出的合理费用人民币 60, 000 元。[1]

Y 对广州知产法院一审判决不服,向广东省高级人民法院(以下简称广东高院)提起上诉,请求撤销广州知产法院一审判决,改判驳回 X 的起诉或者发回重审。广东高院二审认为,E50 喷码机首次售出后,Y 对其墨路系统进行改装并再次销售的行为侵犯了涉案商标专用权,因为墨路系统是喷码机正常运行的核心部件,Y 的改装行为实质性改变了 E50 喷码机及其品质,且改装 E50 喷码机再销售时仍然标有涉案商标,无论是否明确告知相关公众改装情况,涉案

〔1〕 参见广州知识产权法院民事判决书,(2016)粤 73 民初 2529 号。

商标的识别来源、商品质量保障功能都已遭到了损害;Y 回收 A200 喷码机的二手主板,作为零部件组装成新的喷码机并销售,开机画面默认显示涉案商标,除此之外机身、包装等处并无其他标识,该行为不构成商标侵权。因此,广东高院二审判决,撤销广州知产法院一审判决,确认 Y 生产、销售改装 E50 喷码机的行为构成对涉案商标的侵害,并判令 Y 赔偿 X 经济损失人民币 488,400 元、维权支出的合理费用人民币 150,000 元。[1]

Y 对广东高院二审判决不服,向最高人民法院申请再审。Y 申请再审的主要理由是,Y 对 E50 喷码机的改装不涉及其实质部分,仅对其墨路系统与一体式墨水箱连接的外部接口作了改动,不构成对 E50 喷码机的"实质性的改变";Y 将从 X 授权代理商处购买的 E50 喷码机再转售给客户,并应客户要求提供可以优化一体式墨水箱的改装套件由客户自行安装,在售前、售中和售后均不存在混淆的可能性。

(二)裁判要旨

最高人民法院再审裁定,驳回 Y 的再审申请。

最高人民法院再审认为,商标的主要功能在于发挥识别商品来源的作用,即在商品与其提供者之间建立联系,形成对应关系。而商品是由一系列的特性构成的,这些特性影响着商品的性质、质量、口碑等。因此,商标发挥识别商品来源的功能,也就意味着将商品的提供者与具有特定特性的商品,以及商品的性质、质量、口碑等之间建立联系,进而影响消费者的选择,形成商标权人的利益。《商标法》禁止他人在经营相同或类似商品时未经许可使用权利人的商标,即在于防止消费者对此种联系产生混淆误认,影响消费者的选择,侵害商标权人的利益。

商标权的保护亦存在一定的限制,当商品通过正常商业渠道售出后,再次转售该商品时,一般不应再受到不合理的限制,影响商品的正常使用和流通,即商标权自第一次出售商品时权利用尽,再次转售通常不构成商标侵权。这是因为,商标标示商品来源的功能旨在将特定性质的商品指向特定的提供者,但并

---

〔1〕 参见广东省高级人民法院民事判决书,(2017)粤民终 2659 号。

不具有标示商品提供者具体身份的功能;消费者购买再次转售的商品时,商标所指向的商品提供者仍然是商标权人。因此,商品的转售,通常情况下并不会影响商标标示商品与其来源之间联系的功能,不构成商标侵权。

然而,如果商品的改装过程中变动了该商品的特性,那么该商品与其原有来源之间的联系可能因其特性的变动而发生改变,当该商品的转售实质性影响消费者的选择时,就会构成商标侵权。因此,商品改装后的再次销售是否侵害商标权,需要根据个案的情况具体判断。从商标标示特定商品与特定来源之间联系的功能出发,通常可以根据改装程度是否足以实质性影响商品性质以及消费者的选择,来判断商品改装后再次出售的行为是否构成商标侵权。

本案中,Y 改装 E50 喷码机的墨路系统,是其正常运行的重要部件,实质性改变了 E50 喷码机的原有品质,在对消费者选择产生显著影响的同时,对涉案商标与 E50 喷码机之间的对应关系产生了实质性影响。Y 在出售经过实质性改变的 E50 喷码机上继续使用涉案商标且未通过明显方式告知消费者改装的情况,容易造成相关消费者对 E50 喷码机的来源产生混淆或者混淆的可能,故 Y 对 E50 喷码机改装后再次出售的行为构成商标侵权。[1]

(三)案件评析

1. 案件的典型意义

本案属于《最高人民法院知识产权案件年度报告(2020)》从最高人民法院 2020 年审结的知识产权案件中精选的 55 件典型案件之一,所涉及的正品改装后的转售行为是否构成商标侵权的认定问题,入选该年度报告所归纳的 63 个具有一定指导意义的法律适用问题。[2]

2. 商品改装再售的商标侵权认定争议问题

根据最高人民法院对本案的再审裁定,商品改装再售的商标侵权认定争议问题主要在于三个方面,即商品改装与商标功能的关系、商品改装与商标权用

---

〔1〕 参见最高人民法院民事裁定书,(2019)最高法民申 4241 号。

〔2〕 参见《最高人民法院知识产权案件年度报告(2020 年)摘要》,载《人民法院报》2021 年 4 月 26 日,第 2 版。

尽的关系、商品改装与来源混淆之间的关系。

(1)商品改装与商标功能的关系。根据最高人民法院对本案的再审裁定,商标的功能包括识别商品来源、保障商品品质,即在具有特定品质的商品与其提供者之间建立联系,进而影响消费者的选择;商品改装后再次销售的行为是否侵害商标权,可以从商标识别商品来源、保障商品品质的功能出发,根据改装程度是否足以实质性影响商品品质以及消费者的选择,在个案中具体判断。

(2)商品改装与商标权用尽的关系。根据最高人民法院对本案的再审裁定,商品通过正常商业渠道第一次售出后,其上所使用的商标即权利用尽,再次转售通常不构成商标侵权;但如果商品再次转售过程中进行了实质性影响其品质的改装,则其成为具有不同品质的新商品,再使用原装商品的商标必须经过商标权人许可,否则就构成商标侵权。

(3)商品改装与来源混淆之间的关系。根据最高人民法院对本案的再审裁定,《商标法》禁止他人在相同或类似商品上未经许可使用商标,旨在防止消费者对商品来源产生混淆,影响消费者的选择。商品改装后继续使用原装商品的商标且未通过明显方式告知消费者,可能造成消费者对商品来源产生混淆,从而构成商标侵权。[1]

3. 商品改装再售的商标侵权认定分析角度

基于商品改装再售的商标侵权认定问题,商品改装再售的商标侵权认定分析角度有三个,即商标功能角度、商标权用尽角度、商品来源混淆角度。

(1)商标功能角度。商标功能是指商标在商品生产、销售过程中所具有的价值和发挥的作用,[2]商标的基本功能是来源识别、品质保证和广告宣传。其中,来源识别功能使得消费者通过商标将同类或类似商品的提供者区分开来,降低了消费者识别商品来源的信息成本;品质保证功能使得消费者通过商标将同类或类似商品的品质区分开来,降低了消费者识别商品品质的信息成本。[3]

---

〔1〕 参见最高人民法院民事裁定书,(2019)最高法民申4241号。

〔2〕 参见王莲峰:《商标法学》,北京大学出版社2007年版,第17页。

〔3〕 参见《商标法》(2019)第7条第2款、第9条;管荣齐:《中国知识产权法律制度》,知识产权出版社2016年版,第207~208页。

实质性影响商品品质的改装割裂甚至切断了商标与商品之间的对应关系，如果改装商品未经商标权人许可继续使用原装商品的商标，就会造成消费者对商品来源产生误认、对商品品质产生怀疑，从而损害了商标的来源识别、品质保证功能和商标权人的利益。

（2）商标权用尽角度。商标权用尽是指商品通过正常商业渠道第一次售出后，再次转售无须获得商标权人的许可，商标权人也无权干涉和禁止。商标权用尽旨在限制商标权人对其商标在特定商品上的垄断，平衡商标权人和消费者等其他相关方之间的利益。[1] 实质性影响商品品质的改装割裂甚至切断了商标与商品之间的对应关系，如果改装商品未经商标权人许可继续使用原装商品的商标，不仅会损害商标的来源识别、品质保证功能，还会因消费者误认而使改装再售者获得额外的经济利益，并因改装商品品质瑕疵而影响消费者的选择、原装商品的销售和商标权人的信誉，从而违背了商标权用尽的制度初衷、损害了商标权人的利益。

（3）商品来源混淆角度。商品来源混淆是指消费者通过商标识别商品来源时，将未经许可而使用商标的商品提供者误认为商标权人或其被许可人。商品来源混淆自 2013 年《商标法》成为我国商标侵权认定的主要标准，[2] 根据该法第 57 条第 2 项的规定，商标权人和侵权人双方的商品及其所使用的商标中有一项不同但构成类似商品或近似商标，只有造成消费者对商品来源产生混淆的，才能认定为商标侵权成立。[3] 实质性影响商品品质的改装割裂甚至切断了商标与商品之间的对应关系，使得改装商品与原装商品不再属于同一种商品而仅为类似商品，并造成消费者对商品来源产生混淆，如果改装商品未经商标权人许可继续使用原装商品的商标，就会构成商标侵权。

4. 商品改装再售的商标侵权认定步骤和标准

针对商品改装再售的商标侵权认定争议问题，从商品改装再售的商标侵权

---

〔1〕 参见黄晖：《商标法》（第 2 版），法律出版社 2016 年版，第 179 页。

〔2〕 参见姚鹤徽：《论商标侵权判定的混淆标准——对我国〈商标法〉第 57 条第 2 项的解释》，载《法学家》2015 年第 6 期。

〔3〕 参见《商标法》（2013，2019）第 57 条第 2 项。

认定分析角度而言，商品改装再售的商标侵权认定步骤和标准主要有以下三个：

(1)改装商品与原装商品相比，在品质上是否存在实质性差别。商品改装主要有两种情形：①改变商品的内容。如本案中，Y 对 E50 喷码机的核心部件墨路系统进行改装，实质性改变了 E50 喷码机及其品质。[1] 再如“百威”啤酒案中，侵权人回收商标权人制造、销售且带有“百威英博”“百威英博专用瓶”浮雕字体商标的旧酒瓶，并灌入自己生产的啤酒对外销售。[2] ②改变商品的包装。如“不二家”糖果案中，侵权人未经商标权人许可，购得标有“不二家”商标的三类规格的包装盒，后将从商标权人处购得的“不二家”正品散装糖果，分装成三类规格的盒装糖果在网络平台上销售。[3] 再如“中华”铅笔案中，商标权人不再生产、销售 4 支装的“中华”铅笔后，侵权人为了销售方便和保住市场份额，擅自将新的“中华”铅笔包装改为旧的 4 支装而销售。[4]

(2)改装商品再次转售时，是否使用原装商品的商标。改装商品使用原装商品的商标，只有构成商标性使用才可用以认定商标侵权。根据我国《商标法》(2019)第 48 条、我国《商标法实施条例》(2014)第 63 条的规定，是否构成商标性使用主要从两个方面考虑：①是否属于法定的商标使用方式，主要包括在商品上使用、在包装或者容器上使用、在商品交易文书上使用、在广告宣传中使用、在展览中使用；②是否产生识别商品来源的效果，通过法定方式使用商标，可以使得商品来源为商标权人所说明、为消费者所区分。[5] 由此，如果商标使用方式具有法定性，且商标使用效果能够识别商品来源，那么改装商品使用原装商品的商标就构成商标性使用。

(3)商品改装再售是否构成和适用商标权用尽，是否可能造成消费者对商

---

〔1〕 参见最高人民法院民事裁定书，(2019)最高法民申 4241 号。

〔2〕 参见上海市高级人民法院民事判决书，(2013)沪高民三(知)终字第 111 号。

〔3〕 参见浙江省杭州市余杭区人民法院民事判决书，(2015)杭余知初字第 416 号；成文娟、张书青：《破坏商标品质保证功能构成商标侵权——“不二家案”判前判后的思考》，载《电子知识产权》2016 年第 6 期。

〔4〕 参见江苏省南京市中级人民法院民事判决书，(2014)宁知民终字第 16 号。

〔5〕 参见祝建军：《判定商标侵权应以成立“商标性使用”为前提——苹果公司商标案引发的思考》，载《知识产权》2014 年第 1 期。

品来源的混淆。将原装商品改装成在品质上有实质性差别的改装商品，但未经商标权人许可继续使用原装商品的商标，且再次转售也未主动向消费者说明或提示改装信息，在此情况下改装商品作为不同于原装商品的新商品，与其上所使用的原装商品的商标难以对应，不仅会损害消费者的合法权益，还会损害商标权人的声誉和利益，因而商品改装再售行为不适用商标权用尽；再由于消费者通常依靠所使用的商标判断商品来源，在此情况下消费者难以区分改装商品的真正来源，可能误认为改装商品即为原装商品，即可能对商品的来源产生混淆，从而构成商标侵权。

三、刑民交叉案件中商标侵权的认定——“云南白药 YUNNANBAIYAO”商标侵权纠纷案[1]

刑事诉讼与民事诉讼的证明标准不同，涉及同一侵权事实的刑事案件未予采纳的证据，在基于同一侵权事实的民事案件中仍应依法进行审核认定。销售假冒注册商标的商品罪中“违法所得数额”的认定标准，既是销售假冒注册商标的商品之行为入罪标准，也是销售假冒注册商标的商品之刑民区分标准。

（一）事实概要

X（一审原告、二审上诉人、再审申请人）为第 3635192 号“云南白药 YUNNANBAIYAO”注册商标（以下简称涉案商标）的被许可使用人，Y（一审被告、二审被上诉人、再审被申请人）为被控侵权商品（假冒云南白药牙膏）的销售者。

X 于 2018 年 6 月 1 日向四川省成都市中级人民法院（以下简称成都中院）提起本案诉讼，请求判令 Y 立即停止侵权、赔偿 X 经济损失及合理开支 10 万元并在指定报纸上刊登声明向 X 赔礼道歉、消除影响。成都中院一审认为，X 主张 Y 明知被控侵权商品属于假冒商品仍予以销售，却未能就该主张提供任何证据材料；其所引用的（2018）川 0106 刑初 2 号案件（以下简称 2 号刑事案

---

〔1〕 参见最高人民法院民事判决书，（2020）最高法民再 342 号。

件)的生效判决,没有认定Y直接实施了被控侵权商品的销售行为,故X关于Y销售了被控侵权商品的主张缺乏事实依据。因此,成都中院一审判决,驳回X的全部诉讼请求。[1]

X对成都中院一审判决不服,向四川省高级人民法院(以下简称四川高院)提起上诉,请求撤销成都中院一审判决,判令Y立即停止侵权、赔偿X经济损失及合理开支8万元并在指定报纸上刊登声明向X赔礼道歉、消除影响。四川高院二审认为,X主张Y明知被控侵权商品属于假冒商品仍予以销售,却未能就该主张举出任何证据材料;其上诉中所引用的2号刑事案件的生效判决,没有认定Y直接实施了被控侵权商品的销售行为,故X关于Y销售了被控侵权商品的主张缺乏事实依据。因此,四川高院二审判决,驳回X上诉,维持成都中院一审判决。[2]

X对四川高院二审判决不服,向最高人民法院申请再审。X申请再审的主要理由是,四川高院二审判决错误认定X未举证证明Y另行实施了侵害涉案商标专用权的行为,但X提交的2号刑事案件判决书及其他在案证据,可以证明Y实际销售了被控侵权商品;四川高院二审判决适用法律错误,其以2号刑事案件判决认定Y犯罪未遂为由,认定被控侵权商品未流入市场,Y未获利、未造成损失,系错误适用刑事诉讼证据证明标准。

(二)裁判要旨

最高人民法院再审判决,撤销四川高院二审判决、成都中院一审判决,判令Y赔偿X经济损失及合理开支人民币22,000元。

最高人民法院再审认为,销售假冒注册商标的商品犯罪刑事案件中是否构成犯罪、是否构成犯罪未遂的认定标准,与侵害商标权纠纷民事案件中是否构成实际销售的认定标准不同。在刑事案件中,假冒注册商标的商品尚未销售或者部分销售但货值金额未达到法定标准的,仍然可能构成犯罪未遂。因此,涉及同一侵权事实的刑事判决认定构成销售假冒注册商标的商品犯罪未

---

〔1〕 参见四川省成都市中级人民法院民事判决书,(2018)川01民初1976号。
〔2〕 参见四川省高级人民法院民事判决书,(2019)川知民终542号。

遂,并不能当然作为侵害商标权纠纷民事案件中被诉侵权商品未实际销售的直接依据。

刑事诉讼与民事诉讼的证明标准不同。在刑事诉讼中,公诉机关对被告人所指控的罪行的证据要达到排除合理怀疑的程度。而在民事诉讼中,根据《最高人民法院关于适用〈中华人民共和国民事诉讼法〉的解释》第 108 条第 1 款的规定,对负有举证证明责任的当事人提供的证据,法院经审查并结合相关事实,确信待证事实的存在具有高度可能性的,应当认定该事实存在。因此,涉及同一侵权事实的刑事案件未予采纳的证据,在侵害商标权纠纷的民事案件中亦应当依法进行审核认定。

本案中,根据再审查明的事实,X 再审阶段提交的新证据可以证明,2 号刑事案件在案证据 13 张送货单涉及的 18 件商品为被控侵权商品的事实具有高度可能性,故 Y 已经实际销售了被控侵权商品,不仅侵害了涉案商标专用权和商业信誉,也损害了广大消费者的合法权益。综合本案事实并考虑侵权行为的性质、期间、后果,商标的声誉,制止侵权行为的合理开支等因素,酌情确定 Y 赔偿 X 经济损失及为制止侵权所支付的合理开支人民币 22,000 元。[1]

(三)案件评析

1. 案件的典型意义

本案属于《最高人民法院知识产权案件年度报告(2020)》从最高人民法院 2020 年审结的知识产权案件中精选的 55 件典型案件之一,所涉及的刑民交叉案件中被控侵权商品是否实际销售的认定问题,入选该年度报告所归纳的 63 个具有一定指导意义的法律适用问题。[2]

2. 销售假冒注册商标的商品罪认定标准

销售假冒注册商标的商品罪是指销售明知是假冒注册商标的商品且违法所得数额较大或者有其他严重情节应予刑罚的犯罪行为,[3] 其中“违法所得数

---

〔1〕 参见最高人民法院民事判决书,(2020)最高法民再 342 号。

〔2〕 参见《最高人民法院知识产权案件年度报告(2020 年)摘要》,载《人民法院报》2021 年 4 月 26 日,第 2 版。

〔3〕 参见《刑法》(2020)第 214 条。

额”的认定标准如下：

(1)销售假冒注册商标的商品罪(已遂)中“违法所得数额”的认定标准

销售假冒注册商标的商品罪(已遂)中“违法所得数额”,是指销售假冒注册商标的商品后所得和应得的全部违法收入。销售明知是假冒注册商标的商品,违法所得数额在5万元以上的,属于销售假冒注册商标的商品罪中“违法所得数额较大”,应当判处3年以下有期徒刑并处或者单处罚金;违法所得数额在25万元以上的,属于销售假冒注册商标的商品罪中“违法所得数额巨大”,应当判处3年以上10年以下有期徒刑并处罚金。[1]

(2)销售假冒注册商标的商品罪(未遂)中尚未或者部分销售的认定标准

销售明知是假冒注册商标的商品,具有下列情形之一的,以销售假冒注册商标的商品罪(未遂)定罪处罚:①假冒注册商标的商品尚未销售,货值金额在15万元以上的;②假冒注册商标的商品部分销售,已销售金额不满5万元,但与尚未销售的假冒注册商标的商品的货值金额合计在15万元以上的。假冒注册商标的商品尚未销售,货值金额分别达到15万元以上不满25万元、25万元以上的,分别依照违法所得额数额较大、违法所得数额巨大定罪处罚。[2]

本案中,所引用的2号刑事案件判决书认定,Y涉及的销售假冒注册商标的商品3193箱(件)、货值金额总计205,477元,其中假冒涉案商标的商品(被控侵权商品)18件、货值金额18,074.4元。但是,Y购进并存放的这些假冒注册商标的商品尚未销售,货值金额总计达到15万元以上,故以销售假冒注册商标的商品罪(未遂)定罪处罚。[3]

3. 刑事诉讼与民事诉讼的不同证明标准

刑事诉讼与民事诉讼的证明标准不同,涉及同一侵权事实的刑事案件未予采纳的证据,在基于同一侵权事实的民事案件中仍应依法进行审核认定。

---

〔1〕 参见《刑法》(2020)第214条;《最高人民法院、最高人民检察院关于办理侵犯知识产权刑事案件具体应用法律若干问题的解释》(2004)第2条、第9条第1款。

〔2〕 参见《最高人民法院、最高人民检察院、公安部关于办理侵犯知识产权刑事案件适用法律若干问题的意见》(2011)第8条;管荣齐:《知识产权司法保护专题研究》,法律出版社2020年版,第241~244页。

〔3〕 参见最高人民法院民事判决书,(2020)最高法民再342号;四川省成都市金牛区人民法院刑事判决书,(2018)川0106刑初2号。

(1)刑事诉讼的证明标准

刑事诉讼中,认定案件事实,必须以证据为根据。对一切案件的判处都要重证据,重调查研究,不轻信口供。只有被告人供述,没有其他证据的,不能认定被告人有罪和处以刑罚;没有被告人供述,证据确实、充分的,可以认定被告人有罪和处以刑罚。其中,证据确实、充分应当符合一定条件,包括:①定罪量刑的事实都有证据证明;②据以定案的证据均经法定程序查证属实;③综合全案证据,对所认定事实已排除合理怀疑。[1]

本案所引用的2号刑事案件判决书,认定Y购进、存放但尚未销售假冒注册商标的商品货值金额在15万元以上,以销售假冒注册商标的商品罪(未遂)对Y定罪处罚,有关证据包括:2017年3月16日在Y租赁的仓库内查获的假冒注册商标的商品照片、清单,所假冒的商标注册证、核准续展注册证明、注册商标变更证明,用来运输、销售假冒注册商标的商品的电动自行车、送货单,成都市价格认证中心的价格鉴定意见书,Y到案的情况说明、供述及辩解,有关证人证言等。这些证据确实、充分,对Y所定销售假冒注册商标的商品罪(未遂)达到了排除合理怀疑的程度。[2]

(2)民事诉讼的证明标准

民事诉讼中,当事人对自己提出的主张,有责任且应当及时提供证据。法院根据当事人的主张和案件审理情况,确定当事人应当提供的证据及其期限。主张法律关系存在的当事人,应当对产生该法律关系的基本事实承担举证证明责任;主张法律关系变更、消灭或者权利受到妨害的当事人,应当对该法律关系变更、消灭或者权利受到妨害的基本事实承担举证证明责任。对负有举证证明责任的当事人提供的证据,法院经审查并结合相关事实,确信待证事实的存在具有高度可能性的,应当认定该事实存在。[3]

本案中,最高人民法院再审认为,基于Y销售假冒涉案商标的商品(被控

[1] 参见《刑事诉讼法》(2018)第55条;《最高人民法院关于适用〈中华人民共和国刑事诉讼法〉的解释》(2021)第69条。

[2] 参见四川省成都市金牛区人民法院刑事判决书,(2018)川0106刑初2号。

[3] 参见《民事诉讼法》(2021)第68条;《最高人民法院关于适用〈中华人民共和国民事诉讼法〉的解释》(2022)第90~91条、第108条第1款。

侵权商品)的证据和事实,虽然2号刑事案件判决认定Y销售假冒注册商标的商品罪未遂,但2号刑事案件在案证据13张送货单涉及的18件商品为被控侵权商品的事实具有高度可能性,故应当认定Y实际销售了被控侵权商品。[1]

4. 销售假冒注册商标的商品之刑民区分

从销售假冒注册商标的商品之刑事和民事规范来看,销售假冒注册商标的商品之刑事规范如前所述,销售假冒注册商标的商品罪中已经销售的"违法所得数额"要求达到5万元以上,尚未销售的货值金额达到15万元以上或者与已销售(金额不满5万元)的合计达到15万元以上;[2]而销售假冒注册商标的商品之民事规范在于我国《商标法》(2019)第57条第3项,没有对销售假冒注册商标的商品金额提出任何要求,[3]意味着即使侵权人销售假冒注册商标的商品金额为零,也要就其销售假冒注册商标的商品之行为承担民事侵权责任。本案中,所引用的2号刑事案件判决书认定,Y购进并存放假冒注册商标的商品货值金额总计205,477元,以销售假冒注册商标的商品罪(未遂)定罪处罚;其中假冒涉案商标的商品(被控侵权商品)货值金额仅18,074.4元,但依然构成销售假冒注册商标的商品之民事侵权行为。[4]

在知识产权司法实践中,违法所得数额是区分知识产权刑事犯罪与民事侵权的重要根据。[5] 在审理刑民交叉的知识产权诉讼时,案件事实复杂,法律关系交错,但数额相对清晰,因而成为刑民区分的一个可量化的标准。销售假冒注册商标的商品罪中"违法所得数额"的认定标准,既是销售假冒注册商标的商品之行为入罪标准,也是销售假冒注册商标的商品之刑民区分标准。按照这一标准,低于销售假冒注册商标的商品罪中"违法所得数额"的属于民事侵权,不触及刑事犯罪;等于及高于销售假冒注册商标的商品罪中"违法所得数额"

---

[1] 参见最高人民法院民事判决书,(2020)最高法民再342号。

[2] 参见《最高人民法院、最高人民检察院关于办理侵犯知识产权刑事案件具体应用法律若干问题的解释》(2004)第2条;《最高人民法院、最高人民检察院、公安部关于办理侵犯知识产权刑事案件适用法律若干问题的意见》(2011)第8条。

[3] 参见《商标法》(2019)第57条第3项。

[4] 参见最高人民法院民事判决书,(2020)最高法民再342号。

[5] 参见胡充寒:《侵犯知识产权犯罪数额的类型与认定》,载《知识产权》2014年第9期。

的属于刑事犯罪,存在刑民交叉。[1] 本案中,所引用的 2 号刑事案件判决书认定,Y 购进并存放假冒注册商标的商品货值金额总计 205,477 元,高于销售假冒注册商标的商品罪(未遂)入罪标准,既触及刑事犯罪又构成民事侵权;如果单算假冒涉案商标的商品(被控侵权商品)货值金额 18,074.4 元,则低于销售假冒注册商标的商品罪中"违法所得数额",虽不触及刑事犯罪但仍构成民事侵权。[2]

四、商标侵权诉讼中惩罚性赔偿制度的适用——"欧普"商标侵权纠纷案[3]

商标侵权诉讼中惩罚性赔偿制度的适用,其要件包括故意、情节严重、赔偿基数和倍数。故意作为主观要件,既包括双方曾为合同的达成进行磋商、双方之间存在一定关系等"接触性要素",也包括收到通知、警告后继续实施侵权等情形;"情节严重"作为客观要件,除考虑侵权的手段、次数、持续时间、地域范围、规模、后果以外,还考虑侵权人在诉讼中的表现如提供证据不诚实、拒不履行保全裁定等。赔偿基数与倍数应当有机结合,当确定了较高的基数时,适用较低的倍数即可实现惩罚及威慑目的。

(一)事实概要

X(一审原告、二审上诉人、再审申请人)为第 1424486 号"欧普 OPPLE 及图"组合商标及第 4426527 号"欧普"文字商标的合法所有人,两商标核定使用在第 11 类商品上,包括灯、日光灯管等。Y(一审被告、二审被上诉人、再审被申请人)明知 X 的商标在灯等商品上的知名度和美誉度,刻意模仿、复制其商标,其第 10119638 号"欧普特"、第 10090119 号"OPTE 欧普特"在第 11 类商品上的商标申请因与 X 的在先商标构成近似而于 2011 年被国家知识产权局商标局驳回的情况下,仍在灯类、灭蚊拍等商品上、其外包装、宣传广告及相关销售网页中使用"OUPUTE 欧普特"等相关标识。

---

[1] 参见邱润根:《商标案件刑民交叉责任的界分步骤》,载《政治与法律》2021 年第 10 期。

[2] 参见最高人民法院民事判决书,(2020)最高法民再 342 号。

[3] 参见广东省高级人民法院民事判决书,(2019)粤民再 147 号。

X向广州市南沙区人民法院(以下简称广州南沙法院)提起诉讼,请求Y在灯类产品及其经营场所、网店首页中立即停止使用侵权标识,在淘宝网等网站首页刊登声明,消除影响,并赔偿其经济损失及合理费用300万元。广州南沙法院一审认定,将侵权标识与涉案两商标进行对比,其在整体上的组合部分及组成内容不相同,相关文字的字体、字形、读音、含义等均不相似,Y在产品及网页上使用的被控侵权标识与第1424486号"欧普OPPLE及图"及第4426527号"欧普"商标不构成近似,以一般消费者的注意力足以区分二者,故驳回X的全部诉讼请求。[1]

X不服广州南沙法院一审判决,向广州知识产权法院(以下简称广州知产法院)提起上诉,其主要理由是:(1)被控侵权标识"欧普特"完整包含了涉案两商标中的"欧普",其中"特"为副词,对"欧普"进行修饰,在消费者中极易引起与"欧普"的混淆;(2)被控侵权产品为"灯"和带有照明功能的"灭蚊拍",与X生产的"灯"构成相同和类似商品;(3)Y生产规模庞大,侵权产品销量巨大,销售范围极广。

广州知产法院二审判决认为,被控侵权标识中的"欧普特"与第1424486号注册商标及第4426527号注册商标中的主要认读部分"欧普"无论在整体上抑或在部分上均不具有相似性;同时,"OUPUTE"与"OPPLE"在字母组成、字体、字体的设置效果及读音方面存在较大差别,故驳回X的上诉请求。[2]

X不服广州知产法院二审判决,向广东省高级人民法院(以下简称广东高院)申请再审,其主要理由是:(1)Y使用的"欧普特"标识是对X"欧普"商标的复制、模仿,主观上具有傍名牌的恶意;(2)被诉侵权标识带有"欧普特",与"欧普OPPLE及图""欧普"商标构成近似,侵害了X的商标专用权和企业名称权;(3)广州南沙法院、广州知产法院未能正确认定Y的法律责任,Y主观恶意深、生产规模庞大、侵权产品销量巨大、销售范围极广;(4)请求本案适用惩罚性赔偿,依X商标许可费36.5万元/年的3倍合理确定基数,再以该基数的3

[1] 参见广州市南沙区人民法院民事判决书,(2016)粤0115民初4434号。
[2] 参见广州知识产权法院民事判决书,(2017)粤73民终387号。

倍计算赔偿数额,判决Y赔偿X经济损失及合理费用300万元。

(二)裁判要旨

广东高院再审判决,撤销一审、二审判决,支持X的部分诉求,支持适用惩罚性赔偿。

广东高院再审判决认为,原审法院过于强调涉案商标与被诉标识外形、字体方面的区别,而未能充分考虑请求保护的注册商标的显著性和知名度。X请求保护的两商标具有较强的显著性并已达到驰名程度。Y使用的纯文字性标识虽然与涉案商标有所不同,但其与涉案商标对应的文字"欧普"在文字构成、呼叫等方面相近,且其未形成明显有别于涉案商标的其他含义;同时,Y使用的标识均由"OUPUTE"和"欧普特"两部分组合而成,"OUPUTE"既与第1424486号"欧普OPPLE及图"组合商标中显著识别文字之一"OPPLE"在字母组成、呼叫等方面相近,也与第4426527号"欧普"商标的读音相似。将"欧普特"组合后,则更易从读音和含义上形成对应关系,相关公众容易对商品来源产生混淆和误认,以上行为侵犯了X的注册商标专用权。但是,考虑到被诉产品灭蚊拍的主要功能为灭蚊而非照明,其与灯类产品不属于相同或近似商品,故不支持X在灭蚊拍上停止使用该标识的请求。

鉴于X的损失及Y获得的利益均难以确定,广东高院支持以涉案商标许可使用费的倍数确定赔偿基数。其中,涉案商标许可使用费被确定为36.5万元/年,应计赔的侵权时长为1.75年,合理倍数因Y的销售方式、范围等因素被确定为2倍,由此,本案赔偿基数应确定为73万元/年×1.75年共计127.75万元。鉴于Y攀附X商誉的主观意图明显,明知他人享有商标权,仍故意实施侵权行为,且其侵权行为影响大,后果较为严重等,广东高院支持适用惩罚性赔偿,主张按照上述确定的赔偿基数的3倍确定赔偿数额,对X的判赔数额主张予以全额支持。

(三)案件评析

1. 本案的典型意义

本案系商标侵权诉讼中适用惩罚性赔偿制度的典型案例,2020年入选广东省知识产权审判十大案件,[1]是最高人民法院于2021年发布的六起适用惩罚性赔偿的典型案例之一。[2] 该案明确了惩罚性赔偿中“恶意”“情节严重”主客观要件的举证标准及判断依据。同时,该案通过精细化的计算方式,明确了该制度中的数额计算方式,其中包括基数的计算与倍比的确定。

2013年,我国《商标法》率先引入首创于英美法的惩罚性赔偿制度,具有主观恶意的、情节严重的商标侵权行为将因此被科以一倍以上三倍以下的惩罚性赔偿。[3] 2019年我国《商标法》修正时,“一倍以上三倍以下”的赔偿倍数提高为“一倍以上五倍以下”。[4] 2020年我国《民法典》分别在总则编及侵权责任编中引入惩罚性赔偿制度,其第1185条规定:故意侵害他人知识产权,情节严重的,被侵权人有权请求相应的惩罚性赔偿。[5] 行为人主观上的“故意”及客观上的“情节严重”系该制度适用的两要件,两要件各自指向不同的具象。目前,我国知识产权领域已经完成了惩罚性赔偿制度的初步建构。

2. 惩罚性赔偿适用的主观要件

我国《商标法》及《反不正当竞争法》在惩罚性赔偿的相关规定中以行为人的“恶意”而非“故意”作为主观要件,《民法典》、《著作权法》及《专利法》中则使用了“故意”的表述。面对“故意较恶意而言概念更为明确”[6]抑或是“采恶意更为合理”[7]的争论,最高人民法院于2021年发布《关于审理侵害知识产权民事案件适用惩罚性赔偿的解释》(以下简称《适用惩罚性赔偿的解释》),其第1条第2款即规定“恶意”由“故意”所包括,前者因此成为后者的表现形式之一。“恶意”主要指向于行为人的直接故意。[8]

---

[1] 参见广东省高级人民法院发布2020年度广东省知识产权审判十大案件之二:欧普照明公司诉广州华升公司侵害商标权纠纷案,法宝引证码:CLI. C. 315544318。

[2] 参见《最高人民法院发布6起侵害知识产权民事案件适用惩罚性赔偿典型案例》(2021)第6例。

[3] 参见《商标法》(2013)第63条第1款。

[4] 参见《商标法》(2019)第63条第1款。

[5] 参见《民法典》(2020)第179条、第1185条。

[6] 徐俊、叶明鑫:《商标惩罚性赔偿法律适用要件的类型化研究》,载《知识产权》2021年第4期。

[7] 李宗辉:《〈民法典〉视域下知识产权侵权惩罚性赔偿的“情节严重”要件研究》,载《暨南学报(哲学社会科学版)》2021年第5期。

[8] 参见《北京市高级人民法院关于侵害知识产权及不正当竞争案件确定损害赔偿的指导意见及法定赔偿的裁判标准(一)》(2020)第1.13条第3款。

“故意”主要指侵权人对于侵权行为、所侵犯客体及权利主体的基本认知，只有存在违法性认识才能因此被科以惩罚性赔偿。传统民事侵权理论认为，相较于“过失”的心态而言，“故意”是指行为人能够预见到自己行为的结果，但仍然希望或放任结果的发生，[1]其中“故意”的形态又因对侵权结果的希望抑或放任被区分为直接故意及间接故意形态。[2] 这一要件虽侧重于对行为人主观心理状态的考量，但其判定仍然基于间接的、外部的证据，在本案中，Y 与 X 经营地域范围的重合可以推知“Y 明知 X 享有商标权”，其商标申请因与 X 的在先商标构成近似商标而被驳回的事实可以推知“Y 明知自己不享有商标权”。Y 明知 X 的在先商标在同类产品上的美誉度与知名度，仍然实施商标侵权行为，由此可以认定 Y 具备侵权的直接故意。

除此之外，前述《适用惩罚性赔偿的解释》为“故意”的判定提供了更为广阔的参考要素，其中既包括双方曾为合同的达成进行磋商，原被告间存在人事关系、经济关系的重叠等“接触性要素”，也包括接原告通知、警告后继续实施侵权行为等情形。同时，对于“故意”的判定还需结合知识产权客体类型、权利状态和相关产品知名度为之。

3. 惩罚性赔偿适用的客观要件

“情节严重”的判断以侵权行为与侵害后果为主，以其他因素的考量为辅，其主要是对法益侵害程度的评价。[3] 除侵权手段、次数，侵权行为的持续时间、地域范围、规模及其后果的考察外，侵权人在诉讼中的表现，如证据提供的不诚实、拒不履行保全裁定等情形也被纳入“情节严重”的判断当中。[4] 本案中，广东高院认定 Y 的侵权行为“情节严重”的主要要素包括：Y 通过多渠道、多途径销售多种类的被诉侵权商品，且不断扩大生产规模，达成了较大的销售数量，以上系对于侵权行为本身的评价；同时，Y 的侵权行为还造成了较为严重的侵害后果，该行为使得权利人 X 及社会公众因此蒙受着较大损失与消极影

---

〔1〕 参见王利明：《侵权责任法研究》，中国人民大学出版社 2016 年版，第 341 页。

〔2〕 参见上海市浦东新区人民法院民事判决书，(2018) 沪 0115 民初 53351 号。

〔3〕 参见吴汉东：《知识产权惩罚性赔偿的私法基础与司法适用》，载《法学评论》2021 年第 3 期。

〔4〕 参见《最高人民法院关于审理侵害知识产权民事案件适用惩罚性赔偿的解释》(2021) 第 4 条第 1 款。

响,其中,Y 生产质量不合格产品的行为损害了 X 的商誉及社会评价,其超越经营范围的行为损害了消费者的利益,并影响了社会公共安全。

4. 惩罚性赔偿中的数额计算问题

惩罚性赔偿是填平性赔偿的一种附加性赔偿,其适用以计算基数的确定为前提。填平性赔偿的计算方式存在先后顺序,即分别考察权利人的实际损失、侵权人因侵权行为所获得的利益和许可使用费的倍数;无法通过以上三种方式确定判赔数额时,即可适用"法定赔偿",法官由此可以在上限内酌情推定判赔数额,"法定赔偿"不能作为惩罚性赔偿的计算基数。[1] 其中,权利人的实际损失可以依据因侵权所造成销售量减少的总数乘以每件产品的合理利润所得之积计算;侵权人的所获利益则可以量化为该侵权产品在市场上销售的总数乘以每件侵权产品的合理利润所得之积。[2] 本案中,由于相关账簿等主要由 Y 所掌握,在 Y 不能提供完整资料时,广东高院因此以 X 的主张及所提供的证据判定赔偿数额,并由此支持以商标许可使用费的倍数作为惩罚性赔偿的计算基数。

本案中共存在两次倍数的考量,首次指向于商标许可使用费的倍数,后次则指向于惩罚性赔偿的倍数。有研究认为,前者的计算也具有一定的惩罚性。[3] 前者需通过权利人商标许可使用情况与侵权人擅自使用性质的对比确定,比如在本案中,依据 X 的授权,第三方的经营销售区域仅为其所在的地市,然而,Y 所生产的涉案侵权商品却在全球范围内大规模销售,其销售渠道、销售地域较第三方而言更为广阔,广东高院因此认定惩罚性赔偿的计算基数应为商标许可使用费的 2 倍,这体现了比例原则的要求。

后一倍数的确定则关涉着惩罚性赔偿制度是否能够发挥"威慑"与"惩罚"之效用,具体倍比的确定仍应将行为人的主观状态及客观行为纳入综合考量中。本案中,论及惩罚性赔偿的倍比时,广东高院再次提及了 Y 的主观恶意及其所实施侵权行为的性质、范围、后果等,并由此确定了 3 倍的惩罚倍数。

---

〔1〕 参见《商标法》(2019)第 63 条第 1 款。

〔2〕 参见《最高人民法院关于审理专利纠纷案件适用法律问题的若干规定》(2020)第 14 条。

〔3〕 参见张鹏:《商标侵权损害赔偿数额计算的现状与展望》,载《知识产权》2021 年第 5 期。

目前,相关法律及司法解释中并未明确各倍数适用的具体情形,这一问题的判断依赖于法官基于案件事实的自由裁量,相关倍比不一定限定在整数范围内。[1] 惩罚性赔偿倍数的裁量应与其判赔基数的具体数额相结合,当案件中确定了较高的判赔基数时,适用较低的惩罚倍数即可能在判赔数额的总量上完成惩罚及威慑目的,进而实现个案的利益均衡。

五、对他人驰名商标的恶意模仿注册——“爱慕”商标侵权纠纷案[2]

驰名商标的理论来源有二,一为商标混淆理论;二为商标淡化理论。根据我国2013年《商标法》,国家知识产权局商标局、商标评审委员会和最高人民法院指定的法院,可以分别在查处商标违法、商标争议处理和商标民事、行政案件中,对驰名商标进行认定。驰名商标的认定应当遵循事实认定、个案认定、被动认定、因需认定的原则,并不要求各商标之间具有等同划一的知名程度。

(一)事实概要

X(一审原告、二审被上诉人)自1994年开始使用“爱慕”企业字号,并申请注册了第627055号“爱慕 AIMER”商标、第3641595号“爱慕”商标、第6446516号“Aimer”商标,三商标核定使用在第25类“服装”等商品上,其品牌的服装、内衣产品广销全国各地,公司所获荣誉及宣传报道众多。Y(一审被告、二审上诉人)是第3862068号“Aimu 艾慕”商标、第20108717号“AiMU 艾慕”商标的被许可使用人,Y在X上述三商标核定使用的服装、内衣相同或类似商品上使用与其相近似的标志,并将“艾慕”作为企业字号登记注册并使用。

X向北京知识产权法院(以下简称北京知产法院)提起诉讼,请求判令Y停止在其生产、销售的产品上及宣传过程中使用“AiMU 艾慕”“AIMU 艾慕”等标志;赔偿其损失及合理开支共计100万余元;判令Y立即变更企业名称;Y应在《中国知识产权报》及其官网首页刊登声明,消除侵权造成的不良影响。在一审庭审中,X请求认定上述三商标在服装和内衣商品上构成驰名商标。

---

[1] 参见辽宁省沈阳市中级人民法院民事判决书,(2019)辽01民终3758号。
[2] 参见北京市高级人民法院民事判决书,(2020)京民终194号。

北京知产法院一审认定,Y 在与 X 涉案商标核定使用的服装、内衣相同或类似商品上使用的“AIMU 艾慕”“AiMu 艾慕”标志构成第 20108717 号“AiMU 艾慕”商标的使用,另一标志虽不构成对于第 3862068 号“Aimu 艾慕”商标、第 20108717 号“AiMU 艾慕”的使用,但仍属于商标性使用。鉴于 X 的第 6446516 号“Aimer”商标、第 3641595 号“爱慕”商标在内衣商品上已达到驰名程度,Y 的行为足以使相关公众认为 Y 使用的上述标志与 X 驰名商标具有相当程度的联系;同时,Y 作为同业经营者,将与 X 商标近似的“艾慕”作为企业字号进行注册登记并使用具有恶意,足以误导公众。北京知产法院由此判定 Y 应就其涉案侵害商标权及不正当竞争的行为承担停止侵权行为、变更企业字号、消除影响的责任,并酌定 Y 赔偿损失及合理开支共计 34.6 万元。[1]

Y 不服北京知产法院一审判决,向北京市高级人民法院(以下简称北京高院)提起上诉,请求撤销一审判决,发回重审或者在查明事实的基础上依法改判,其主要理由是:(1) Y 使用的被诉标志系注册商标,故本案应向有关行政机关而非人民法院申请解决。(2) 在案证据不足以证明 X 的三商标已至驰名程度,被诉标志与 X 的涉案商标不近似,并非对 X 涉案商标的复制、摹仿、翻译,不会导致混淆误认的后果。且 Y 使用被诉标志获得了合法授权,并不存在任何恶意。(3) Y 并未侵犯 X 的商号权益,不构成擅自使用他人有一定影响力的企业名称的不正当竞争行为。(4) 即使 Y 的行为构成商标侵权和不正当竞争,也不应当承担赔偿责任,且一审判决确定的赔偿数额错误。

(二) 裁判要旨

北京高院二审判决,维持一审判决,驳回 Y 的全部上诉请求。

北京高院二审判决认为,Y 在本案中对于被诉“AiMU 艾慕”“AIMU 艾慕”标志的使用,可以视为其依据商标注册人的许可对第 20108717 号“AiMU 艾慕”注册商标而非第 3862068 号“Aimu 艾慕”注册商标在核定使用商品上的使用。鉴于第 20108717 号商标申请时,X 主张驰名的商标第 3641595 号“爱慕”商标和第 6446516 号“Aimer”商标已达到驰名程度,X 主张权利时第 20108717

---

〔1〕 参见北京市知识产权法院民事判决书,(2017)京 73 民初 1741 号。

号商标核准注册时间亦未逾5年,法院有权审理X针对Y使用被诉“AiMU艾慕”“AIMU艾慕”标志提出的诉讼主张。

Y在从事内衣商品的经营中所使用的标志,或与X驰名的第3641595号“爱慕”商标和第6446516号“Aimer”商标中文呼叫完全相同,字母部分的构成相近,或与上述两商标文字组合高度近似,足以使相关公众将其与上述驰名商标的商品来源产生误认,或者足以使相关公众认为其与上述驰名商标的经营者之间存有某种特定联系。同时,Y作为内衣行业的同业经营者,在“爱慕”字号在业内具有较高知名度和影响力的情况下,仍将与“爱慕”呼叫完全相同、文字构成相近的“艾慕”作为企业字号登记注册并使用,具有借助他人知名字号市场声誉的主观意图,且足以误导公众。由此,北京高院对一审判决予以维持,并驳回Y的全部上诉请求。

(三)案件评析

1. 本案的典型意义

本案是通过民事侵权程序规制注册商标对他人驰名商标恶意模仿注册的典型案例,2020年入选北京法院知识产权司法保护十大案例[1]及中国法院50件典型知识产权案例。[2] 在本案中,法院结合有关规定及案件事实释明了驰名商标的行政保护与司法保护间的区别与联系,从而澄清了有关管辖问题。本案亦明确了驰名商标司法保护的两种基本路径,即商标民事保护和不正当竞争保护,并进一步明确了两种保护方式的判断标准,从而有力地规制了恶意抢注驰名商标的行为,对于打击恶意注册行为、加大知识产权保护具有重要意义。

驰名商标的概念源自《保护工业产权巴黎公约》1925年海牙文本,《与贸易有关的知识产权协议》亦显著强调并发展了对驰名商标的保护,[3]驰名商标的构造是商标法主框架下的一种策略性、补充性的制度。[4] 在我国,驰名商标是

〔1〕 参见北京市高级人民法院《2020年度北京法院知识产权司法保护十大案例》(2021)第5例。

〔2〕 参见《最高人民法院办公厅关于印发2020年中国法院10大知识产权案件和50件典型知识产权案例的通知》(2021)第5例。

〔3〕 参见陈灿平:《驰名商标司法认定新探》,载《法学杂志》2014年第9期。

〔4〕 参见衣庆云:《驰名商标法律制度解析》,载《电子知识产权》2009年第4期。

指在中国境内为相关公众所熟知的商标。[1]

就本案涉及的驰名商标的司法保护而言,最高人民法院在《关于审理涉及计算机网络域名民事纠纷案件适用法律若干问题的解释》中首次明确司法认定驰名商标在域名纠纷案件中的效力。[2] 第2年,最高人民法院发布《关于审理商标案件有关管辖和法律适用范围问题的解释》,中级以上人民法院可依该解释进行驰名商标的认定。[3] 此后,最高人民法院陆续发布司法解释及相关文件,逐步明确了驰名商标的司法认定问题,发展了譬如驰名商标保护案件的备案制度、判前审核制度等。2009年先后出台的《关于涉及驰名商标认定的民事纠纷案件管辖问题的通知》及《关于审理涉及驰名商标保护的民事纠纷案件应用法律若干问题的解释》(以下简称《驰名商标司法解释》)第2条进一步限定了驰名商标司法认定的法院级别及案件类型。

2. 驰名商标的理论基础

驰名商标的理论来源有二,一为商标混淆理论;二为商标淡化理论。二者均指向于商标显著性的保护,但其保护方式有所区别,因为商标的显著性既指向于来源显著性,亦指向于差异显著性。[4] 商标混淆理论侧重于保护消费者权益,其通过保护商标与商品或服务间的特定联系而防止消费者陷入"混淆"的情境中。商标淡化理论则立足于商标的财产特征,通过保护某一商标的广告宣传功能从而防止商标权人的利益免受损害。我国《商标法》第13条第2款对于未注册驰名商标提供了同类保护,该条第3款对于已注册驰名商标提供了同类及跨类保护。对于前者的保护,《商标法》以"容易导致混淆"为判定标准;对于后者的保护,《商标法》则采"误导公众,致使该驰名商标注册人的利益可能受到损害"的表述。有研究因此认为,鉴于商标法对于驰名的注册商标实行

---

〔1〕 参见《最高人民法院关于审理涉及驰名商标保护的民事纠纷案件应用法律若干问题的解释》(2020)第1条;原国家工商行政管理总局《驰名商标认定和保护规定》(2014)第2条第1款。

〔2〕 参见《最高人民法院关于审理涉及计算机网络域名民事纠纷案件适用法律若干问题的解释》(2001)第4条第2项。

〔3〕 参见《最高人民法院关于审理商标案件有关管辖和法律适用范围问题的解释》(2001)第2条。

〔4〕 参见杜颖:《商标淡化理论及其应用》,载《法学研究》2007年第6期。

跨类别保护,我国已在法律层面上引入反淡化制度。[1] 另有研究认为,我国《商标法》中并不存在反淡化因子,该制度的司法引入另由《驰名商标司法解释》第9条第2款中关于“减弱驰名商标的显著性、贬损驰名商标的市场声誉”的表述所完成。[2]

本案基于商标混淆理论对于驰名商标提供了保护。X与Y均为内衣行业的经营者,Y在从事内衣商品的经营中使用了与X驰名商标相近似的标志,北京高院由此从保护相关公众利益的角度进行评述。北京高院认为,Y的行为可能造成的后果包括“相关公众施以一般注意力隔离观察时易混淆”“易使相关公众认为Y与X某种特定联系”等,其从而认定Y的行为构成了侵害X注册商标专用权的行为。[3]

3. 驰名商标的双重认定模式

2013年,驰名商标的双重认定模式正式写入我国《商标法》中。[4] 商标局、商标评审委员会、最高人民法院指定的人民法院因而可以分别在查处商标违法案件过程中、商标争议处理过程中及在商标民事、行政案件审理过程中,对驰名商标进行行政抑或司法认定。基于协调行政及司法认定方式的需要,最高人民法院在《关于审理注册商标、企业名称与在先权利冲突的民事纠纷案件若干问题的规定》中指出,关于某一使用在核定商品上的注册商标与其在先的注册商标相同或者近似的纠纷应由有关行政主管机关解决,除非该被诉商标以超出其核定使用的商品范围或者以改变其注册商标的显著特征等方式使用。[5]

本案中,Y引证该规定第1条第2款提出上诉请求:Y使用的被诉标志系注册商标,故本案应向有关行政机关而非人民法院申请解决。面对该请求,北京高院首先以《驰名商标司法解释》第11条作为法律依据,指明该案需解决的前提问题为以下两重,即X涉案商标在第20108717号商标申请时是否驰名,

---

〔1〕 参见孔祥俊:《驰名商标司法保护的回顾与展望》,载《人民司法》2013年第1期。
〔2〕 参见邓宏光:《我国驰名商标反淡化制度应当缓行》,载《法学》2010年第2期。
〔3〕 参见北京市高级人民法院民事判决书,(2020)京民终194号。
〔4〕 参见《商标法》(2013)第14条第2款、第3款、第4款。2019年修正该法时,该条款并无变化。
〔5〕 参见《最高人民法院关于审理注册商标、企业名称与在先权利冲突的民事纠纷案件若干问题的规定》(2020)第1条第2款。

以及 X 提出相关主张的时间是否超过第 20108717 号商标核准注册日 5 年。鉴于第 20108717 号商标申请时，X 主张驰名的商标第 3641595 号“爱慕”商标和第 6446516 号“Aimer”商标已达到驰名程度，X 主张权利时第 20108717 号商标核准注册时间亦未逾 5 年，北京高院由此认定 Y 的该项上诉请求不成立。[1] 释明这一管辖问题后，北京高院方将论证焦点转向于其他问题。

4. 驰名商标司法认定的判断标准

驰名商标的认定应遵循事实认定、个案认定、被动认定、因需认定的原则。[2] 驰名商标在本质上是商标所呈现的一种事实状态，即该商标在中国境内为相关公众所熟知。[3] 因此，驰名商标的司法认定乃是一种基于司法特别保护需要而进行的前提性的法律事实认定。[4] 这一事实状态的认定需借助于相关辅助要素，相关要素在我国《商标法》第 14 条第 1 款中表现为：相关公众的知晓程度；商标持续使用的时间；宣传工作的持续时间、程度及地理范围；该商标作为驰名商标受保护的记录及其他要素。《驰名商标司法解释》从证据提供角度印证了我国《商标法》第 14 条中列明的相关要素，并指明了要素间的相互关系：除因个案情况无须考虑全部因素即足以认定商标驰名的情形外，驰名商标的司法认定一般应综合考量上述要素。[5]

驰名商标的认定亦不要求各商标间具有等同划一的知名程度。[6] 譬如本案中，X 于一审庭审中即请求认定其三商标在服装和内衣商品上构成驰名商标，其提供的证据能够证明其商标使用、销售、宣传、推广情况及其品牌所获荣誉等。二审程序中，X 补充提交了相关证据，用以证明其销售总额、广告宣传费用、市场占有率等。北京高院结合 X 所提交的证据以及第 3641595 号“爱慕”商标和第 6446516 号“Aimer”商标曾在民事诉讼中被作为驰名商标保护的事

---

〔1〕 参见北京市高级人民法院民事判决书，(2020) 京民终 194 号。

〔2〕 参见《最高人民法院关于贯彻实施国家知识产权战略若干问题的意见》(2009) 第 10 条。

〔3〕 参见祝建军：《驰名商标的司法保护》，载《人民司法》2011 年第 7 期。

〔4〕 参见陈灿平：《驰名商标司法认定新探》，载《法学杂志》2014 年第 9 期。

〔5〕 参见《最高人民法院关于审理涉及驰名商标保护的民事纠纷案件应用法律若干问题的解释》(2020) 第 4 条、第 5 条。

〔6〕 参见《最高人民法院关于充分发挥知识产权审判职能作用推动社会主义文化大发展大繁荣和促进经济自主协调发展若干问题的意见》(2011)。

实，对该商标的商品市场份额、销售区域、利税，该商标的宣传或者促销活动的方式、持续时间、程度、资金投入和地域范围，该商标享有的市场声誉等情况进行了全面、客观的审查。审查后认定，第 3641595 号“爱慕”商标和第 6446516 号“Aimer”商标在内衣商品上已经广为相关公众所熟知，达到驰名程度的事实。[1]

同时，本案亦贯彻了“按需认定”的原则。在认定第 6446516 号“Aimer”商标、第 3641595 号“爱慕”商标在内衣商品上构成驰名商标即可保护 X 利益的情形下，北京知产法院并未对第 627055 号“爱慕 AIMER”商标进行驰名认定，[2]北京高院亦对此表示认可。在二审程序中，北京高院继续聚焦于北京知产法院已认定为驰名的两商标，并结合 X 提交的新证据继续对其作出评述。

第二节　商标行政前沿判例精解

一、三维立体商标标志的确定性——宝利通公司与深圳音络公司等商标权无效纠纷案[3]

三维立体商标标志往往与产品或其包装的外形密切相关，只有那些设计独特的、与商品或者服务无关联的，抑或含有其他显著性部分的三维标志，因其具备固有显著性而获得注册；而那些仅表明其产品或者其包装外形的三维标志，一般只能通过使用而获得显著性。但是，“仅由商品自身的性质产生的形状”、“为获得技术效果而需有的商品形状”以及“使商品具有实质性价值的形状”，即使通过长期使用获得了显著性，也并不能获得注册。

（一）事实概要

X（一审第三人、二审被上诉人、再审申请人、）是第 8341029 号三维标志商标（以下简称诉争商标）的商标权人，该商标核定使用在第 9 类商品上，主要包

〔1〕 参见北京市高级人民法院民事判决书，（2020）京民终 194 号。
〔2〕 参见北京市知识产权法院民事判决书，（2017）京 73 民初 1741 号。
〔3〕 参见最高人民法院行政裁定书，（2019）最高法行申 10746 号。

括电信会议和视频会议用计算机软件、免提电话等商品。Y(一审原告、二审上诉人、再审被申请人)向国家知识产权局(一审被告、二审被上诉人、再审被申请人,一审、二审程序中称为国家工商行政管理总局商标评审委员会)提出诉争商标无效宣告请求。国家知识产权局认为,诉争商标使用在"电信会议和视频会议用计算机软件"等商品上既非会议电话为获得技术效果而必须使用的商品形状及使电话产品具有任何使用性价值的形状,亦非其核定商品的通用图形。鉴于诉争商标既不属于有害于社会主义道德风尚或者产生其他不良影响的标志,亦非通过欺骗手段或其他不正当手段取得注册。由此,国家知识产权局裁定维持诉争商标的注册。

Y 不服该裁定,向北京知识产权法院(以下简称北京知产法院)提起诉讼。北京知产法院一审认定,诉争商标的造型并非其自身性质所产生的形状,其所具有的美学功能性尚不足以使其构成具有实质性价值的形状;该商标虽不具备固有显著性,却因 X 的长期宣传和使用而获得了显著性;同时,诉争商标并未对我国政治、经济、文化、宗教、民族等社会公共利益和公共秩序产生消极、负面影响,该商标的三维立体造型可以确定,不构成以欺骗手段或者其他不正当手段取得注册的情形。由此,北京知产法院判决驳回 Y 的诉讼请求。[1]

Y 不服该判决,向北京市高级人民法院(以下简称北京高院)提起上诉,请求撤销原审判决及被诉裁定、判令国家知识产权局重新作出裁定,其主要理由是:(1)诉争商标不具有固有显著性,亦未经过使用获得显著性,有关事实认定错误。(2)诉争商标属于"商品自身性质产生的形状、为获得技术效果而需有的商品形状及使商品具有实质性价值的形状"。(3)诉争商标的注册导致 X 对会议电话等通信设备具有功能性的外观的永久性垄断,危害公平竞争的市场秩序,扼杀了科技发展进步的可能性,具有不良影响。(4)诉争商标所示立体图形在空间上不成立,X 以欺骗手段或者其他不正当手段获得了注册。

北京高院二审判决认为,现有证据尚不足以认定 X 取得诉争商标是基于欺骗手段或者其他不正当手段。商标档案中载明的诉争商标的四幅视图无法

---

〔1〕 参见北京知识产权法院行政判决书,(2016)京 73 行初 3072 号。

在多个关键部位上毫无异议地确定该三维标志的具体形状及比例关系，由于诉争商标不具有确定性，无法得出诉争商标是否具备显著特征或者是否经过使用取得了显著特征、其核准注册是否有害于社会主义道德风尚或者有其他不良影响以及该标识是否属于“由商品自身的性质产生的形状、为获得技术效果而需有的商品形状或者使商品具有实质性价值的形状”的结论。同时，X 提交的书面说明及修改后的商标图样亦不足以论证诉争商标的确定性。由此，北京高院部分支持了 Y 的上诉请求。[1]

X 不服该判决，向最高人民法院申请再审，其主要理由是：(1)诉争商标具有确定性。二审法院援引我国《商标法实施条例》(2014)第 13 条认定该三维形状不具有确定性的行为属于适用法律错误及越权审理，其亦不应从产品细节中，而应从整体外观中对相关问题进行认定。(2)诉争商标所示的立体形状并非唯一的或者最佳选择，且“实质性价值”并不包括美学需要。(3)诉争商标已经通过使用获得了商标应有的显著性。(4)诉争商标对应的立体形状并非一种公知的立体形状，X 并不存在任何非法垄断的意图以及非法垄断的行为。(5)Y 未针对二审判决申请再审，故“诉争商标是否以欺骗手段或者其他不正当手段取得注册”不属于本案的审查范围。

(二)裁判要旨

最高人民法院再审裁定，驳回 X 的再审申请。

判断诉争商标的注册是否符合我国《商标法》的相关规定，应当以商标档案中载明的商标图样为准。商标档案记载的诉争商标视图虽能够大体确定诉争商标的基本外部轮廓，但各视图所显示的三维立体商标在多个关键部位上存在差异，由此，无法通过该四幅图样确定诉争商标三维标志的具体形状及其比例关系，故诉争商标标志不具有确定性。X 于二审阶段所提交的修改后的商标图样与商标档案中的记载在拾音孔、出音孔(喇叭)、圆弧形键盘与三角形部分间夹角卡槽及圆弧形键盘的弧度等方面均存在实质性差异，上述修改已经超出合理范围，相当于引入了新的商标标志，对此不应采纳。同时，诉争商标图样中

---

[1] 参见北京市高级人民法院行政判决书，(2018)京行终 175 号。

圆弧形键盘的弧度大小以及其与三角形话机的比例关系,实质性地影响诉争商标作为三维立体商标的形状,属诉争商标的主要部分,并非细节;诉争商标在申请注册时并未对喇叭、键盘等细节部分在诉争商标标志中的地位及其与整体轮廓的关系作出进一步限定;因此在判断诉争商标确定性时,上述部分亦属于考察范围。

此外,最高人民法院进一步认定,按照诉争商标的获准注册时间计算,二审法院适用《商标法实施条例》(2014)第13条的行为并无不当,事实上,无论是2002年还是2014年《商标法实施条例》均规定"以三维标志申请注册商标的",应当"提交能够确定三维形状的图样"。因此,二审法院有权依据《商标法实施条例》(2014)审查诉争商标标志是否具有确定性。由于双方当事人对"诉争商标是否以欺骗手段或者其他不正当手段取得注册"并未申请再审,最高人民法院对此并未作审查评判。由此,最高人民法院裁定驳回X的再审申请。

(三)案件评析

1. 本案的典型意义

本案通过明晰三维标志中整体轮廓与细节部分的区分方式,从而释明了三维立体商标标志确定性的判断方法,并明确了该问题于商标授权确权案件的重要意义,考虑到该类案件涉及商标注册申请人与不特定的社会公众之间的权利义务关系,因此,审查对象的确定性是判断其是否具备商标注册所需的显著特征、是否有害于社会主义道德风尚或者有其他不良影响等问题的前提条件。通过这一判决,法院亦厘清了商标权与外观设计专利权的保护边界:当诉争商标存在诸如不具有确定性等瑕疵问题时,其注册申请人应承担相应后果。

我国《商标法》于2001年修正时明确了三维标志的商标可注册性,由此,任何能够将自然人、法人或者其他组织的商品与他人的商品区别开的三维标志,或者该标志与文字、图形等要素的组合均可以作为商标申请注册。[1] 同时,三维标志商标又称为立体商标,其可以表现为商品自身的三维形状、商品包

〔1〕 参见《商标法》(2001)第8条。

装或容器的三维形状或者其他三维标志，[1]譬如“麦当劳”的金色拱门标志、“费列罗”的彩色包装形状等。正如《与贸易有关的知识产权协议》（TRIPs 协议）第 15 条第 1 款第 1 句所例示的：“任何标记或标记的组合，只要能够将一企业的货物和服务区别于其他企业的货物或服务，即能够构成商标。”[2]

2. 三维立体商标标志的“确定性”要求

在我国商标法律制度下，商标权权利范围的确定尤其是商标标志的确定既是解决后续争议问题的基础，亦是贯彻利益平衡原则的应有之义。不同于平面商标，为了体现商标标志与产品或者服务的对应关系，三维立体商标标志的设计往往与产品或其包装的外形密切相关，这使该三维标志往往处于我国《商标法》《著作权法》《专利法》保护的交叉地带中，集识别性、艺术性与技术性为一体。[3] 如若在相关案件中无法确定涉案三维标志具有确定性，既有违于我国《商标法》中“注册商标需要改变其标志的，应当重新提出注册申请”以及“为申请商标注册所申报的事项和所提供的材料应当真实、准确、完整”的基本要求，[4]亦可能不恰当地以外观设计的保护方式保护该标志。因此，我国《商标法实施条例》特别指出了三维标志注册申请人应履行的义务，即“以三维标志申请商标注册的，应当在申请书中予以声明，说明商标的使用方式，并提交能够确定三维形状的图样，提交的商标图样应当至少包含三面视图”[5]。

在本案中，一审法院从整体轮廓出发，并未因图样所存在的微小瑕疵而否定其确定性。[6] 相反，北京高院、最高人民法院在二审及再审程序中虽然认定商标档案中载明的诉争商标的四幅图样表明了其基本的外部轮廓，但是，二者却并未忽视该三维标志的部分细节。[7] 由于诉争商标在申请注册时并未对某些细节部分在诉争商标标志中的地位及其与整体轮廓的关系作出进一步限定，

---

〔1〕 参见国家知识产权局《商标审查审理指南》（2021）下编第六章第 2 条第 1 款。
〔2〕 《与贸易有关的知识产权协议》（2017）第 15 条之 1。
〔3〕 参见张玉敏、凌宗亮：《三维标志多重保护的体系化解读》，载《知识产权》2009 年第 6 期。
〔4〕 参见《商标法》（2019）第 24 条、第 27 条。
〔5〕 《商标法实施条例》（2014）第 13 条第 3 款。
〔6〕 参见北京知识产权法院行政判决书，（2016）京 73 行初 3072 号。
〔7〕 参见北京市高级人民法院行政判决书，（2018）京行终 175 号。

既然图样中细节部分的忽视使得该三维标志的具体形状及比例关系难以确定时，那么，应当认定该三维标志不具有确定性。[1] 鉴于案件中并不存在具体、确定的商标标志，法院既无条件，亦无必要对后续问题进行评述。事实上，X 试图于二审阶段对这一问题进行补救——为了证明该三维标志的确定性，X 对此作了说明并提供了修改后的商标图样。但是，北京高院、最高人民法院均不认可 X 所提交的新证据的证明效力，二者认为，该说明及修改后的图样并不能修补该标志存在的瑕疵。鉴于此，X 应当承担有关不利后果。

3. 三维立体商标标志的"显著性"要求

三维标志获得注册的主要障碍，在于消费者更易将商品或包装的形状识别为商品本身的设计要素而非某一具有识别性的商业标志。[2] 显著性体现为有关标识所具备的对于产品或者服务提供者的指示能力，我国《商标法》对于显著性的要求区分为两个维度，其主要表现为第 11 条第 1 款所例示的固有显著性与该条第 2 款所表明的经使用而获得的显著性，即要求某一标志具有"第二含义"。无论达至何种程度的显著性，某一标志都将获得被核准注册的机会。

就三维标志固有显著性的判断而言，我国审判实践倾向于将该问题与相关标志中所体现的设计独创性相关联，这一行为的本质应当在于排除某些常用的或惯用的标志[3]而非刻意串联我国《著作权法》与《商标法》的认定标准，因为独特的设计虽会加深相关公众对三维标志的印象，但其只是该三维标志具备区分商品和服务来源识别作用的必要而非充分条件。[4] 因此，那些设计独特的、与商品或者服务无关联的，抑或含有其他显著性部分的三维标志更易因具备固有显著性而获得注册。不过，《商标审查审理指南》明确指出："由缺乏显著特征的三维形状和具有显著特征的平面要素组合而成的三维标志商标即使获得注册，也不表示该缺乏显著特征的三维形状本身获得了商标专用权保护。"[5]

而对于那些仅表明其产品或者其包装外形的三维标志而言，一般只能通过

---

〔1〕 参见最高人民法院行政裁定书，(2019)最高法行申 10746 号。

〔2〕 参见袁博：《论立体商标的注册条件：非功能性和显著性》，载《中华商标》2013 年第 3 期。

〔3〕 参见冯术杰：《论立体商标的显著性认定》，载《法学》2014 年第 6 期。

〔4〕 参见周波：《三维标志商标的显著性应结合市场情况而定》，载《人民司法》2014 年第 24 期。

〔5〕 国家知识产权局《商标审查审理指南》(2021)第六章第 2 条第 3 款。

使用而获得显著性，因为相关司法解释认为："仅以商品自身形状或者自身形状的一部分作为三维标志申请注册商标，相关公众一般情况下不易将其识别为指示商品来源标志的，该三维标志不具有作为商标的显著特征。"[1]在本案一审程序中，北京知产法院即根据X在多家报纸、杂志、网站等媒体平台发布外观为诉争商标样式的免提电话、电信会议用设备等商品的事实，认定通过X的长期宣传和使用，相关公众对X将诉争商标使用在其核定使用的商品上，已经建立起了较强的对应关系。[2] 即使本案二审及再审程序因三维标志确定性的缺乏而有意忽视了对这一问题的评述，北京知产法院认定"第二含义"的思路仍具有一定的正当性。

4. 三维立体商标的"非功能性"要求

将非功能性作为立体商标注册的"安全阀"已经成为各国的立法通例。[3] 为了防止企业对于公共利益的不合理攫取以及某一三维标志实际上获取实用艺术作品及外观设计专利本应受到的法律保护，我国《商标法》第12条对于三维标志的非功能性问题作出了规定，并将有关限制条件区分为三类，即"仅由商品自身的性质产生的形状"、"为获得技术效果而需有的商品形状"以及"使商品具有实质性价值的形状"。

其中，后两类限定在司法实践及学术争论中又分别被具象为"实用功能性"及"美学功能性"，这一用语借鉴了美国的先期审判经验，譬如"实用功能性"的判断关注于实际的或者潜在的替代性设计，"美学功能性"的判断则聚焦于涉案产品或者服务获得商业成功的要素的考量。[4] 事实上，上述三类三维标志即使通过长期使用获得了显著性，也并不能因此获得注册。[5]

---

〔1〕《最高人民法院关于审理商标授权确权行政案件若干问题的规定》(2020)第9条第1款。

〔2〕参见北京知识产权法院行政判决书，(2016)京73行初3072号。

〔3〕参见凌宗亮：《论立体商标的非功能性——兼谈我国〈商标法〉第12条的完善》，载《电子知识产权》2010年第3期。

〔4〕参见金凤涛、曹世华：《立体商标注册的限制性条件》，载《法学杂志》2005年第6期。

〔5〕参见国家知识产权局《商标审查审理指南》(2021)第6章3.3。

二、商标与在先权利冲突的时间节点——"象球牌 FUMAKILLA 及图"商标无效纠纷案[1]

商标的在先权利可以归纳为三类,一是在先的知识产权,包括著作权、专利权等;二是在先的其他民事权利,包括姓名权、肖像权等;三是一些新型权利,包括域名、商品化权等。根据《最高人民法院关于审理商标授权确权行政案件若干问题的规定》(2020)第 18 条的规定,商标的在先权利起算节点虽为商标申请日,但排除商标核准注册时已不存在的在先权利。当商标与其在先权利发生冲突时,在先权利人可以对初步审定的商标提出异议,或者对已经注册的商标请求宣告无效。

(一)事实概要

X(一审原告、二审上诉人、再审申请人)系第 11047169 号"象球牌 FUMAKILLA 及图"组合商标(以下简称诉争商标)的注册申请人,Y(一审第三人)向原国家工商行政管理总局商标评审委员会(一审被告、二审被上诉人、再审被申请人,以下简称商评委,后改组为国家知识产权局)申请宣告诉争商标无效,商评委作出裁定宣告诉争商标因损害了 Y 象图形作品的在先著作权予以无效。

X 不服该裁定,向北京知识产权法院(以下简称北京知产法院)提起诉讼。北京知产法院一审认定,Y 主张享有在先著作权的象图形作品因符合作品的独创性要求而构成《著作权法》保护的美术作品。X 接触过该作品,诉争商标的图形部分亦与 Y 主张的作品构成实质相同。鉴于诉争商标申请时,Y 享有在先著作权的象图形作品并未超过作品保护期限,故诉争商标的注册损害了 Y 的在先著作权。由此,北京知产法院判决驳回 X 的诉讼请求。[2]

X 不服北京知产法院一审判决,向北京市高级人民法院(以下简称北京高院)提起上诉,请求撤销原审判决及被诉裁定,判令国家知识产权局重新作出

---

〔1〕 参见最高人民法院行政裁定书,(2020)最高法行申 3522 号。

〔2〕 参见北京知识产权法院行政判决书,(2017)京 73 行初 4877 号。

裁定，其主要理由是：(1)生效判决显示 Y 拖欠 X 大额款项，X 已着手向有关法院申请将 Y 就象图形作品享有的在先著作权转让，X 请求中止审理该案件；(2)Y 享有的在先著作权有效期即将届满，即使不中止案件审理，X 待二审判决生效后再提出再审申请，其亦不构成诉争商标的权利障碍。

北京高院二审判决认为，结合相关证据可以证明 Y 享有象图形作品的在先著作权，并且在诉争商标申请日之前已公开发表。结合“接触 + 实质性相似”的著作权侵权判定规则及相关期限数据，北京高院进一步认为，诉争商标的注册损害了 Y 的在先著作权，违反了《商标法》第 32 条中关于不得损害他人现有的在先权利的规定。由此，北京高院判决驳回上诉，维持原判。[1]

X 不服北京高院二审判决，向最高人民法院申请再审，其主要理由是：(1)Y 所主张的在先著作权已过保护期，二审判决据以作出的依据已经不复存在，诉争商标上已不存在任何在先权利，应予核准注册。《最高人民法院关于审理商标授权确权行政案件若干问题的规定》(以下简称《商标授权确权规定》)第 18 条规定的“核准注册时”并非仅指商标申请的审查阶段，而应包括各级法院针对申请商标的授权确权阶段；同时，依《商标授权确权规定》第 28 条的规定，应当撤销一审、二审判决及被申请人的无效宣告裁定。(2)X 在第 5 类和第 9 类分别享有与诉争商标图形相同的商标专用权，给予诉争商标核准注册更符合实体公正。

(二)裁判要旨

最高人民法院再审裁定，驳回 X 的再审申请。

最高人民法院再审裁定认为，判断是否存在合法在先权利的时间节点最迟为商标核准注册日。《商标授权确权规定》第 18 条结合行政机关授权确权工作的实际情况对我国《商标法》第 32 条规定的“在先权利”作出了明确且清晰的指引，第 18 条将在先权利的有效时间点由申请日延展到最迟核准注册时。由此，最高人民法院并未支持 X 将该时间节点解释为评价诉争商标能否“核准注册”的全部行政和司法阶段的主张。

---

〔1〕 参见北京市高级人民法院行政判决书，(2019)京行终 6494 号。

Y 主张享有在先著作权的象图形作品因符合作品的独创性要求而构成《著作权法》保护的美术作品。X 接触过 Y 享有在先著作权的作品，诉争商标的图形部分与其构成实质相同。鉴于诉争商标申请时和核准注册时 Y 的在先著作权都是有效的，诉争商标的注册损害了 Y 的在先著作权，违反了《商标法》第 32 条中关于不得损害他人现有的在先权利的规定。

本案亦不适用情势变更原则。最高人民法院认为，《商标授权确权规定》第 28 条的适用应当结合具体案件事实作出判断。在确权程序中，鉴于《商标授权确权规定》第 18 条已作出明确规定，无论是从文义解释的角度来看，还是从体系解释的角度来看，一般都应从其规定，从而维护商标注册秩序的稳定并避免引起市场交易动荡不安。作为在先权利的著作权在再审期间虽因有效期限届满而失权，但其无法改变该权利在诉争商标核准注册时有效应受法律保护的事实。同时，基于商标注册的个案审查原则，最高人民法院对于 X 与 Y 之间的其他经济纠纷并未进行评述。

（三）案件评析

1. 本案的典型意义

本案释明了商标与在先权利冲突的时间节点，综合运用文义解释、目的解释、体系解释等法律解释方法，将《商标授权确权规定》第 18 条中在先权利的有效时间点解释为商标核准注册日，从而防止将其延展至后续行政及司法确权阶段。同时，本案亦贯彻了《商标法》所提倡的诚实信用原则，通过辨明《商标授权确权规定》第 18 条与第 28 条在适用逻辑上的先后性，其进一步明确了商标申请时所应承担的合理避让义务，即不得损害他人在先享有的民事权利或者其他应予保护的合法权益。

在先权利制度是权利冲突的调节器。[1] 在先权利一般指向于成立时间在先的权利，该制度主要由我国《商标法》第 32 条所构造，第 33 条、第 45 条对于在先权利提供了补充性、程序性的保护，在先权利人因而可以向有关机构提出异议或请求宣告该商标无效。其中，第 32 条前半款“申请商标注册不得损害他

〔1〕 参见贺荣、辛尚民：《商标法上的已经使用与在先权利探讨》，载《法律适用》2005 年第 9 期。

人现有的在先权利”将保护视阈扩张至《商标法》之外，对于在先权利提供了原则性的保护；第32条后半款“也不得以不正当手段抢先注册他人已经使用并有一定影响的商标”又使保护的视野回归到《商标法》中。[1]

这一构造贯彻了《保护工业产权巴黎公约》第6条之(二)及《与贸易有关的知识产权协议》第16条第1款的要求，亦即“对具有侵犯被请求给予保护的国家中第三人既得权的性质的商标可以拒绝注册或使之无效”；[2]“上述权利(注册商标所有人所享有的专有权)不应损害任何现有的优先权，也不应影响各成员以使用为基础授予权利的权利”[3]。

2. 在先权利的范围

就在先权利是一个开放的抽象概念[4]抑或一个确定的具体概念[5]的争论始终存在。但在事实上，我国《商标法》尚未释明在先权利的具体范围。然而，基于审判实践对在先权利进行界定及保护的实际需要，在先权利的范围又始终处于被具象化的进程中。

《最高人民法院关于审理商标授权确权行政案件若干问题的意见》(以下简称《商标授权确权意见》)中指出，人民法院审查判断诉争商标是否损害他人现有的在先权利时，对于我国《商标法》已有特别规定的在先权利，按照我国《商标法》的特别规定予以保护；我国《商标法》虽无特别规定，但根据我国《民法通则》和其他法律的规定属于应予保护的合法权益的，应当根据该概括性规定给予保护。[6] 上文论及的《商标授权确权规定》在第18条中又将《商标授权确权意见》第17条凝练为“当事人在诉争商标申请日之前享有的民事权利或者其他应予保护的合法权益”。同时，《商标授权确权规定》第19条至第22条亦分别规定了在先著作权、姓名权、字号与形象著作权的认定依据。[7]《最高

[1] 参见《商标法》(2019)第32条。

[2] 参见《保护工业产权巴黎公约》(1980)第6条之(二)。

[3] 《与贸易有关的知识产权协议》(1995)第16条第1款。

[4] 参见韩景峰：《商标法中在先权利的法理分析》，载《知识产权》2012年第10期。

[5] 参见丛立先：《我国〈商标法〉上的在先权利与外国人姓名权保护研究》，载《知识产权》2020年第6期。

[6] 参见《最高人民法院关于审理商标授权确权行政案件若干问题的意见》(2010)第17条。

[7] 参见《最高人民法院关于审理商标授权确权行政案件若干问题的规定》(2020)第19~22条。

人民法院关于审理专利纠纷案件适用法律问题的若干规定》尝试列明了在先权利的具体范围,2020年修正该规定时,最高人民法院将我国《专利法》中的在先权利由“商标权、著作权、企业名称权、肖像权、知名商品特有包装或者装潢使用权等”[1]修改为“作品、商标、地理标志、姓名、企业名称、肖像,以及有一定影响的商品名称、包装、装潢等享有的合法权利或者权益”[2]。

相关研究因而将在先权利归纳为三类,第一类是指在先的知识产权,包括在先的著作权、专利权等;第二类指向于在先的其他民事权利,譬如姓名权、肖像权等;第三类则涉及一些新型权利,具体见于域名、商品化权等。[3] 其中,在先权利的范围还应注意考量那些保护状态不明确、处于模糊状态,但是由于付出了足够的知识性劳动和投资因而在反不正当竞争法和民法上应当享有的某种在先利益,譬如作品中塑造的形象、名字、未注册商标等。[4]

认定在先权利的存在是相关案件处理过程中需解决的首要问题。本案中,第三人Y基于象图形作品享有在先著作权,一审、二审及再审法院的评述均建立于“象图形作品因符合作品的独创性要求而构成《著作权法》保护的美术作品”的基础之上。正如《商标授权确权规定》第19条第1款规定:“当事人主张诉争商标损害其在先著作权的,人民法院应当依照著作权法等相关规定,对所主张的客体是否构成作品、当事人是否为著作权人或者其他有权主张著作权的利害关系人以及诉争商标是否构成对著作权的侵害等进行审查。”最高人民法院基于Y在诉讼中提交的著作权登记证书复印件等证据,认定Y是象图形作品的著作权人,该在先权利合法有效。借助著作权的“接触+实质性相似”侵权判定规则,最高人民法院进而认定本案诉争商标对于Y在先著作权的侵害性。[5]

---

[1] 《最高人民法院关于审理专利纠纷案件适用法律问题的若干规定》(2015)第16条。

[2] 《最高人民法院关于审理专利纠纷案件适用法律问题的若干规定》(2020)第12条。

[3] 参见应振芳:《商标法中“在先权利”条款的解释适用问题》,载《政治与法律》2008年第5期。

[4] 参见李扬:《商标法中在先权利的知识产权法解释》,载《法律科学(西北政法学院学报)》2006年第5期。

[5] 参见最高人民法院行政裁定书,(2020)最高法行申3522号。

3. 在先权利的起算节点

《商标授权确权规定》第 18 条就在先权利的具体范围及起算节点问题进行了具体释明，从而具象化了《商标法》第 32 条的相关规定。其中，第 18 条前半款以“商标申请日”为时间节点认定在先权利的存在；该条后半款则考虑到商标申请人在申请日时无法实际取得商标权的事实，将该时间节点延展至“核准注册日”，即“诉争商标核准注册时在先权利已不存在的，不影响诉争商标的注册”。[1] 以“核准注册日”计算的优势及合理之处在于，在先权利的计算时间将因此推后，商标注册申请人提出注册申请后到获准注册前的使用将构成在先使用。[2]

在本案中，最高人民法院综合运用文义解释及目的解释的方法对我国《商标法》中确立的在先权利保护制度进行释明。从文义解释的角度出发，《商标法》第 32 条的构造指向于权利冲突的平衡与解决；依目的解释而言，该条契合法律价值观所引领提倡的诚实信用原则，该原则在《商标法》中体现为：申请商标之时应当尽到合理避让义务，不得损害他人在先权利。由此，最高人民法院认为《商标授权确权规定》第 18 条中“核准注册时”的文义是清晰且明确的，判断是否存在合法在先权利的时间节点最迟为商标核准注册日。本案一审法院查明，诉争商标于 2012 年 6 月 8 日申请注册，其核准日期为 2015 年 12 月 21 日。Y 提供的相关证据表明，其享有著作权的象图形作品在诉争商标申请时和核准注册时均是有效的。[3]

4. 在先权利的法律效果

《商标法》第 31 条前半款实为一个欠缺法律效果的不完全法条，[4] 其解释应当结合《商标法》第 33 条、第 45 条完成，拥有在先权利者因而可以向有关机构对初步审定的商标提出异议或对已经注册的商标请求宣告该商标无效。其中，商标注册申请的异议指向于一种预防性措施。

---

〔1〕 参见《最高人民法院关于审理商标授权确权行政案件若干问题的规定》(2020) 第 18 条。

〔2〕 参见李扬：《商标法中在先权利的知识产权法解释》，载《法律科学(西北政法学院学报)》2006 年第 5 期。

〔3〕 参见最高人民法院行政裁定书，(2020) 最高法行申 3522 号。

〔4〕 参见应振芳：《商标法中“在先权利”条款的解释适用问题》，载《政治与法律》2008 年第 5 期。

本案的被诉裁定系由国家知识产权局于2017年4月25日作出的《关于第11047169号“象球牌FUMAKILLA及图”商标无效宣告请求裁定书》。在该裁定书中，国家知识产权局认可并支持了Y以《商标法》第32条作为法律基础，请求认定诉争商标无效的主张。一审、二审及再审法院亦认可了国家知识产权局的裁定结果。同时，在本案中，X以《商标授权确权规定》第28条为论理基础，请求适用情势变更原则，即其认为，Y所享有的在先著作权已于再审期间届满。最高人民法院以体系解释的视角释明了该规定中第18条及第28条适用的逻辑顺序，若撤销被诉决定并要求行政机关重新作出裁决，不仅会造成权利冲突，亦违反了《商标法》所倡导的诚实信用原则。[1] 因此，X应当承受该重负担。

三、“其他不正当手段取得注册”的适用范围——“KOHL'S”商标异议复审纠纷案[2]

我国商标注册的行政纠错制度体系由商标异议制度、商标撤销制度、商标无效制度组成，各个具体制度的适用范围或理由有所不同。“其他不正当手段取得注册”曾是我国1993年《商标法》规定的商评委依申请启动的商标撤销理由之一，也曾是我国2001年《商标法》规定的商标局依职权和商评委依申请启动的商标撤销理由之一，并且是我国2013年、2019年《商标法》规定的商标局依职权和商评委依申请启动的商标无效理由之一。

（一）事实概要

X（一审原告、二审上诉人、再审申请人）为“KOHL'S”商号（以下简称涉案商号）的所有人，Y（一审被告、二审被上诉人、再审被申请人）为“KOHL'S”商标（以下简称诉争商标）的注册申请人。

Y于2010年11月29日向原国家工商行政管理总局商标局（以下简称商标局）提出诉争商标注册申请，X在法定期限内提出异议。2013年5月21日，商

---

〔1〕参见最高人民法院行政裁定书，（2020）最高法行申3522号。

〔2〕参见最高人民法院行政判决书，（2018）最高法行再77号。

标局作出第〔2013〕商标异字第14744号商标异议裁定(以下简称第14744号商标异议行政裁定),认定X所提商标异议的理由不成立,诉争商标予以核准注册。

X对第14744号商标异议行政裁定不服,于2013年6月19日向原国家工商行政管理总局商标评审委员会(以下简称商评委)申请复审。商评委经审查认为,在案证据不能证明诉争商标损害涉案商号权、其注册构成以不正当手段抢先注册他人已经使用并有一定影响的商标、以欺骗手段或其他不正当手段取得注册,故诉争商标既没有又无证据证明违反我国《商标法》(2001)第10条第1款第8项、第31条、第41条第1款的规定。因此,商评委依照我国《商标法》(2001)第33~34条,作出商评字〔2014〕第051602号关于第8894660号"KOHL'S"商标异议复审裁定书(以下简称第051602号商标异议复审行政裁定),诉争商标予以核准注册。

X对第051602号商标异议复审行政裁定不服,向北京市第一中级人民法院(以下简称北京一中院)提起本案诉讼,请求判令撤销第051602号商标异议复审行政裁定,由商评委就诉争商标异议复审申请重新作出裁定。北京一中院一审认为,根据知识产权保护的地域性原则,X主张涉案商号权应以其在中国具有相应的利益为基础,但X既未举证证明又明确表示没有相关证据证明涉案商号在中国经过使用并具有一定知名度或影响,故涉案商号不适用我国《商标法》(2001)第41条第1款的规定,诉争商标的注册申请未违反我国《商标法》(2001)第31条的规定。因此,北京一中院一审判决,驳回X的诉讼请求。〔1〕

X对北京一中院一审判决不服,向北京市高级人民法院(以下简称北京高院)提起上诉,请求撤销北京一中院一审判决和第051602号商标异议复审行政裁定,由商评委就诉争商标异议复审申请重新作出裁定。北京高院二审认为,X提交的证据不是宣传使用涉案商号的证据,其亦明确表示其未在诉争商标申请注册日之前在中国主动使用过涉案商号,故X在中国并不存在涉案商号的在先权利;我国《商标法》(2001)第41条第1款的立法精神在于贯彻公序良俗

〔1〕 参见北京市第一中级人民法院行政判决书,(2015)一中行(知)初字第23号。

原则,维护良好的商标注册、管理秩序,营造良好的商标市场环境,而X未提交证据证明诉争商标的申请注册采用了欺骗手段或者其他不正当手段,故本案不适用我国《商标法》(2001)第41条第1款的规定。因此,北京高院二审判决,驳回X上诉,维持北京一中院一审判决。[1]

X对北京高院二审判决不服,向最高人民法院申请再审,请求撤销北京一中院一审判决、北京高院二审判决和第051602号商标异议复审行政裁定,判令国家知识产权局就诉争商标异议复审申请重新作出裁定。X申请再审的主要理由有三:(1)诉争商标与涉案商号完全相同,损害了X对涉案商号所享有的在先合法权利;(2)Y模仿抄袭大量国内外知名品牌并销售牟利,其扰乱商标注册秩序、损害公共利益、不正当占用公共资源并谋取不正当利益的行为,已经构成我国《商标法》(2001)第41条第1款规定的以其他不正当手段取得注册的情形;(3)商评委作出的多份关于诉争商标的无效宣告请求裁定中认定,Y申请注册的多件诉争商标已构成"以其他不正当手段取得注册"的情形。

(二)裁判要旨

最高人民法院再审判决,维持北京高院二审判决。

最高人民法院再审认为,商号所有人主张享有在先商号权,应当证明其在诉争商标申请注册之日前通过主动使用商号使之具有了一定的市场知名度并为相关公众所知悉。X在北京一中院一审期间明确表示没有证据证明涉案商号在中国具有一定知名度或影响力,在北京高院二审期间明确表示未在诉争商标申请注册日之前在中国主动使用过涉案商号,其补充提交的相关证据均为第三方媒体对涉案商号的客观报道,故北京一中院一审判决、北京高院二审判决认定X未主动在中国宣传使用涉案商号,因而X不享有在先商号权。

行政机关依法行使职权并作出行政行为,法院审理行政案件时对行政行为的合法性进行审查。我国《商标法》(2001)第41条第1款明确规定其适用于"已经注册的商标",对于是否能够适用或者参照适用于"未注册商标"并未作出规定,国家知识产权局审查商标注册申请时应当严格依照法律规定,这是依

[1] 参见北京市高级人民法院行政判决书,(2016)京行终3010号。

法行政的要义所在。本案中，诉争商标尚处于异议复审阶段，属于“未注册商标”；X 主张 Y 申请注册诉争商标构成我国《商标法》（2001）第 41 条第 1 款规定的以其他不正当手段取得注册的情形，实际上是主张将该规定适用于“未注册商标”，违背了该规定的本义。[1]

（三）案件评析

1. 案件的典型意义

本案属于《最高人民法院知识产权案件年度报告（2020）》从最高人民法院 2020 年审结的知识产权案件中精选的 55 件典型案件之一，所涉及的“其他不正当手段取得注册”的适用范围问题，入选该年度报告所归纳的 63 个具有一定指导意义的法律适用问题。本案中，最高人民法院再审判决指出，我国《商标法》关于“其他不正当手段取得注册”的规定，对能否适用或者参照适用于“未注册商标”未予明确，处于异议复审阶段的诉争商标未违反该规定。[2]

2. 我国商标注册的行政纠错制度体系

商标注册的行政纠错制度体系由商标异议制度、商标撤销制度、商标无效制度组成。

我国第一部《商标法》（1982）即构建起授权前商标异议制度、商标局依职权启动的商标撤销制度。[3] 根据我国《商标法》（1982）第 19 条、第 22 条的规定，商标异议的期限为初步审定后自公告之日起 3 个月内提出，商标异议的主体、理由都没有任何限定，商标异议的程序包括听取双方当事人意见、调查核实、作出裁定，商标异议的结果是不成立核准注册、成立不核准注册，商标异议的救济为 15 天内向商评委申请复审且一裁终局。[4] 根据我国《商标法》（1982）第 30～32 条的规定，商标撤销的启动和裁定主体仅限于商标局。商标撤销的理由包括：①自行改变注册商标的文字、图形或者其组合。②自行改变

---

〔1〕 参见最高人民法院行政判决书，（2018）最高法行再 77 号。

〔2〕 参见《最高人民法院知识产权案件年度报告（2020 年）摘要》，载《人民法院报》2021 年 4 月 26 日，第 2 版。

〔3〕 参见李雷、梁平：《论我国商标授权确权程序的优化》，载《知识产权》2017 年第 7 期。

〔4〕 参见《商标法》（1982）第 19 条、第 22 条。

注册商标的注册人名义、地址或者其他注册事项。③自行转让注册商标。④连续3年停止使用。⑤使用注册商标的商品粗制滥造、以次充好、欺骗消费者。商标撤销的结果是自撤销之日起1年内，与该商标相同或者近似的商标注册申请不予核准。[1]

我国《商标法》(1993)没有改动商标异议制度，但对商标撤销制度作出补充。[2] 根据我国《商标法》(1993)第27条、第30～32条、第35条的规定，在我国《商标法》(1982)规定的商标局依职权启动的商标撤销制度基础上，增设商评委依申请启动的商标撤销制度和商标局依职权启动的商标撤销救济程序。商评委依申请启动的商标撤销启动主体为不特定的单位或个人，其理由包括：①违反我国《商标法》(1993)第8条；②以欺骗手段或者其他不正当手段取得注册。商标局依职权启动的商标撤销救济程序是，收到通知15日内申请复审，由商评委做出终局决定。[3]

我国《商标法》(2001)对商标异议制度、商标撤销制度均作出了一定调整。[4] 根据我国《商标法》(2001)第30条、第33～34条的规定，商标异议的期限、主体、理由、程序、结果维持不变，但商标异议的救济作出较大调整，除了15天内向商评委申请复审维持不变以外，规定不服商评委作出的裁定的，允许30日内向法院起诉。[5] 根据我国《商标法》(2001)第41条、第44～46条、第49条的规定，在我国《商标法》(1993)规定的商标撤销制度基础上，[6]增加了商标局依职权启动的商标撤销理由，即违反我国《商标法》(2001)第10～12条；并增加了商评委依商标所有人或利害关系人申请启动的商标撤销理由，即违反我国《商标法》(2001)第13条、第15～16条、第31条；还增加了商标局依职权启动的商标撤销复审的司法救济程序，即对商评委作出的复审决定不服的，自

〔1〕 参见《商标法》(1982)第30～32条。
〔2〕 参见李雷、梁平：《论我国商标授权确权程序的优化》，载《知识产权》2017年第7期。
〔3〕 参见《商标法》(1993)第27条、第30～32条、第35条。
〔4〕 参见李雷、梁平：《论我国商标授权确权程序的优化》，载《知识产权》2017年第7期。
〔5〕 参见《商标法》(2001)第30条、第33～34条。
〔6〕 我国《商标法》(1982,1993)第8条，对应于我国《商标法》(2001)第10～12条。

收到通知之日起30日内向法院起诉。[1]

我国2013年《商标法》对商标异议制度、商标撤销制度均作出较大调整，同时首建商标无效制度。[2] 根据我国《商标法》(2013)第33条、第35～36条的规定，商标异议的期限作出较大补充，除了商标异议提出的期限仍为初步审定后自公告之日起3个月内以外，增设商标异议决定及其后续复审决定作出的期限，其中商标异议决定作出的期限为自公告期满之日起12个月内(特殊情况下可延长6个月)，商标异议复审决定作出的期限为自收到复审申请之日起12个月内；商标异议的主体、理由作出较大调整，在先权利人、利害关系人提起商标异议的理由限定为违反我国《商标法》(2013)第13条第2～3款、第15条、第16条第1款、第30～32条，不特定的任何人提起商标异议的理由限定为违反我国《商标法》(2013)第10～12条；商标异议的程序作出细微调整，除了听取双方当事人意见、调查核实维持不变以外，将作出裁定改为作出决定；商标异议的结果作出细微调整，异议不成立的准予注册，异议成立的不予注册；商标异议的救济作出较大调整，只有对不予注册的决定不服的才能在收到通知15日内向商评委申请复审，商评委作出复审决定的期限为自收到申请之日起9个月内(特殊情况下可延长3个月)，仍对商评委作出的复审决定不服的还可在30日内向法院起诉，而对准予注册的决定不服的只能向商评委请求宣告注册商标无效。[3] 根据我国《商标法》(2013)第49～50条、第54～55条的规定，商标撤销制度的适用范围有所缩小，取消了商评委依申请启动的商标撤销，但在保留商标局依职权启动的商标撤销基础上，增加了商标局依申请启动的商标撤销。其中，商标局依职权启动的商标撤销理由限定为自行改变注册商标、注册人名义、地址或者其他注册事项；商标局依申请启动的商标撤销启动主体为不特定的任何单位或个人，其理由限定为注册商标成为其核定使用的商品的通用名称或者没有正当理由连续3年不使用，其决定作出期限限定为自收到申请之日起

[1] 参见《商标法》(2001)第41条、第44～46条、第49条。
[2] 参见李雷、梁平：《论我国商标授权确权程序的优化》，载《知识产权》2017年第7期。
[3] 参见《商标法》(2013)第33条、第35～36条。

9个月内(特殊情况下可延长3个月)。[1] 根据我国《商标法》(2013)第44~47条、第50条的规定,商标无效制度分为商标局依职权启动的和商评委依申请启动的,商评委依申请启动的又分为商评委依不特定的单位或个人申请启动的和商评委依在先权利人或利害关系人申请启动的。商标局依职权和商评委依不特定的单位或个人申请启动的商标无效理由包括:①违反我国《商标法》(2013)第10~12条;②以欺骗手段或者其他不正当手段取得注册。商标局依职权启动的商标无效救济程序与对不予注册的决定不服的救济程序相同,即收到通知15日内向商评委申请复审,商评委作出复审决定的期限为自收到申请之日起9个月内(特殊情况下可延长3个月);对商评委作出的复审决定不服的,自收到通知之日起30日内向法院起诉。商评委依不特定的单位或个人申请启动的商标无效救济程序是:商评委自收到申请之日起9个月内(特殊情况下可延长3个月)作出无效裁定,对商评委作出的无效裁定不服的,自收到通知之日起30日内向法院起诉。商评委依在先权利人或利害关系人申请启动的商标无效理由是,违反我国《商标法》(2013)第13条第2~3款、第15条、第16条第1款、第30~32条;其救济程序是,商评委自收到申请之日起12个月内(特殊情况下可延长6个月)作出无效裁定,对商评委作出的无效裁定不服的,自收到通知之日起30日内向法院起诉。[2]

我国《商标法》(2019)对商标异议制度、商标无效制度均作出细微调整,而商标撤销制度维持不变。根据我国《商标法》(2019)第33条、第35~36条的规定,在我国《商标法》(2013)规定的商标异议制度基础上,增加了商标异议的理由,即违反我国《商标法》(2019)第4条、第19条第4款的规定。[3] 根据我国《商标法》(2019)第44~47条、第50条的规定,在我国《商标法》(2013)规定的商标无效制度基础上,增加了商标局依职权启动的商标无效理由,即违反我国《商标法》(2019)第4条、第19条第4款的规定。[4]

---

[1] 参见《商标法》(2013)第49~50条、第54~55条。

[2] 参见《商标法》(2013)第44~47条、第50条。

[3] 参见《商标法》(2019)第33条、第35~36条。

[4] 参见《商标法》(2019)第44~47条、第50条;管荣齐:《知识产权司法保护专题研究》,法律出版社2020年版,第170~171页。

3. 我国商标注册的行政纠错制度适用范围

商标注册的行政纠错制度适用范围，即商标异议制度、商标撤销制度、商标无效制度适用的理由，或者商标异议、商标撤销、商标无效的理由。

（1）商标异议的理由

如前所述，我国《商标法》（1982，1993）没有在第 19 条、第 22 条限定商标异议的理由。但是，我国《商标法》（1982，1993）第 8 条规定了不得使用的标志，包括：同我国的国家名称、国旗、国徽、军旗、勋章相同或者近似的；同外国的国家名称、国旗、国徽、军旗相同或者近似的；同政府间国际组织的旗帜、徽记、名称相同或者近似的；同“红十字”“红新月”的标志、名称相同或者近似的；本商品的通用名称和图形；直接表示商品的质量、主要原料、功能、用途、重量、数量及其他特点的；带有民族歧视性的；夸大宣传并带有欺骗性的；有害于社会主义道德风尚或者有其他不良影响的；县级以上行政区划的地名或者公众知晓的外国地名。并且，我国《商标法》（1982，1993）第 17 ~ 18 条规定了商标局依职权驳回的商标注册申请，包括：①不符合我国《商标法》（1982，1993）有关规定或者同他人在同一种商品或者类似商品上已经注册的或者初步审定的商标相同或者近似的；②在同一种商品或者类似商品上以相同或者近似的商标在后申请注册的。[1] 以上这些，均可作为商标异议的理由。[2]

如前所述，我国《商标法》（2001）也没有在第 30 条、第 33 条、第 34 条限定商标异议的理由，但在我国《商标法》（1982，1993）第 8 条、第 17 ~ 18 条规定的基础上，[3] 为了避免权利冲突和制止恶意抢注，增加了第 13 条、第 15 ~ 16 条、第 31 条。[4] 其中，我国《商标法》（2001）第 13 条规定了与驰名商标冲突的商标不予注册，第 15 条规定了代理人未经授权对被代理人的商标不予注册，第 16 条规定了与地理标志冲突的商标不予注册，第 31 条规定了与他人在先权利

---

〔1〕 参见《商标法》（1982，1993）第 8 条、第 17 ~ 18 条。

〔2〕 参见钟鸣：《商标异议理由及异议人主体资格的确定问题》，载《中华商标》2014 年第 2 期。

〔3〕 我国《商标法》（1982，1993）第 8 条、第 17 ~ 18 条，分别对应于我国《商标法》（2001）第 10 ~ 12 条、第 28 ~ 29 条。

〔4〕 参见钟鸣：《商标异议理由及异议人主体资格的确定问题》，载《中华商标》2014 年第 2 期。

冲突的商标不予注册。[1]

如前所述,我国《商标法》(2013,2019)第33条明确规定了商标异议的理由,包括:违反我国《商标法》(2013,2019)第10~12条、第13条第2~3款、第15条、第16条第1款、第30~32条,违反我国《商标法》(2019)第4条、第19条第4款。我国《商标法》(2013,2019)第10~13条、第15~16条、第30~31条、第32条,分别对应于我国《商标法》(2001)第10~13条、第15~16条、第28~29条、第31条;我国《商标法》(2019)第4条、第19条第4款虽是新增的商标异议理由,但我国《商标法》(2013)也有对应的第4条、第19条第4款,所不同的是我国《商标法》(2019)第4条增加了"不以使用为目的的恶意商标注册申请,应当予以驳回"的规定。[2]

(2)商标撤销的理由

如前所述,我国《商标法》(1982)第30~31条明确规定了商标局依职权启动的商标撤销理由;[3]此外,我国《商标法》(1982)第8条规定的不得使用的标志,第17~18条规定的商标局依职权驳回的商标,也可作为商标撤销的理由。[4]

如前所述,我国《商标法》(1993)第27条、第30~31条在我国《商标法》(1982)第30~31条规定的商标局依职权启动的商标撤销理由基础上,增加了商评委依申请启动的商标撤销理由;[5]此外,我国《商标法》(1993)第17~18条规定的商标局依职权驳回的商标,也可作为商标撤销的理由。[6]

如前所述,我国《商标法》(2001)第41条在我国《商标法》(1993)第27条、第30~31条规定的商标撤销理由基础上,[7]增加了商标局依职权启动的商标

[1] 参见《商标法》(2001)第10~13条、第15~16条、第28~29条、第31条。

[2] 参见《商标法》(2013,2019)第10~12条、第13条第2~3款、第15条、第16条第1款、第19条第4款、第30~32条;《商标法》(2013)第4条;《商标法》(2019)第4条。

[3] 参见上文"2.我国商标注册的行政纠错制度体系"第2段中"商标撤销的理由"的具体内容。

[4] 参见钟鸣:《商标异议理由及异议人主体资格的确定问题》,载《中华商标》2014年第2期。

[5] 参见上文"2.我国商标注册的行政纠错制度体系"第3段中"商评委依申请启动的商标撤销"的具体内容。

[6] 参见钟鸣:《商标异议理由及异议人主体资格的确定问题》,载《中华商标》2014年第2期。

[7] 我国《商标法》(1982,1993)第8条,对应于我国《商标法》(2001)第10~12条。

撤销理由，即违反我国《商标法》(2001)第10～12条，包括：①以不得作为商标使用的标志取得注册，具体包括同我国的国家名称、国旗、国徽、军旗、勋章相同或者近似，同中央国家机关所在地特定地点的名称或者标志性建筑物的名称、图形相同；同外国的国家名称、国旗、国徽、军旗相同或者近似；同政府间国际组织的名称、旗帜、徽记相同或者近似；与表明实施控制、予以保证的官方标志、检验印记相同或者近似；同"红十字""红新月"的名称、标志相同或者近似；带有民族歧视性；夸大宣传并带有欺骗性；有害于社会主义道德风尚或者有其他不良影响；县级以上行政区划的地名或者公众知晓的外国地名。②以不得作为商标注册的标志取得注册，具体包括仅有本商品的通用名称、图形、型号；仅仅直接表示商品的质量、主要原料、功能、用途、重量、数量及其他特点；缺乏显著特征。③以仅由商品自身的性质产生的形状、为获得技术效果而需有的商品形状或者使商品具有实质性价值的形状等三维标志取得注册。同时，还增加了原商评委依商标所有人或利害关系人申请启动的商标撤销理由，即违反我国《商标法》(2001)第13条、第15～16条、第31条，包括：①以与驰名商标冲突的商标取得注册；②以代理人未经授权对被代理人的商标取得注册；③以与地理标志冲突的商标取得注册；④以与他人在先权利冲突的商标取得注册。[1]

如前所述，我国《商标法》(2013，2019)缩小了商标撤销制度的适用范围，取消了商评委依申请启动的商标撤销，但在保留商标局依职权启动的商标撤销基础上，增加了商标局依申请启动的商标撤销。根据我国《商标法》(2013，2019)第49条的规定，商标局依职权启动的商标撤销理由限定为自行改变注册商标、注册人名义、地址或者其他注册事项，商标局依申请启动的商标撤销理由限定为注册商标成为其核定使用的商品的通用名称或者没有正当理由连续3年不使用。[2]

(3)商标无效的理由

如前所述，我国《商标法》(2013)首建商标无效制度，包括商标局依职权启

---

〔1〕 参见《商标法》(2001)第10～13条、第15～16条、第31条。

〔2〕 参见《商标法》(2013，2019)第49条。

动的和商评委依申请启动的,其中后者又分为商评委依不特定的单位或个人申请启动的和商评委依在先权利人或利害关系人申请启动的。根据我国《商标法》(2013)第44~45条的规定,商标局依职权和原商评委依不特定的单位或个人申请启动的商标无效理由包括:①违反我国《商标法》(2013)第10~12条。[1] ②以欺骗手段或者其他不正当手段取得注册。原商评委依在先权利人或利害关系人申请启动的商标无效理由是违反我国《商标法》(2013)第13条第2~3款、第15条、第16条第1款、第30~32条。[2]

如前所述,我国《商标法》(2019)第44~45条在我国《商标法》(2013)第44~45条规定的商标无效理由基础上,增加了商标局依职权启动的商标无效理由,即违反我国《商标法》(2019)第4条、第19条第4款,包括:①不以使用为目的的恶意商标注册申请;②商标代理机构申请注册其他商标。[3]

四、地名商标的正当使用——"曼松"商标无效纠纷案[4]

"地名具有其他含义"即地名作为词汇具有确定含义且该含义强于作为地名的含义,不会误导公众的,可以作为商标。注册商标中含有的地名,注册商标专用权人无权禁止他人正当使用。同一标志可以具有地名商标与地理标志的双重身份,但地理标志具有成为《商标法》中"在先权利"的正当性。

(一)事实概要

X(一审原告、二审上诉人)是第9335126号"曼松"文字商标(以下简称涉案商标)的商标权人,该商标核定使用在第30类商品上,包括咖啡、茶、非医用营养粉等。Y(一审第三人)请求国家知识产权局(一审被告、二审被上诉人)

---

〔1〕 参见上文"(2)商标撤销的理由"第3段中"违反我国《商标法》(2001)第10~12条"的具体内容,我国《商标法》(2013)第10~12条,分别对应于我国《商标法》(2001)第10~12条。

〔2〕 参见上文"(2)商标撤销的理由"第3段中"违反我国《商标法》(2001)第13条、第15~16条、第31条"和"(1)商标异议的理由"第1段中"我国《商标法》(1982,1993)第17~18条"的具体内容,我国《商标法》(2013)第13条、第15~16条、第30~31条、第32条,分别对应于我国《商标法》(2001)第13条、第15~16条、第28~29条、第31条。

〔3〕 参见《商标法》(2019)第4条、第19条第4款;管荣齐:《知识产权司法保护专题研究》,法律出版社2020年版,第170~171页。

〔4〕 参见北京市高级人民法院行政判决书,(2020)京行终3768号。

宣告该商标无效,国家知识产权局继而裁定,“曼松”商标在“茶;茶叶代用品;冰茶;茶饮料”商品上的申请注册违反了2001年施行的《商标法》第11条第1款第2项,应当予以无效。

X不服该裁定,向北京知识产权法院(以下简称北京知产法院)提起诉讼,请求撤销被诉裁定,并判令国家知识产权局重新作出裁定。北京知产法院一审认定,曼松贡茶在历史上具有知名度,将“曼松”使用在“茶;茶叶代用品;冰茶;茶饮料”商品上,属于对茶叶品种、产地等特点的直接描述,不具备显著性。X提供的证据亦不足以证明“曼松”商标经使用已与其产生一一对应关系,从而可以区分服务来源。由此,北京知产法院判决驳回X的诉讼请求。[1]

X不服北京知产法院一审判决,向北京市高级人民法院(以下简称北京高院)提起上诉,请求撤销原审判决和被诉裁定,责令国家知识产权局重新作出裁定,其主要理由是:(1)曼松并非茶叶品种名称,曼松茶叶在历史上短暂的知名度不能混同现在茶叶产地,相关公众对于该品牌的知晓恰是基于X的打造与推广;(2)“曼松”商标经过长期使用,已取得显著性,与X形成一一对应关系,形成稳定的市场,应予维持注册。

(二)裁判要旨

北京高院二审判决,支持X的上诉请求,撤销一审判决及行政裁定,国家知识产权局应重新作出无效宣告请求裁定。

北京高院二审判决认为,诉争商标显著性的审查一般以商标申请日或核准注册日的事实状态为准。首先,曼松茶本质上是对曼松王子山茶、背阴山茶的简略称呼,即使历史上曼松曾以倚邦茶山脉的“贡茶”产地所记载,但以现在的相关公众通常认知,并佐以各行业协会及研究会出具的说明,曼松茶尚不足以认定为茶叶的品种名称。

同时,根据记载可知,曼松贡茶在历史上的知名度早已不能延及现在的产地及市场。X在2007年投资开发王子山和背阴山之前,曼松(蛮松)仅为一村落名称,并不是相关公众熟知的茶叶产地。“曼松”商标经过X的大力推广和

[1] 参见北京市知识产权法院行政判决书,(2019)京73行初11089号。

宣传方为社会公众所接受和知晓，继而成为云南普洱的又一山头茶。因此，先有诉争商标进行使用，才有相关公众对曼松茶的产地认知，再有曼松茶的来源识别。“曼松”商标使用在“茶；茶叶代用品；冰茶；茶饮料”商品上，亦不足以被相关公众认知为茶叶产地等特点的直接描述。

以“曼松”商标申请注册日为判断标准，相关公众既不会将其认定为某一茶叶的特定品种，亦不会将曼松自然村识别为茶叶产地。事实上，X将历史沉浸的曼松茶重新推进市场，进入社会公众视野，对曼松品牌的盘活并使用做出了贡献，应予倡导。“曼松”商标的注册和使用虽赋予“曼松”除村落以外的第二含义，即表征特定茶叶的品质和来源，但该含义有别于地名，并指向于X。不过，这并不妨碍曼松自然村的茶农正当使用“曼松”村落名称。[1]

（三）案件评析

1. 本案的典型意义

本案是宣明地名商标正当使用规则的典型案例，2020年入选北京法院知识产权司法保护十大案例[2]及中国法院50件典型知识产权案例。[3] 同时，本案通过对云南普洱山头茶“曼松”商标保护问题的释明，强调了商标的识别作用在于使用的基本价值取向。法院以相关公众为判断主体，对于商品品种的溯源、地域纽带的联结、商标文化的培育、商标保护的界限等问题分别进行了论述，在消费者、经营者的权益保护中努力寻求平衡，从而对地名商标的保护提供了较好的裁判指引，强化了知识产权保护在市场资源配置中的作用，进一步优化了茶叶市场营商环境。

地名是指标志自然形态或者地理区域的符号，其属于社会通用名称。[4] 我国《商标法》并未对地名商标进行类型化定义，但其开创性地以行政区划的级别作为区分标准，分别通过该法第10条第2款及第11条第1款第2项、第2

[1] 参见北京市高级人民法院行政判决书，(2020)京行终3768号。

[2] 参见北京市高级人民法院《2020年度北京法院知识产权司法保护十大案例》(2021)第3例。

[3] 参见《最高人民法院办公厅关于印发2020年中国法院10大知识产权案件和50件典型知识产权案例的通知》(2021)第45例。

[4] 参见何靖：《作为知名商品的地名商标受法律保护》，载《人民司法》2011年第14期。

款对地名商标的使用和注册提出了要求。其中,《商标法》第 10 条属于“禁用条款”,该条第 2 款表明:“县级以上行政区划的地名或者公众知晓的外国地名,不得作为商标。”但是,其进而表明,在以下三种情况中上述地名仍可以作为商标使用,即地名具有其他含义,地名作为集体商标、证明商标的组成部分以及使用地名的商标已经注册。

我国《商标法》第 11 条则属于“禁注条款”,该条第 1 款第 2 项禁止直接表示商品的质量、主要原料、功能、用途、重量、数量及其他特点的标志作为商标注册。《最高人民法院关于审理商标授权确权行政案件若干问题的规定》(以下简称《商标授权确权规定》)将“产地”纳入我国《商标法》第 11 条第 1 款第 2 项的适用范围中,[1]《商标审查审理指南》亦将本款延伸至“价格、使用方法、生产工艺”等诸多商品特征中。[2] 同时,该类地名商标的注册亦未被《商标法》完全禁止,我国《商标法》第 11 条第 2 款表明:“前款所列标志经过使用取得显著特征,并便于识别的,可以作为商标注册。”因此,含有县级以下的行政区划地名的标志虽属于描述性地名标志,但是,当其在使用中获得了显著性时便可以作为商标注册。

2. 地名商标的显著性

商标的显著性又称为“区别性”或“识别性”,是指商标应当具备的足以使相关公众区分商品来源的特征。地名来自公共领域,地名商标的显著性因而较弱。[3] 但显著性的判断是一个动态的认知过程,《与贸易有关的知识产权协议》明确指出:描述性标志可以通过使用而获得显著性。[4] 因此,描述性标志可以通过实际使用赋予该标志以“第二含义”,从而使相关公众将作为商标的符号与经营者相联结而获得显著性。[5] 同时,若某一商标标志中含有描述性要素,但不影响其整体具有显著特征的;或者描述性标志以独特方式加以表现,

---

〔1〕 参见《最高人民法院关于审理商标授权确权行政案件若干问题的规定》(2020)第 11 条。

〔2〕 参见国家知识产权局《商标审查审理指南》(2021)下编第三章 2.2。

〔3〕 参见何靖:《作为知名商品的地名商标受法律保护》,载《人民司法》2011 年第 14 期。

〔4〕 参见《与贸易有关的知识产权协议》(2017)第 15 条。

〔5〕 参见杜颖:《地名商标的可注册性及其合理使用——从“百家湖”案谈起》,载《法学》2007 年第 11 期。

相关公众能够以其识别商品来源的,应当认定其具有显著特征。[1] 但是,含有县级以上行政区划地名的标志并不能通过获取"第二含义"而被允许使用,亦即,《商标法》第10条第2款中的"其他含义"并不为"第二含义"所包含。根据《商标审查审理指南》的规定,"地名具有其他含义"是指地名作为词汇具有确定含义且该含义强于作为地名的含义,不会误导公众。[2] 譬如,"红河"作为我国云南省红河县的地名被允许注册在啤酒、饮料制剂上,因为"红河"一词既是某一河流的名称,又具有"红色河流"的区别含义。[3]

地名标志是否直接传递商品或服务的产地特点,应结合具体的商品或服务来判断。[4] 处于本案争议焦点的"曼松"商标作为一例文字商标,其所使用的文字"曼松"系云南省西双版纳勐腊县某一自然村的名称。在前述行政裁决及一审判决中,国家知识产权局及北京知产法院均认定将"曼松"使用在茶产品上属于对茶叶品种、产地等特点的直接描述,同时,相关证据亦不能证明该商标经过X的使用而获取"第二含义"。但在二审程序中,北京高院通过对史料的梳理,结合相关公众的认知习惯驳斥了该观点。首先,曼松茶本质上是对曼松王子山茶、背阴山茶的简略称呼,相关历史记载并不能证明其与普洱茶、白茶等同为茶叶的品种名称;其次,"曼松"虽然指向于一个村落名称,但该村落并不是相关公众熟知的茶叶产地。[5] 既然"曼松"商标不属于茶叶品种、产地的描述性商标,X当然享有在相关茶产品上使用该商标并注册的权利。

3. 地名商标的正当使用

在本案中,北京高院亦论及了地名商标的正当使用问题。[6] 考虑到"曼松"在行政区划上指向于一个自然村,基于利益平衡的需要,X不能以其在商标上所积累的良好声誉禁止曼松自然村的茶农正当使用"曼松"村落名称。这

---

〔1〕 参见《最高人民法院关于审理商标授权确权行政案件若干问题的规定》(2020)第7条。

〔2〕 参见国家知识产权局《商标审查审理指南》(2021)下编第三章2.9。

〔3〕 参见北京市高级人民法院行政判决书,(2003)高行终字第65号。

〔4〕 参见杨述兴、杜文文:《地名标志商标注册的法律适用——对商标法第十条第二款的理解》,载《电子知识产权》2018年第9期。

〔5〕 参见北京市高级人民法院行政判决书,(2020)京行终3768号。

〔6〕 参见北京市高级人民法院行政判决书,(2020)京行终3768号。

一认定不仅保护了该区域内的其他经营者为表明茶叶商品的地理来源而使用“曼松”地名的权利，亦维护了消费者对于商品产地的知情权。

这一论述为我国《商标法》第 59 条第 1 款所支持，即“注册商标中含有的本商品的通用名称、图形、型号，或者直接表示商品的质量、主要原料、功能、用途、重量、数量及其他特点，或者含有的地名，注册商标专用权人无权禁止他人正当使用”，亦符合《与贸易有关的知识产权协议》中“合理使用描述性词语可作为商标所授予的权利规定有限的例外”的保护要求。[1] 不过，正当使用的判断还需结合实践中的具体情形。有研究认为，地名商标的正当使用需满足主体适当、使用方式适当、主观上具有善意以及不得与驰名商标的保护相冲突四个要件。[2] 亦即，同一商品的其他经营者对于该地名的使用不得突破其“第一含义”，那些在主观上具有“搭便车”的故意，将有关地名以非表明商品产地的方式进行使用而造成相关公众的混淆与误认的行为并不属于正当使用行为。这一行为既破坏了利益平衡原则的界限，亦侵犯了地名商标所有人的专用权。

4. 地名商标与地理标志

地理标志又称为原产地名称，该种标志可以作为《商标法》中的集体商标或证明商标申请注册，[3] 其指向标示某商品源于某地区，该商品的特定质量、信誉或者其他特征，主要是由该地区的自然因素或者人文因素所决定的标志。[4] 地名商标与地理标志虽具有诸多差异之处，譬如前者的指向对象为某一经营者，后者的指向对象则为商品的产地来源；前者具有较强的排他性，后者的权利人不得禁止符合条件的经营者的使用；前者的质量保障功能指向特定经营者的生产经营水平，后者则由相关地区得天独厚的自然或人文条件所决定。[5] 但是，同一标志可以具有地名商标与地理标志的双重身份。

当某一地理标志通过集体商标或证明商标的申请进入《商标法》的保护视

---

〔1〕 参见《与贸易有关的知识产权协议》(2017) 第 17 条。

〔2〕 参见陈辉、刘瑜：《地名商标的弱保护性与合理使用》，载《法律适用》2003 年第 6 期。

〔3〕 参见国务院《商标法实施条例》(2014) 第 4 条第 1 款。

〔4〕 参见《商标法》(2019) 第 16 条第 2 款。

〔5〕 参见张今、卢结华：《商标法中地域性名称的司法认定：商标、地理标志、特有名称与通用名称之辨析》，载《法学杂志》2019 年第 2 期。

野中时，其与地名商标的冲突可以通过援引《商标法》第32条前半款所设立的在先权利制度加以解决。《最高人民法院关于审理商标授权确权行政案件若干问题的意见》中亦指出，人民法院审查判断诉争商标是否损害他人现有的在先权利时，对于《商标法》已有特别规定的在先权利，按照《商标法》的特别规定予以保护；《商标法》虽无特别规定，但根据民法和其他法律的规定属于应予保护的合法权益的，应当根据该概括性规定给予保护。[1] 作为一项独立的知识产权，[2]地理标志具有成为《商标法》中“在先权利”的正当性。但是，由于我国《商标法》第10条第2款保留了已经注册的使用地名的商标，而该法第45条第1款又将在先权利人申请宣告该商标无效的时间界限设为5年，地名商标与地理标志的冲突问题因而面临新的形式。[3]

在本案中，虽然茶类商品及服务通常与相应的地理位置紧密相连，但“曼松”商标所蕴含的特定茶叶的品质和来源均指向于X而非茶叶的产地，这说明其并不具有地理标志的属性。[4]

---

〔1〕 参见《最高人民法院关于审理商标授权确权行政案件若干问题的意见》(2010)第17条。

〔2〕 参见《民法典》(2021)第123条第2款第4项。

〔3〕 参见张伟君:《地名商标与地理标志冲突的法律调整》,载《中华商标》2002年第7期。

〔4〕 参见北京市高级人民法院行政判决书,(2020)京行终3768号。

第三章　著作权前沿判例精解

一、计算机软件著作权侵权的判断标准——君意公司与瑞利公司侵害计算机软件著作权纠纷案[1]

我国审判实践中计算机软件著作权侵权的判断，主要采用“实质性相似加接触”方式和“谁主张，谁举证”规则。“实质性相似”是指被诉侵权软件与权利软件独创性表达的相似，即被诉侵权软件复制了或源于享有著作权的在先软件。“接触”具象为两种情形，一是被诉侵权人曾经接触过权利软件；二是被诉侵权人在客观上存在研究、复制和抄袭权利软件的条件和机会。“谁主张，谁举证”是主要举证规则，此外附有“举证妨碍规则”。

（一）事实概要

X（一审原告、二审上诉人）是涉案计算机软件“JY-C 系列电泳仪程序 97－03”的著作权人，Y（一审被告、二审被上诉人）生产的“DYY－6C 双稳定时电泳仪”电压、电流、电功率的取值范围及调节方式，时间设定页均与 X 的电泳仪相同。

X 向北京知识产权法院（以下简称北京知产法院）提起诉讼，请求 Y 立即停止就侵害 X 著作权的计算机软件的复制、发行行为；赔偿 X 经济损失 394,098.36 元；并支付 X 为制止侵权行为支出的律师费、公证费、设备费，共计 14,520 元。

---

〔1〕 参见最高人民法院民事裁定书，(2020)最高法知民终 209 号。

北京知产法院一审认为,X并未提交充分证据证明二者的源代码构成实质近似。故未支持X关于"请求认定Y侵权并赔偿经济损失和合理支出"的主张,判决驳回其全部诉讼请求,并由其承担诉讼费用。[1]

X不服北京知产法院一审判决,向最高人民法院知识产权法庭(以下简称最高院知产法庭)提起上诉并补充了相关证据。X请求撤销原审判决,发回原审法院重审或改判支持其原审全部诉讼请求,并由Y承担本案诉讼费用,其主要理由是:(1)原审法院程序违法,该法院不顾已结束的庭审程序重新开庭审理,且审结日期严重超过法定期限;(2)X已就Y对X计算机软件具有实质接触、Y侵权软件与X软件具有一致性履行举证义务,双方的产品在电子线路原理、印刷线路板排版等硬件结构方面和软件属性等方面完全一致;(3)原审法院举证责任分配错误,在Y不提供源程序的情况下,X无法通过任何技术手段读取对方的源程序,因此不应当由X承担举证责任。

(二)裁判要旨

最高院知产法庭二审裁定,撤销北京知产法院一审判决并发回重审。

最高院知产法庭二审认为,在计算机软件著作权侵权纠纷中,源代码的比对并非判断被诉侵权软件是否侵害权利软件著作权的必备条件和必需环节。根据"谁主张,谁举证"的原则,首先应由提起侵权诉讼的X承担接触加实质性相似的举证责任,在X提交的证据能够初步证明侵权成立的情况下,如Y并未提交相反证据或者提交的相反证据不足以推翻侵权认定的,Y应当承担相应的侵权责任。

本案中,在X已证明Y对涉案软件具有接触可能性以及两款软件的可视化内容相同的情况下,北京知产法院仍以Y未提交被诉侵权软件源代码为由,认定X未提交充分证据证明二者的源代码构成实质近似,从而驳回X的诉请请求,属于对举证责任的分配不当。由此,撤销北京知产法院一审判决并发回重审。[2]

---

〔1〕 参见北京知识产权法院民事判决书,(2017)京73民初446号。

〔2〕 参见最高人民法院民事裁定书,(2020)最高法知民终209号。

（三）案件评析

1. 本案的典型意义

本案明确了计算机软件侵权案件中侵权行为的认定方式及判断标准，是最高院知产法庭2020年审结的2787件技术类知识产权案件中，精选出的55个典型案例、提炼成的46条裁判规则之一。[1] 本案释明了计算机软件侵权案件中"实质性相似加接触"标准的适用路径，其中，就"实质性相似"的判断而言，本案认为源代码的对比并非必备条件和必需环节，相关对比亦可以通过两款软件的可视化内容，特别是二者的瑕疵显示完成。本案因而在原告已在其举证能力范围内尽到了初步的举证责任时，将举证责任分配给被告，由其提供相反证据证明其主张。这一判决较为清楚地认识到计算机产业发展的实际状况，不仅与加强知识产权司法保护的整体司法政策导向相契合，亦符合民事诉讼中证据制度设计的立法本意，有利于营造计算机软件产业中公平、合理的竞争氛围。

计算机软件是伴随技术发展而产生的，具备功能性及序列性的一种作品类型。1986年通过的《与贸易有关的知识产权协议》第10条第1款及1996年通过的《世界知识产权组织版权公约》第4条均明确将计算机软件的程序部分作为《保护文学艺术作品伯尔尼公约》第2条规定的文字作品进行保护。我国《著作权法》第3条将计算机软件独立列为一种作品类型，其保护范围则由《计算机软件保护条例》（以下简称《软件条例》）进一步限定为计算机程序及其有关文档。计算机软件是指计算机程序及其有关文档，前者是指为了得到某种结果而可以由计算机等具有信息处理能力的装置执行的代码化指令序列，或者可以被自动转换成代码化指令序列的符号化指令序列或者符号化语句序列；后者则指向于用来描述程序的内容、组成、设计、功能规格、开发情况、测试结果及使用方法的文字资料和图表等，如程序设计说明书、流程图、用户手册等。[2]

我国《著作权法》对计算机软件侵权的具体判定方式并未作出明确指引，

---

〔1〕 参见孙航：《〈最高人民法院知识产权法庭裁判要旨（2020）〉发布》，载《人民法院报》2021年2月27日，第2版。

〔2〕 参见国务院《计算机软件保护条例》（2013）第2条、第3条。

审判实践中一般采用“实质性相似加接触”规则。[1] 该规则产生于美国判例法实践，其适用于严格责任的侵权归责语境。引入该规则后，我国审判实践将其修正发展为“实质性相似加接触加排除合理解释”。[2] 被诉侵权人因而可以反向工程、合理使用、有限的表达方式等作为抗辩理由。2018 年，由北京市高级人民法院发布的《侵害著作权案件审理指南》第 10.7 条明确阐释了该条规则，即“被诉侵权作品与原告主张权利的在先作品的相关内容相同或者实质性相似，被告在创作时接触过原告主张权利的作品或者存在接触的可能，且被告不能举证或者说明被诉侵权作品合法来源的，可以认定被告侵害了原告著作权”。

2. 计算机软件侵权案件中的“实质性相似”要素的判定

“实质性相似”是指被诉侵权软件与权利软件独创性表达的相似，[3] 即被诉侵权软件复制了或来源于享有著作权的在先软件，而其不构成具有创造性的新作品。[4] 我国《软件条例》第 6 条规定，对软件著作权的保护不延及开发软件所用的思想、处理过程、操作方法或者数学概念等。诉讼中，对于“实质性相似”的判定因而首先表现为对于计算机软件保护范围的确定，即在其“思想”与“表达”间试图确立一条明确界限，亦即将“程序功能”与“实现该功能的软件编码”相区分。

美国司法实践就这一问题先后衍生出 SSO 规则、AFC 规则等。前者指向于被诉侵权软件与权利软件在序列（sequence）、组织（structure）与结构（organization）方面的异同，而不论二者是否采用相同的编程语言而达至相同的程序功能。[5] 在 SSO 判断规则的基础上，AFC 判断规则进一步认为，实质性相似的判断应区分为三个具体步骤，即“抽象（Abstraction）—过滤（Filtration）—比较（Comparison）”。其中，“抽象”在于分解被诉侵权软件与权利软件中的

---

〔1〕 参见宋健、顾韬：《计算机软件侵权认定若干问题论述》，载《人民司法》2014 年第 13 期。

〔2〕 参见邓恒：《计算机软件著作权案件审判实务问题研究——由一起侵犯计算机软件著作权纠纷案引发的思考》，载《中国版权》2014 年第 3 期。

〔3〕 参见商建刚、姜琳浩：《计算机软件实质性相似的判断》，载《人民司法》2021 年第 5 期。

〔4〕 参见吴汉东：《试论“实质性相似 + 接触”的侵权认定规则》，载《法学》2015 年第 8 期。

〔5〕 See Whelan Assocs., Inc. v. Jaslow Dental Laboratory, Inc. (3rd Cir. 1986).

“思想”与“表达”；“过滤”则指向不受版权保护的其他部分的剥离；通过“比较”双方软件中不属于实现程序目的和功能所绝对必要的“表达”部分，结合非纯文本侵权（non-literal infringement）的判定方法，法院将进一步得出被诉侵权软件与权利软件是否存在“实质性相似”的结论。〔1〕较 SSO 判断规则而言，AFC 规则的进步之处在于其能够抽象出多个不同层次的目的和功能，从而更为客观地界定计算机软件的保护范围。

我国审判实践对“实质性相似”的具体认定一般通过对于软件源程序、目标程序、二者特征性缺陷，抑或其存储介质内容、安装过程、安装目录、运行状况的比对完成。〔2〕其中，源程序又称为源代码，是指未经编译的，按照一定的程序设计语言规范书写的、人类可读的计算机语言指令，主要表现为文本文件，源代码的比对通常是认定计算机软件侵权行为最为直接、客观的方法。判断过程中，法院应基于一般观察者视角，进一步考量被诉侵权软件所挪用的独创性表达是否达至一定的数量及比例，以及该挪用部分在权利软件中的作用及其重要性。

但在本案一审程序中，Y 声称源代码从他人处取得，其因与他人取得联系的不能并未提交源代码。〔3〕最高院知产法庭认为，“实质性相似”的认定可不以源代码的比对为唯一路径。鉴于两款软件可视化内容，特别是二者的瑕疵显示相同，应当认定 X 已初步尽到其举证责任。〔4〕其中，“可视化内容”指向两比对软件的操作界面，本案一审程序已认定 Y 生产的“DYY－6C 双稳定时电泳仪”在电压、电流、电功率的取值范围及调节方式、时间设定页上均与 X 的电泳仪相同。“瑕疵显示”则指软件的某种特征性缺陷，该种缺陷具有特殊性、偶发性，其主要形成于软件设计开发过程中某一技术人员的工作疏漏，表现为软件运行时的某种特别状态。〔5〕在原告通过正当途径无法自行获得源代码时，

---

〔1〕参见邓恒：《我国计算机软件著作权侵权判定之“实质性近似”再审视——以美国司法判例演变为研究对象》，载《法学杂志》2014 年第 9 期。

〔2〕参见宋健、顾韬：《计算机软件侵权认定若干问题论述》，载《人民司法》2014 年第 13 期。

〔3〕参见北京知识产权法院民事判决书，（2017）京 73 民初 446 号。

〔4〕参见最高人民法院民事裁定书，（2020）最高法知民终 209 号。

〔5〕参见宋健、顾韬：《计算机软件侵权认定若干问题论述》，载《人民司法》2014 年第 13 期。

将比对范围延伸至可视化内容，既契合于适用“非纯文本侵权”判定方式的审判趋势，[1]亦与软件开发的基本规律相吻合。

3. 计算机软件侵权案件中“接触”要素的判定

文学和艺术作品的独创性，是指“它是作者自己的创作，完全不是或基本不是从另一作品抄袭而来”。[2] 那么，即使被诉侵权软件与权利软件具备“实质性相似”，只要被诉侵权软件系被诉侵权人独立开发而成，其独创性内容的偶然性重合并不是排除被诉侵权人享有著作权、指控其侵权事实的有力主张。因此，作品的“独创性”概念中本就蕴含着“接触”要素的基本机理。诉讼中，该要素的证明仅需满足于一种可能性而非实然性。

上文中论及的《侵害著作权案件审理指南》将“接触”要素的判定具象为以下两种情形，即在先作品是否已经公开发表；在先作品未发表的，被诉侵权作品作者或者其关联主体与在先作者之间是否存在投稿、合作洽谈等情况。[3] 在计算机软件侵权案件中，该指南所指称的两种情形指向被诉侵权人是否曾经接触过权利软件，以及其在客观上是否存在研究、复制和抄袭权利软件的条件和机会。本案中，X 提供《技术岗位协议书》等证据证明 Y 的法定代表人张某刚曾任职于 X 的开发或技术部门，从事开发或技术研发工作。最高院知产法庭因此认为，X 已证明 Y 对涉案软件具有接触可能性。[4]

4. 计算机软件侵权案件中举证责任的分配

除因新产品制造方法发明专利引起的专利侵权诉讼采取举证责任倒置外，知识产权诉讼通常采取“谁主张，谁举证”的举证责任分配原则。[5] 该原则在立法上表达为“当事人对自己提出的主张，有责任提供证据”[6]以及“当事人对自己提出的诉讼请求所依据的事实或者反驳对方诉讼请求所依据的事实，应当

---

〔1〕 参见邓恒：《我国计算机软件著作权侵权判定之“实质性近似”再审视——以美国司法判例演变为研究对象》，载《法学杂志》2014 年第 9 期。

〔2〕 参见吴汉东：《试论“实质性相似 + 接触”的侵权认定规则》，载《法学》2015 年第 8 期。

〔3〕 参见北京市高级人民法院《侵害著作权案件审理指南》(2018) 第 10.8 条。

〔4〕 参见最高人民法院民事裁定书，(2020) 最高法知民终 209 号。

〔5〕 参见张广良：《举证妨碍规则在知识产权诉讼中的适用问题研究》，载《法律适用》2008 年第 7 期。

〔6〕 《民事诉讼法》(2017) 第 64 条。2021 年修正该法时，该条的条文款数进行了适应性变更，但内容并无变动。

提供证据加以证明,但法律另有规定的除外”。[1] 同时,为平衡双方当事人的举证负担,最高人民法院于2001年颁布的《关于民事诉讼证据的若干规定》第75条确立了“举证妨碍规则”,即“有证据证明一方当事人持有证据无正当理由拒不提供,如果对方当事人主张该证据的内容不利于证据持有人,可以推定该主张成立”。

具体到本案中,在X已举证初步证明侵权成立的情况下,最高法知产法庭认为,举证责任已转移至Y。[2] 既然X不具有通过正当途径获得被诉侵权软件源代码的可能性,当Y因与源代码提供者失去联系而无法在一审程序中提供该源代码时,一审法院直接认定“X并未提交充分证据证明二者的源代码构成实质近似”显然属于举证责任的分配不当。

二、著作权许可使用的认定——大德公司与皇家贵族会所著作权权属、侵权纠纷案[3]

我国著作权许可使用分为专有许可使用和非专有许可使用两种,其中专有许可使用的被许可人在受到著作权侵权时可以独立起诉。著作权人可以委托著作权集体管理组织代为管理著作权许可使用事项,但当其与著作权集体管理组织订立委托合同后,不得在合同约定期限内自己和委托其他人发放著作权许可。

(一)事实概要

X(一审原告、二审被上诉人、再审申请人)基于权利人华特国际音乐股份有限公司(以下简称华特公司)的授权,享有涉案《热情夜快车》等10首音乐电视作品的复制权、放映权、信息网络传播权等权利,华特公司亦授权其享有以自己的名义向任何第三人主张权利的权利,Y(一审被告、二审上诉人、再审被申请人)在其经营的KTV娱乐场所内以卡拉OK方式向公众放映了涉案音乐电

[1] 参见《最高人民法院关于适用〈中华人民共和国民事诉讼法〉的解释》(2020)第90条。
[2] 参见最高人民法院民事裁定书,(2020)最高法知民终209号。
[3] 参见最高人民法院民事判决书,(2018)最高法民再417号。

视作品。

X 向湖南省长沙市中级人民法院(以下简称长沙中院)提起诉讼,请求判令 Y 停止侵权,立即从曲库中删除侵权作品,同时赔偿经济损失,承担 X 为本案诉讼而支付的公证取证费、其他合理支出费用及全部诉讼费用。长沙中院一审认定,华特公司对涉案 10 首音乐电视作品享有著作权;从动态画面、词曲作者及演唱者信息、歌词字幕的内容与出现形式等特征来看,被诉侵权作品与涉案音乐电视作品构成整体一致;鉴于 X 未提供证据证明 Y 所放映的涉案作品系由 Y 制作形成,不支持 X 关于 Y 侵犯其复制权的请求;但是,Y 未经权利人许可,在其经营场所的 KTV 包房内放映 X 享有授权的涉案音乐电视作品,且未支付报酬,侵害了 X 就其权利作品享有的放映权。Y 应就其侵害 X 的 10 首涉案音乐电视作品放映权的行为依法承担停止在其经营场所公开放映涉案音乐电视作品,赔偿经济损失及合理费用的责任。[1]

Y 不服该判决,向湖南省高级人民法院(以下简称湖南高院)提起上诉,请求撤销一审判决,判决驳回 X 的起诉,并由 X 承担一审、二审全部诉讼费用,其主要理由是:(1)长沙中院判决认定华特公司对涉案 10 首音乐电视作品享有著作权的事实错误;(2)X 依据华特公司出具的授权委托书提起诉讼在程序和实体上不合法,X 无权以自己的名义提起民事诉讼,其作为一审原告的主体资格不适格。

湖南高院二审判决认为,Y 未向一审及二审法院提交相反证据证明华特公司不是涉案作品的著作权人,故确认华特公司对涉案作品享有著作权。X 根据华特公司授权取得了就涉案作品许可 VOD 生产商和卡拉 OK 经营者进行复制、放映的权利,以及向该二类经营者收取费用并以自己名义提起诉讼的权利,该类权利与著作权集体管理组织从著作权人处获得的著作权集体管理权利无实质差别。然而,X 并未提供证据证明其已满足《著作权集体管理条例》第 7 条的设立条件,其因而不得行使著作权集体管理组织的权利,即其无权以自己的名义为著作权人和与著作权有关的权利人主张权利,亦无权作为当事人进行

〔1〕 参见湖南省长沙市中级人民法院民事判决书,(2016)湘 01 民初第 2050 号。

涉及著作权或者与著作权有关的权利的诉讼、仲裁活动。因此,X 并非本案的适格当事人。[1]

X 不服该判决,向最高人民法院申请再审,请求提审本案并改判撤销二审判决,判令 Y 停止侵权并删除被诉侵权作品,赔偿 X 经济损失并负担为制止侵权支出的合理费用,其主要理由是:(1)X 在独家代理合同签订后已支付了授权期内全部款项,且其只代理华特公司一家的著作权,既明显区别于著作权集体管理中在向使用人收取费用后再向权利人转付使用费的情形,亦不符合著作权集体管理中的"集体"要件;(2)华特公司与 X 之间的授权许可系典型的著作权分许可,X 于华特公司处所获得的授权应当得到支持;(3)二审判决将导致同案不同判,不利于纠纷的处理和裁判标准的统一。分许可方式是业内常见做法,二审判决将迫使著作权人只能授权给著作权集体管理组织,剥夺了当事人应有的选择权。

（二）裁判要旨

最高人民法院再审判决,支持 X 的再审申请,撤销二审判决,维持一审判决。

最高人民法院认为,著作权客体具有无形性特点,可以被多人同时使用,而且著作财产权同一权能可以被多次处分,因此为鼓励作品使用和传播,在不损害国家利益、社会公共利益或者他人合法权益的情形下,应尊重当事人意思自治,允许权利人依法按照自己的意愿许可他人使用其作品。专有使用权许可的情形下,被许可人作为作品唯一有权使用人,著作权被侵害时其利益直接受损,与被诉侵权行为有直接利害关系,可以作为原告提起诉讼。

著作权集体管理与著作权许可在权利行使、作品使用和费用支付方式上存在重大区别。在权利行使方式上,依法成立的著作权集体管理组织应当至少取得 50 个权利人授权,该组织根据权利人的授权可以集中行使权利人有关实体权利并以自己的名义从事包括四项内容的集体管理活动。但是,区别于著作权被许可人,集体管理组织并未因此实际获得权利人有关实体权利。在作品使用

[1] 参见湖南省高级人民法院民事裁定书,(2017)湘民终 560 号。

方式上,著作权集体管理组织不得与使用者订立专有许可使用合同,而著作权被许可人可以依法授权他人专有使用。在费用支付方式上,著作权集体管理组织先向使用者收取使用费,后向权利人转付使用费。而著作权许可合同必须约定付酬标准和办法,许可费为双方协商确定,并非被许可人向他人收取许可费后再转付给权利人。

涉案作品的权利所有人华特公司授权许可 X 独家行使涉案作品的复制、放映、信息网络传播、获得报酬等权利,并明确约定 X 可以自己的名义向任何第三人提起民事诉讼。同时,X 从事活动中也不包括"向使用者收取使用费,再向权利人转付使用费"的行为,故尚不足以认定 X 从事了著作权集体管理活动或者行使了相关权利。由此,基于被许可使用的实体权利,X 可以作为原告向人民法院提起诉讼。[1]

(三)案件评析

1. 本案的典型意义

本案是著作权许可使用的典型案例,2020 年入选中国法院 50 件典型知识产权案例。[2] 法院从权利行使、作品使用和费用支付三个角度对于著作权集体管理行为与著作权分许可行为进行界分,既厘清了二者间的主要差别,亦维护了著作权人处分权利应有的选择权,回应了理论上的争议焦点,彰显了尊重著作权人意思自治的司法导向。

与著作权的转让存在显著不同,著作权的许可使用系著作权人在一定的时间、地域范围内为自身设定的义务。[3] 著作权许可制度被认为具有诸如助力作者通过创作获取财产利益、引导社会公众合法使用作品等效用。[4] 而作品在本质上是流动的、无形的、共享的,且不会被消耗,其具有公共产品属性,这使

---

〔1〕 参见最高人民法院民事判决书,(2018)最高法民再 417 号。

〔2〕 参见《最高人民法院办公厅关于印发 2020 年中国法院 10 大知识产权案件和 50 件典型知识产权案例的通知》(2021),2020 年中国法院 50 件典型知识产权案例之 19。

〔3〕 参见李逸竹:《绝对权,还是相对权?——知识产权许可使用权性质澄清》,载《西华大学学报(哲学社会科学版)》2014 年第 2 期。

〔4〕 参见张革新:《论著作权许可使用制度——以数字网络环境为视角》,载《科技与法律》2011 年第 1 期。

得著作权人通过发放许可而多次处分同一著作财产权成为可能。

2. 著作权的许可使用分类

我国《著作权法》在许可使用分类上采用“二分法”，即将著作权许可区分为专有使用权许可和非专有使用权许可。[1] 同时，我国《著作权法实施条例》具体规定了许可人与被许可人所需承担的义务，主要表现为专有使用权的许可应当采取书面形式、被许可人应当依照合同约定行使权利、专有许可使用合同可以向著作权行政管理部门备案等。[2] 我国《商标法》《专利法》在分类方式上则采“三分法”，即将商标权（专利权）的许可区分为独占使用许可、排他使用许可与普通使用许可，[3] 前两者的区别在于许可人是否可以使用该商标或实施该专利，前两者与后者的区别则在于许可人是否可以再次向第三人发放许可。同时，我国《著作权法》与《专利法》对于许可使用类型的推定亦存在差异，譬如前者在合同没有约定或约定不明时，视为被许可人有权排除包括著作权人在内的任何人以同样的方式使用作品；[4] 后者则表现为“当事人对专利实施许可方式没有约定或者约定不明确的，认定为普通实施许可”[5]。

本案中，著作权人华特公司将涉案10首音乐电视作品的复制权、放映权、信息网络传播权等权利以专有许可形式授权给X，具体表现为涉案授权使用书中的有关叙述，譬如“独家行使如下专有权利”等。案件审理过程中，一审、二审及再审法院围绕该重许可亦分别进行了性质认定。再审程序中，最高人民法院从知识产权的民事权利属性出发，认定知识产权主体有权按照自己的意愿行使权利，具体表现为对于著作财产权的一次或者多次处分。[6]

3. 著作权许可使用中诉权的行使主体

我国《著作权法》及其实施条例并未就著作权被许可人的诉权问题进行规

---

〔1〕 参见《著作权法》(2020)第26条第2款第2项。

〔2〕 参见《著作权法实施条例》(2013)第23～25条。

〔3〕 参见《最高人民法院关于审理商标民事纠纷案件适用法律若干问题的解释》(2020)第3条；《最高人民法院关于审理技术合同纠纷案件适用法律若干问题的解释》(2020)第25条第1款。

〔4〕 参见《著作权法实施条例》(2013)第24条。

〔5〕 《最高人民法院关于审理技术合同纠纷案件适用法律若干问题的解释》(2020)第25条第2款第1句。

〔6〕 参见最高人民法院民事判决书，(2018)最高法民再417号。

范。但是,有关于著作权的专有许可属于“对世权”[1]抑或“对人权”[2]的争论却从未停息,相关争论主要指向被许可人对于他人的侵权行为是否享有诉权。我国《商标法》领域基于其“三分”视角详细释明了不同类型的被许可人所享有的诉权以及行使方式,具体表现为:独占使用许可合同的被许可人可以独立行使诉权;排他使用许可合同的被许可人行使诉权依赖于两种情景,一是与商标注册人的共同行使,二是需考量该商标注册人是否怠于行使权利;普通使用许可合同的被许可人行使诉权则需依赖于商标注册人的明确授权。[3] 本案的审判过程中,最高人民法院亦参照了我国《商标法》中的通行做法,认定著作权专有许可的被许可人 X 与被诉侵权行为有直接利害关系,可以作为原告提起诉讼,而非专有被许可人仅在获得明确授权时方可提起诉讼。[4]

赋予专有许可的被许可人以独立起诉的权利至少存在以下两方面的合理性:第一,其在签订专有许可合同时所预期的合同利益就是通过禁止他人实施知识产权而维护市场上的独占地位,在其利益直接受损的情况下,其当然具有维权的积极性。[5] 第二,著作权人已经通过许可使用合同获取相关利益,且在专有许可的情形中,著作权人事实上已经不具备行使诉权的可能性。

4. 著作权集体管理行为与著作权许可使用行为的界分

本案二审程序中,湖南高院之所以对著作权集体管理行为与著作权许可使用行为发生混淆,主要原因在于其错误地认定了 X 的主体性质,由此,湖南高院进一步认定,X 所实施的行为无异于著作权集体管理行为。而 X 事实上又无法满足《著作权集体管理条例》中的设立条件,其因此判定 X 既无权以自己的名义为权利人主张权利,亦无权作为当事人进行诉讼活动。[6] 最高人民法院在再审程序中悉数驳斥了该观点,譬如发起设立著作权集体管理组织的权利人应不少于 50 人;该种组织并不拥有权利人所享有的实体权利,且不能发放专

---

[1] 齐爱民:《论二元知识产权体系》,载《法商研究》2010 年第 2 期。

[2] 董美根:《论专利被许可人的诉权》,载《科技与法律》2008 年第 4 期。

[3] 参见《最高人民法院关于审理商标民事纠纷案件适用法律若干问题的解释》(2020)第 4 条。

[4] 参见最高人民法院民事判决书,(2018)最高法民再 417 号。

[5] 参见张鹏:《知识产权许可使用权对第三人效力研究》,载《北方法学》2020 年第 6 期。

[6] 参见湖南省高级人民法院民事裁定书,(2017)湘民终 560 号。

有许可;同时,该种组织系通过使用费转付而非提前支付的方式辅助权利人获取收益等。[1] 既然X仅为著作权专有许可的被许可人而非某一著作权集体管理组织,那么,其当然有资格以自己的名义进行维权活动。

作为非营利性法人,[2]著作权集体管理组织的出现虽然通过降低搜寻成本与谈判成本的方式使直接发生于著作权人与使用者之间的许可交易模式更具效率,[3]但是,通过向他人发放许可而获取收益的原生交易模式并未因此被替代。因此,著作权人享有一种选择的自由,其既可以选择将权利授权给著作权集体管理组织代为管理,亦可以选择自行与他人展开著作权交易。不过,当其与某一著作权集体管理组织订立合同后,其不得在合同约定期限内自己行使或者许可他人行使合同约定的由著作权集体管理组织行使的权利。[4]

三、国学经典题材作品实质性近似的判断——秦某国等与李某等侵害著作权及不正当竞争纠纷案[5]

国学经典题材作品的创作空间有限,其实质性近似的判断基于"思想"与"表达"的界分,仅可比对文字表述、段落安排等要素。基于国学经典题材作品的在后创作所产生的作品,其著作权由在后创作者享有,但应尊重在先创作者所享有的著作权。

(一)事实概要

X(一审原告、反诉被告、二审上诉人、再审申请人)借鉴了《三字经》《千字文》等经典作品,创作出体例为四字一句的《儿童中华铭》(上、下编)。被诉侵权的《东方童铭》(上、中、下3卷)系本案被申请人、二审上诉人、反诉原告、一审被告李某(为该学校校长,以下简称Y)、抚顺市顺城区巨人培优文化艺术学校(以下简称巨人培优学校)在少年儿童国学培训中所编写并使用的教材。张

[1] 参见最高人民法院民事判决书,(2018)最高法民再417号。
[2] 参见《著作权法》(2020)第8条。
[3] 参见向波:《著作权集体管理组织:市场功能、角色安排与定价问题》,载《知识产权》2018年第7期。
[4] 参见国务院《著作权集体管理条例》(2013)第20条。
[5] 参见最高人民法院民事裁定书,(2019)最高法民申6219号。

某宇、孟某艳同为本案被申请人、二审被上诉人、一审被告。Y(一审被告、反诉原告、二审上诉人、再审被申请人)在少年儿童国学培训中编写并使用教材《东方童铭》(上、中、下 3 卷)。

X 发现《东方童铭》与《儿童中华铭》存在高度相似,且 Y 以同样的加盟方式向相同客户群推广相关国学课程后,首先向辽宁省抚顺市中级人民法院(以下简称抚顺中院)提起诉讼,后向辽宁省高级人民法院(以下简称辽宁高院)提起上诉。X 不服辽宁高院二审判决,遂向最高人民法院申请再审,请求依法撤销一、二审判决,并由 Y 负担全部诉讼费用。

X 的主要再审理由是:(1)原审程序违法,在第一次开庭与第二次开庭时,抚顺中院先用谈话代替缺席审判,后在 Y 提出管辖权异议时未就合议庭人员的变更作出通知,一审法院亦未处理重要证据的造假。(2)一审卷宗不完整不规范,无法保证完整性和真实性。(3)X 系在一审法官施加的压力下将诉讼请求由 200 万元变更为 30 万元,并在"侵犯著作权"和"不正当竞争"诉由中被迫选择了前者。(4)Y 伪造关键证据,一审法院偏袒 Y。(5)二审法官对 X 提供的新证据未予理会。(6)原审判决对 Y 侵犯 X 著作权、不正当竞争的事实认定有误:首先,X 享有《儿童中华铭》的著作权;其次,Y 实质接触过作品,其侵权事实清楚、证据确凿;最后,Y 构成不正当竞争,应承担赔偿责任。(7)原审法院判决赔偿数额明显过低:首先,Y 获利较多;其次,其主张的赔偿数额基于原审法院的压力;再次,Y 应连带赔偿其为取证和阻止被申请人侵权所支出的合理费用;最后,一审法院对其提交的侵权获利、实际损失等证据不予采信错误。(8)原审法院认定其构成不正当竞争有误且赔偿数额过高:首先,X 仅为教材课程研发机构而非儿童教育培训机构;其次,"东方童铭"公众号宣称推广的内容不存在不正当竞争内容;再次,不能基于 Y 的违法行为而认定其构成不正当竞争;最后,公众号的唯一显著标志为其呼叫名称而非图形。

(二)裁判要旨

最高人民法院再审裁定,驳回 X 及沈阳国学中心的再审申请。

最高人民法院首先言明,判断作品是否构成侵权,需审查判断被诉侵权作品《东方童铭》是否与主张权利作品《儿童中华铭》之间构成实质性近似。首先,两部作品均以《弟子规》《三字经》《百家姓》等国学经典为参考素材,高度浓缩和再现了中华五千年文明历史的发展轨迹。二者虽然在思想内容上有一定相似之处,但最高人民法院从以下三方面厘清了国学经典题材作品创作的基本规律:首先,中华五千年文明历史系客观事实,任何人基于该历史事实进行的相关创作必然具有一定局限性;其次,《弟子规》《三字经》《百家姓》等国学经典,是我国古代儿童启蒙的经典读本,系人类社会共同的精神财富,为人类社会所共享,任何人均可以以不同表达方式对此类题材加以利用并进行创作;最后,二者的体例安排、历史事件和图片选择、文字表述、段落安排亦不相同。

X 以同一权利既主张《著作权法》保护又主张《反不正当竞争法》保护,构成法律规范竞合,原审法院认为本案不再适用《反不正当竞争法》对"Y 是否构成不正当竞争"进行审理并无不当。同时,考虑到 X 所主张的"Y 加盟费为 200 万元以及教材销售获利为侵权获利"依据不足,有关于"原审判决赔偿数额过低"的再审请求亦未得到支持。

论及 Y 的一审反诉请求,即"X 是否构成不正当竞争"这一问题时,最高人民法院首先通过经营范围的重合判定 X 与 Y 属于直接竞争关系。鉴于 X 在其"东方童铭"公众号中使用了 Y 在先申请注册的图形商标,其被认定具有攀附 Y 商誉的主观故意,客观上易使相关公众误认为其与 Y 具有特定联系,扰乱了正常的社会秩序,损害了 Y 的利益,构成不正当竞争行为。同时,最高人民法院认定,原审法院判决的赔偿数额亦无不当。最后,最高人民法院认定本案的审理过程中并不存在程序违法情形、证据伪造问题、忽略证据采信问题及强迫和解问题。由此,X 的全部再审主张均未得到支持。

(三)案件评析

1. 本案的典型意义

本案释明了国学经典题材作品实质性近似的判断方式与判断标准。法院分别从创作空间、公共领域的视角出发,论证了国学经典题材作品创作的特殊性。在这一论述过程中,法院既贯彻了利益平衡原则,亦尊重了该类作品基本的创作规律，该判决结果有助于弘扬国学文化，并为国学作品的二次创作提供了更为广阔的司法空间。

文化的传承与发展中，国学类作品愈发受到关注：一方面，古籍的重要价值不断被发掘，鉴于公众对于古籍的阅读主要依靠专业人士的点校、注释、翻译、辑佚、索引、编纂等行为，[1]诸如“古籍点校行为是否能够产生《著作权法》意义上的演绎作品”等问题不断催促着《著作权法》作出相应回答；[2]另一方面，以相关古籍为参照对象，以有关历史事实为创作资源而进行的二次创作行为亦非少数，事实上，文化的积累正是在作品的相互借鉴中实现的。

2. 国学经典题材作品的创作空间

“思想与表达二分法”作为我国《著作权法》的重要原则，在该法中主要映射为第 3 条中的有关表述，即作品是指文学、艺术和科学领域内具有独创性并能以一定形式表现的智力成果，[3]其中，“能以一定形式表现”回应了《与贸易有关的知识产权协议》为成员所施加的义务，即“版权的保护仅延伸至表达方式，而不延伸至思想、程序、操作方法或数学概念本身”。[4] 就有关国学作品的创作而言，鉴于创作者所使用的历史史料属于客观事实：[5]一方面，其所享有的著作权保护无法延及至其所选用的历史史料本身；另一方面，即使其在创作过程中发现并还原了某些历史事实，其亦无法就这些历史事实主张作品的保护待遇。

事实上，以传承历史文化作为己任的国学作品的创作并不具有与历史史料相分离的条件——脱离了真实的历史事件、历史人物与历史场景后，该类作品便无法实现其基本的创作目的。该类作品的创作空间因此受到了较大限制，作者在创作过程中对于独创性的贡献能力相应受到影响。历史文化与事实的紧

---

〔1〕 参见李菊丹：《论古籍整理成果的著作权保护》，载《首都师范大学学报（社会科学版）》2019 年第 4 期。

〔2〕 参见王迁：《古文点校著作权问题研究——兼评“中华书局诉国学网案”等近期案例》，载《华东政法大学学报》2013 年第 3 期。

〔3〕 参见《著作权法》（2020）第 3 条。

〔4〕 参见《与贸易有关的知识产权协议》（2017）第 9 条第 2 款。

〔5〕 参见北京市高级人民法院《侵害著作权案件审理指南》（2018）第 10.11 条。

密关联亦折射出“混同原则”,即只要对一种思想观点只存在一种或极为有限的表达方式,便发生了思想与表达的混同。该原则于司法实践中亦称为“有限表达”原则,主要表现为“被告能够举证证明被诉侵权作品由于表达方式极为有限而与原告主张权利的作品表达相同或者实质性相似的,可以认定有限表达抗辩成立”。[1] 这时,为了避免作者对思想垄断现象的发生,相关表达也无法受到我国《著作权法》的保护。[2]

本案的焦点问题是被诉侵权作品《东方童铭》是否与主张权利作品《儿童中华铭》之间构成实质性近似。审判过程中,鉴于作者就此类题材作品仅享有有限的创作空间,法院并未因二者借鉴了相同作品、使用了部分相同的历史故事、文人典故、蕴含了相同的思想内容而判定二者构成实质性近似,而是基于“思想”与“表达”的界分,将对比对象限定为文字表述、段落安排等要素。[3]

3. 国学经典题材作品的二次创作

作品的创作具有非零和性,任一作品均以现有的知识存量为创作基础。我国《著作权法》视野中的演绎作品可以区分为侵权性质演绎作品与合理使用性质演绎作品。[4] 因此,有效确定原始作品作者与再创作作品作者间的权利义务关系以及其各自享有的著作权的边界,从而实现两方主体的利益平衡,便成为一个不可回避的问题。[5]

我国《著作权法》对于二次创作行为的保护与规制主要表现为“改编、翻译、注释、整理已有作品而产生的作品,其著作权由改编、翻译、注释、整理人享有,但行使著作权时不得侵犯原作品的著作权”。[6] 同时,该法基于作品的创作、使用规律,亦在“权利的限制”部分中完成了如下列举:介绍、评论某一作品或者说明某一问题,在作品中适当引用他人已经发表的作品可以不经著作权人

---

〔1〕 参见北京市高级人民法院《侵害著作权案件审理指南》(2018)第7.3条。

〔2〕 参见王迁:《古文点校著作权问题研究——兼评“中华书局诉国学网案”等近期案例》,载《华东政法大学学报》2013年第3期。

〔3〕 参见最高人民法院民事裁定书,(2019)最高法民申6219号。

〔4〕 参见阮开欣:《演绎作品的合理使用问题研究——以 Keeling v. Hars 案为视角》,载《中国版权》2016年第3期。

〔5〕 参见唐艳:《论二次创作的著作权法规制与保障》,载《知识产权》2016年第11期。

〔6〕 参见《著作权法》(2020)第13条。

许可,不向其支付报酬,但应当指明作者姓名或者名称、作品名称,并且不得影响该作品的正常使用,也不得不合理地损害著作权人的合法权益。[1] 这说明,作者对于原有作品进行的再创作在大多数场景中均需获得在先权利人的授权,并向其支付费用。同时,在后作品是否增加了独创性元素以及增加的数量或比例亦是司法实践中判定演绎作品的重要考量因素。而对于"未经许可的演绎作品是否具有可版权性"这一问题的争论同样未曾停止。[2]

在本案中,被诉侵权作品与主张权利作品均借鉴了《弟子规》《三字经》《百家姓》等国学经典作品。考虑到以上作品的复制权等权利均已超过其保护期而落入至公有领域中,成为人类社会共同的精神财富,最高人民法院认可了本案申请人与被申请人以此为基础进行二次创作的权利。[3] 事实上,即使该类作品存在着有限的创作空间,在后创作者仍应尊重在先创作者所享有的著作权。不过,在进行具体比对时,则需首先排除不受我国《著作权法》保护的部分。

4. 国学经典题材作品于国学教育课堂中的使用

本案中,Y 及巨人培优学校曾于再审程序提交意见表明,被诉侵权作品《东方童铭》仅用于课堂教学中。然而,按照我国《著作权法》的规定,为课堂教学或者科学研究翻译或者少量复制已经发表的作品,不视为侵犯著作权。[4] 由于最高人民法院并未认定两部作品构成实质性相似,在再审程序中,该意见并未构成争议焦点。[5] 但是,结合本案中沈阳国学中心及巨人培优学校的基本运营事实可以推知,在国学教育课堂中使用独立编纂的该类题材作品作为教材已成为常态选择。若两部作品被认定构成实质性近似,上述被引用的条款即可以发挥其预期功能。

巨人培优学校系 Y 创办的针对中小学生进行课外辅导的培训机构。在我国审判实践中,上述条款的适用主体并非局限于公立学校中,私立学校性质并

---

〔1〕 参见《著作权法》(2020)第 24 条第 1 款第 2 项。
〔2〕 参见刘银燕:《未经许可的演绎作品著作权问题研究》,载《河南财经政法大学学报》2021 年第 1 期。
〔3〕 参见最高人民法院民事裁定书,(2019)最高法民申 6219 号。
〔4〕 参见《著作权法》(2010)第 22 条第 1 款第 6 项。
〔5〕 参见最高人民法院民事裁定书,(2019)最高法民申 6219 号。

不一定导致侵权行为的发生。[1] Y及巨人培优学校所引用的上述条款在2020年修正《著作权法》时变更为:“为学校课堂教学或者科学研究,翻译、改编、汇编、播放或者少量复制已经发表的作品,供教学或者科研人员使用,但不得出版发行。”[2]这一变动拓宽了作品使用的方式,为相关作品在课堂教学及科学研究场景中的使用创造了新的空间。

四、实用艺术作品作为美术作品受著作权法保护的要件——埃内西公司与卡拉尔公司等侵害作品复制权、发行权、信息网络传播权纠纷案[3]

实用艺术作品在我国《著作权法》中不是独立的作品类型,通常作为美术作品进行保护。但是,实用艺术作品既有“艺术性”又有“实用性”,虽然两者可以在物理上或观念上相分离,但其“艺术性”的独创表达受到“实用性”功能的限制。实用艺术作品因其“艺术性”可以作为美术作品而得到我国《著作权法》保护,因其“实用性”可以作为工业产权而得到我国《专利法》《商标法》保护。

(一)事实概要

“Paradis瓶子”于2001年4月23日设计完成,其著作权人为本案二审上诉人、一审原告埃内西公司(又称法国轩尼诗公司)。埃内西公司先后就“Paradis瓶子”申请外观设计专利与商标权保护,并于2014年进行著作权登记。同为酒类经营者的卡拉尔公司、李氏公司生产、销售、宣传与“Paradis瓶子”外观高度相似的酒类产品,欧晓涛批发部销售、宣传该产品,拔兰地公司灌装了该产品(以上四主体为本案二审被上诉人,一审被告)。

埃内西公司向广州知识产权法院提起诉讼,请求认定“Paradis瓶子”构成美术作品,以上四被告构成对涉案作品复制权、发行权、信息网络传播权的侵犯。广州知识产权法院一审认定,“Paradis瓶子”兼具实用性与艺术性,属于实用艺术作品。其由线条、色彩构成的立体造型具有可复制性,属于文学、艺术和

---

[1] 参见北京市高级人民法院民事判决书,(2003)高民终字第1393号;北京市高级人民法院民事判决书,(2008)高民终字第185号。

[2] 《著作权法》(2020)第24条第1款第6项。

[3] 参见广东省高级人民法院民事判决书,(2019)粤民终1665号。

科学领域的人类智力成果。同时,"Paradis 瓶子"的设计优美雅致,使人产生美感,将瓶身两侧薄薄的带状棱边设计予以改动,并不会影响其实用功能即作为容器储存酒液的功能,其艺术美感能够与其实用功能在观念上进行分离,体现了作者个性化的表达,具有较强的艺术性和独创性。但是,"Paradis 瓶子"虽能作为美术作品受到《著作权法》保护,但该作品创作空间较大,作者可以表达的自由更广,不属于埃内西公司主张的法人作品而属于委托作品,作为委托方,现有证据不足以证明埃内西公司享有除基于创作目的免费使用权以外的权利。因此,埃内西公司的诉讼请求并未得到广州知识产权法院的支持。[1]

补充该作品的授权使用证据后,埃内西公司向广东省高级人民法院(以下简称广东高院)提起上诉,其主要理由是:(1)"Paradis 瓶子"系设计师阿涅斯·帝埃里接受埃内西公司指派为其产品专门设计的,其声明相关知识产权均由埃内西公司享有;(2)被商业化使用的"Paradis 瓶子"享有极高的知名度,涉案酒类产品外观与"Paradis 瓶子"高度近似,四被上诉人具有接触作品的可能性,其侵权恶意明显,分工合作,通过不同渠道销售,已经构成侵权体系。

(二)裁判要旨

广东高院二审判决,撤销一审判决,支持埃内西公司的部分诉求。

广东高院二审认为,涉案"Paradis 瓶子"因兼具实用性与艺术性而构成实用艺术作品。由于实用功能属于思想范畴不应受《著作权法》保护,作为实用艺术作品受到保护的仅仅在于其艺术性。因此,实用艺术品要作为美术作品受《著作权法》保护,除需满足关于作品的一般构成要件及美术作品的特殊构成条件外,还应满足实用性与艺术性可以相互分离的条件,以及满足具有较高美感,至少使一般公众将其视为艺术品的要件。

所谓实用性与艺术性可以相互分离,是指具备实用功能的实用性与体现艺术美感的艺术性在物理上或观念上可相互分离。对该瓶子的扁葫芦形状、带状棱边、瓶盖凹环等处设计进行改动,并不会影响该酒瓶储存酒液的实用功能,因此,涉案"Paradis 瓶子"符合实用性与艺术性在观念上可相互分离的要件。同

---

〔1〕 参见广州知识产权法院民事判决书,(2017)粤73民初3414号。

时,“Paradis 瓶子”相关形状、线条设计相互呼应,呈现了作者的选择、设计、布局等创造性劳动,整体造型简洁、典雅、优美,具备美术作品的艺术创作高度,富有欣赏价值,可以使一般公众将之视为艺术品,“Paradis 瓶子”构成受我国《著作权法》保护的美术作品。

广州高院同时认可了设计师阿涅斯·帝埃里所出具的声明的法律效力,埃内西公司因此享有涉案作品的著作权。鉴于被诉酒瓶的设计表达与涉案“Paradis 瓶子”构成实质性相似,卡拉尔公司、李氏公司、拔兰地公司应共同就被诉行为连带承担侵权责任,欧晓涛批发部不构成共同侵权。考虑到“Paradis 瓶子”的艺术性、知名度与美誉度、侵权行为持续的时间、被上诉人的主观恶意等,广州高院对于埃内西公司提出的赔偿 50 万元经济损失及合理维权费用的上诉主张予以全额支持。

(三)案件评析

1. 本案的典型意义

本案系实用艺术作品作为美术作品受《著作权法》保护的典型案例,2020 年度入选广东省知识产权审判十大案件。[1] 我国《著作权法》及其实施条例没有对实用艺术作品作出明确定义,也没有对其保护方式进行专门规定。本案基于《专利法》与《著作权法》、思想与表达保护范围的界分,明确了实用艺术作品作为美术作品受《著作权法》保护的证成路径,即满足作品的一般性要件、美术作品的特殊要件、实现实用性与艺术性在物理上或观念上的可分离及具备较高的美感,也即分别符合独创性、可复制性、实用性、艺术性与可分离性要求,源自“思想与表达二分法”的可分离性成为实用艺术作品著作权保护的一个基本基点。[2]

1948 年,实用艺术作品(works of applied art)被《保护文学艺术作品伯尔尼

〔1〕 参见《广东省高级人民法院发布 2020 年度广东省知识产权审判十大案件》,法宝引证码:CLI. CR. 315544312。

〔2〕 参见吕炳斌:《实用艺术作品可版权性的理论逻辑》,载《比较法研究》2014 年第 3 期。

公约》(以下简称《伯尔尼公约》)第2条第1段明确列举为一种作品示例。[1]《保护文学和艺术作品伯尔尼公约(1971年巴黎文本)指南》将其定义为"涵盖小摆设、首饰、金银器皿、家具、壁纸、装饰品、服装等的制作者的艺术品"。[2]但《伯尔尼公约》并未限定保护实用艺术作品的法律的适用范围和保护条件,具体方式由各成员国的国内法加以确定。

为了履行国际公约的要求,国务院于1992年发布《实施国际著作权条约的规定》,对外国实用艺术作品提供自作品完成之日起25年的保护。[3] 在对我国《著作权法》进行第三次修改时,实用艺术作品的外延虽历经了从"具有实际用途的艺术作品"[4]到"具有实际用途并有审美意义的作品"[5]再到"玩具、家具、饰品等具有实用功能并有审美意义的平面或者立体的造型艺术作品"[6]的变革,但其最终并未获得独立的作品类型地位。鉴于实用艺术作品所展现出的美学价值,《伯尔尼公约》及国际通行的做法是将之作为美术作品进行保护。[7]

2. 实用艺术作品中"实用性"与"艺术性"的分离

我国《著作权法》中并不存在"实用性"与"艺术性"的具体分离规则。但《实施国际著作权条约的规定》第6条第2款表明,美术作品(包括动画形象设计)用于工业制品的,不适用前款规定。也就是说,当美术作品仅仅以工业制品为表现载体时,该工业制品不能因此获得《著作权法》的保护。我国法院早期将实用艺术作品中"艺术性"的判断与作品独创性之"创"的判断相糅合,并根据法官的日常生活经验或特定艺术专家的判断直接界定"艺术创作"的范围,[8]主要关注"艺术性的有无"[9]而非"艺术性的独立存在"。

---

[1] See Berne Convention for the Protection of Literary and Artistic Works (Brussels Act of June 26,1948), article 2.

[2] 参见《保护文学和艺术作品伯尔尼公约(1971年巴黎文本)指南》,刘波林译,中国人民大学出版社2002年版,第16页。

[3] 参见国务院:《实施国际著作权条约的规定》(2020)第6条第1款。

[4] 国家版权局《〈中华人民共和国著作权法〉修改草案》(2012)第3条第2款第9项。

[5] 国家版权局《〈中华人民共和国著作权法〉修改草案第二稿》(2012)第3条第2款第9项。

[6] 国家版权局《〈中华人民共和国著作权法〉修改草案第三稿》(2012)第3条第2款第9项。

[7] 参见徐艳红:《最高人民法院发布第28批指导性案例》,载《人民政协报》2021年8月3日,第12版。

[8] 参见谢晴川:《论实用艺术作品的"美"和"艺术性"要件——以适用路径的反思与重构为中心》,载《法律科学(西北政法大学学报)》2018年第3期。

[9] 北京市高级人民法院民事判决书,(2011)高民终字第1492号。

然而,《著作权法》仅保护实用艺术作品中的艺术性,如果实用性与艺术性难解难分,相互交织,该作品中的艺术成分基于思想与表达的“合并原则”将无法被《著作权法》所识别。由此,实用性与艺术性既应相互分离,又应独立存在。美国版权法拥有一套较为成熟的分离理论,其对实用艺术作品所提供的保护基于其形式而非机械或实用功能,当且仅当某一设计中所含绘画、图形或雕塑的特征能够区别于且独立于物品的实用功能。[1]

二者的分离标准则具体区分为物理上的可分离与观念上的可分离,物理上的分离是指实用性成分与艺术性成分在空间上的独立存在,观念上的分离则指二者不具有某些逻辑上的依附性,物理上的可分离一般意味着观念上的可分离。美国司法实践就二者在观念上的分离发展出“主次要判断法”[2]“可销售判断法”[3]“设计过程判断法”[4]“临时置换判断法”[5]等辅助性判断方法。

本案采用的分离标准是“具备实用功能的实用性与体现艺术美感的艺术性在物理上或观念上可相互分离”,也即艺术性应在物理维度或观念维度上独立于实用性而存在,具体考量因素是“艺术性对于实用性的实现而言是否确有必要”。涉案“Paradis 瓶子”储存酒液的实用功能与其造型设计不具有物理上进行分离的可能,但从观念上来讲,将二者进行分离后,该酒瓶的实用功能并不会因此丧失。这一思路也曾为其他案件所运用,[6]具体表现为“改动衣帽间家具的板材花色纹路、金属配件搭配、中式对称等造型设计,其作为衣帽间家具放置、陈列衣物的实用功能并不会受到影响”。

3. 实用艺术作品中“独创性”与“艺术性”的判断

作品的“独创性”要求存在于《著作权法》第 3 条中,主要指向创作过程的独立性与创作结果的作者个性,[7]其关注此作品与其他作品的特异性或差异

---

〔1〕 See 17 U. S. C 101(2000).

〔2〕 Kieselstein-Cord v. Accessories by Pearl, Inc. ,632 F. 2d 989 (2d Cir. 1980).

〔3〕 Galiano v. Harrah's Operating Co. , Inc. ,416 F. 3d 411(5th Cir. 2005).

〔4〕 Brandir International, Inc. v. Cascade Pacific Lumber Co. ,834 F. 2d 1142(2d Cir. 1987).

〔5〕 Carol Barnhart Inc. v. Economy Cover Corp. ,773 F. 2d 411(2d Cir. 1985).

〔6〕 参见最高人民法院民事裁定书,(2018)最高法民申 6061 号。

〔7〕 参见管荣齐:《中国知识产权法律制度》,知识产权出版社 2016 年版,第 57 页。

性。在作品的认定过程中,任一作品类型又因其表现形式的差别而存在特殊要求。譬如美术作品的创作需由线条、色彩等形式展现出“审美意义”,在实用艺术作品语境中又称为“艺术性”。

就一般美术作品而言,独创性的认定常与艺术性的认定相融合,无须将后者作为一个单独构成要件进行论证。[1] 但在实用艺术作品的认定中,独创性的认定主要关注其与在先作品的差异,艺术性的判断则是关系其是否可以纳入美术作品体系中获得《著作权法》保护的重要基准,由此,艺术性应当成为一个独立的论证要件。一方面,实用性与艺术性的分离以“艺术创作”范围的确定为前提;另一方面,二者的分离过程又反向确定了艺术性的主要表现路径。譬如在本案中,广东高院认为该实用艺术品应当具备较高的美感,其艺术性所展现出的那些在美学上令人愉悦的特征应当为“一般公众”所识别。

不过,即使实用艺术作品中的实用性与艺术性可以在物理上或观念上相分离,但是在创作过程中,其艺术性的展现必然受到固有功能的影响,因功能性设计导致的表达有限性程度越高,能够个性化取舍、选择、安排、设计等创造的空间就越小。[2] 较一般美术作品而言,实用艺术作品的创作者需在更小的创作空间内展现作品的艺术性,其实则面临着更高的创作难度。只有当具有功能作用的设计为作者的表达预留出足够的创作空间时,作者才更易通过线条、色彩等形式贡献《著作权法》意义上的美学表达。这时,实用性与艺术性也更易相互剥离。

4. 实用艺术作品的“双重保护”模式

一方面,实用艺术品适于工业应用;另一方面,其所展现出的独特美感又能作为美术作品受到《著作权法》保护。本案中,埃内西公司 2001 年便就酒瓶外观申请了外观设计专利保护,又于 2014 年进行了著作权登记。一审、二审法院并未排斥对涉案作品进行“双重保护”,而是在涉案实用艺术品的外观设计专利有效期内,认可了这一创作的作品意义。诸如《法国知识产权法典》等立法

[1] 参见广州知识产权法院民事判决书,(2017)粤 73 民初 3414 号。
[2] 参见最高人民法院民事裁定书,(2018)最高法民申 4397 号。

例也持相同观点,具体表现为“一切智力作品的著作权均被本法典保护,而不问作品的体裁、表达形式、艺术价值或功能目的”。[1]

“双重保护”模式指向两重含义。首要含义是指《专利法》与《著作权法》以各自特有的方式保护实用艺术作品。司法实践中,有法院曾以“权利人和社会公众间的利益失衡”为由拒绝认可这一保护模式。[2] 然而,二者的保护虽然指向同一艺术品,但前者的保护重点落于“创造”,后者的保护重点则为“复制”,在权利取得方式、权利内容与权利客体方面存在诸多不同。比如前者经专利行政部门的审查授权获得,后者创作完成便自动获得;前者的保护范围限于相同或相近似的产品,后者则无此限制;前者保护那些富有美感且适于工业生产情景的新设计,后者则为那些能够为公众所识别的美学要素提供表达空间。

第二重含义是指基于权利竞合的原理,即使某一实用艺术作品具备“双重保护”的条件,知识产权权利人仅能基于侵犯外观设计专利权或侵犯著作权的诉由请求保护权利。由此,实用艺术作品的“双重保护”模式的主要意义体现在,权利人可以根据两法的保护特点选择具体的保护方式,在具体的侵权场景中择一作为诉由。以《著作权法》对实用艺术作品提供保护时应采纳较高的认定标准,否则,《专利法》将无法发挥其实际效用。

五、体育赛事节目的视听作品性质——“中超联赛赛事节目”著作权侵权纠纷案[3]

对于体育赛事节目的保护,综合我国和典型国家的做法,不外乎六种选择:一是以视听作品著作权保护;二是以录像制品制作者权保护;三是以广播电视组织者权保护;四是以一般财产权保护;五是以《反不正当竞争法》保护;六是以专门法保护。

(一)事实概要

X(一审原告、二审被上诉人、再审申请人)为“中超联赛赛事节目”(以下

---

〔1〕 See Code de la propriété intellectuelle, L. 112 - 1.

〔2〕 参见广东省高级人民法院民事判决书,(2005)粤高法民三终字第 236 号。

〔3〕 参见北京市高级人民法院民事判决书,(2020)京民再 128 号。

简称涉案赛事节目）在门户网站领域独占转播、传播、播放的被许可人，Y（一审被告、二审上诉人、再审被申请人）为被诉体育视频直播室的所有者、经营者。

X于2014年向北京市朝阳区人民法院（以下简称北京朝阳法院）提起本案诉讼，请求判令Y立即停止侵权、赔偿X经济损失1000万元、在凤凰网首页及《中国电视报》上发表声明以消除影响。北京朝阳法院一审认为，X享有在门户网站领域独占转播、传播、播放涉案赛事节目的权利，Y所有的凤凰网开设的被诉体育视频直播室，有涉案赛事节目的回看、特写、场内、场外、全场、局部的画面和全场解说。因此，北京朝阳法院一审判决，Y停止播放涉案赛事节目，在凤凰网首页连续7日登载声明，赔偿X经济损失50万元。[1]

Y对北京朝阳法院一审判决不服，向北京知识产权法院（以下简称北京知产法院）提起上诉，请求撤销北京朝阳法院一审判决，驳回X的全部诉讼请求。北京知产法院二审认为，涉案赛事节目公用信号所承载的连续画面不构成视听作品，因其既不符合视听作品的固定要件，又未达到视听作品的独创性高度，从而无法认定X对其享有著作权，故Y未构成对X著作权的侵犯。因此，北京知产法院二审判决，撤销北京朝阳法院一审判决，驳回X的全部诉讼请求。[2]

X对北京知产法院二审判决不服，向北京市高级人民法院（以下简称北京高院）申请再审，请求撤销北京知产法院二审判决，维持北京朝阳法院一审判决。X申请再审的主要理由包括：（1）北京知产法院二审判决仅否定涉案赛事节目连续画面属于以类似摄制电影方法创作的作品，并未对其是否属于《著作权法》意义上的作品进行认定；（2）涉案赛事节目连续画面在素材的选择、拍摄以及画面选择、编排上均存在个性化贡献和选择，具有独创性；（3）北京知产法院二审判决对于“固定性”提出“稳定地”“固定”“有形载体”为子要素，不符合我国《著作权法》及相关法律规定，不符合《伯尔尼公约》规定，无法律依据。

（二）裁判要旨

北京高院再审判决，撤销北京知产法院二审判决，维持北京朝阳法院一审

〔1〕 参见北京市朝阳区人民法院民事判决书，（2014）朝民（知）初字第40334号。
〔2〕 参见北京知识产权法院民事判决书，（2015）京知民终字第1818号。

判决。

北京高院再审认为，判断某一客体是否属于《著作权法》保护的特定类型作品时，应从体系上理解并适用我国《著作权法》第 3 条、我国《著作权法实施条例》第 2 条和第 4 条的规定，既要考虑该客体是否符合作品的一般定义，也要考虑该作品是否符合特定类型作品的表现形式。就视听作品的认定而言，认定某一客体是否构成视听作品，既要考虑相关作品是否属于文学、艺术和科学领域内的智力创作，是否具有独创性、可复制；还要考虑相关作品是否表现为摄制在一定介质上，借助适当装置放映或者以其他方式传播的连续画面。

1. 关于视听作品的独创性要求

从体系解释的角度来看，视听作品与录像制品的划分标准应为独创性的有无，而非独创性程度的高低。我国《著作权法》严格区分著作权与邻接权。著作权基于作者的创作自动产生；邻接权基于传播者的加工、传播行为而产生。我国《著作权法》对邻接权单独设置是为了拓展保护，而非限制保护。邻接权是在狭义著作权之外增加的权利，目的在于对那些不具有独创性、仅仅是劳动和投资的成果也给予保护，以鼓励对作品的传播，但作品的判断标准并不因为单独设置了邻接权而提高。因此，视听作品和录像制品分别作为著作权和邻接权的保护客体，其实质性区别在于连续画面的制作者是否进行了创作，所形成的连续画面是否具有独创性。

就体育赛事节目而言，如果摄像、编导等制作者在机位的设置、镜头切换、画面选择、剪辑等方面，能够反映和体现制作者独特的构思、个性选择和安排，可认定其符合我国《著作权法》规定的独创性要求。本案中，涉案赛事节目公用信号所承载的连续画面，包括运动员比赛活动的画面、现场观众的画面、现场的声音、球队及比分字幕、慢动作回放、射门集锦等，其中运动员比赛活动的画面、现场观众的画面是通过对预先设置在比赛现场的多台摄像机从多个机位拍摄的画面切换、组合而成，包括全场、半场、球门区、多个运动员特写、单个运动员特写等，慢动作回放以及射门集锦穿插其间。为向观众传递比赛的现场感，呈现足球竞技的对抗性、故事性，涉案赛事节目在制作过程中还大量运用了镜头技巧、蒙太奇手法和剪辑手法，在机位的拍摄角度、镜头的切换、拍摄场景与对象的选择、拍摄画面的选取、剪辑、编排以及画外解说等方面，均体现了创作者的个性选择和安排，故其具有独创性。

2. 关于视听作品“摄制在一定介质上”的要求

我国《著作权法实施条例》第 4 条有关视听作品定义中规定的“摄制在一定介质上”并不能等同于“固定”或“稳定地固定”，其规范意义在于摄制者能够证明作品的存在并据以对作品进行复制传播，其目的在于将被摄制的形象、图像、活动与摄制后的表达进行区分，明确该类作品保护的是智力创作成果而非被创作的对象，保护的是表达，而非思想或情感本身。只有被摄制的形象、图像、活动等因加入了摄制者的个性，即摄制者的独创性使之从客观现实中具化并转变为某一介质上的表达时，摄制者才能够证明作品的具体内容，并将之进行复制传播，进而才能为他人所感知。

就体育赛事节目而言，其公用信号所承载的连续画面由不同摄像机采集拍摄后的选择、加工、剪辑及对外实时传送的过程，实质上就是选择、固定并传输体育赛事节目内容的过程，否则直播观众将无从感知和欣赏体育赛事节目内容。本案中，涉案赛事节目在网络上传播的事实足以表明其已经通过数字信息技术在相关介质上加以固定并进行复制和传播，尽管涉案赛事节目的内容直至直播结束才最终完成整体定型，但正如作品创作有整体创作完成与局部创作完成之分，不能就此否定涉案赛事节目已满足视听作品定义中“摄制在一定介质上”的要求。

总之，涉案赛事节目公用信号所承载的连续画面制作存在较大的创作空间，并不属于因缺乏个性化选择空间进而导致表达有限的情形，构成我国《著作权法》保护的视听作品，而不属于录像制品。因此，Y 侵犯了 X 对涉案赛事节目享有的“著作权人享有的其他权利”。[1]

（三）案件评析

1. 案件的典型意义

本案属于 2020 年度北京法院知识产权司法保护十大案例之一，被誉为国

〔1〕 参见北京市高级人民法院民事判决书，(2020) 京民再 128 号。

内体育赛事节目网络直播著作权纠纷第一案，核心争议在于体育赛事节目是否构成现行《著作权法》所保护的视听作品。本案再审判决通过对法律的合理解释与适用，明晰了体育赛事节目的保护规则，在加强权利保护的同时，平衡了体育赛事节目创作者、传播者和社会公众之间的利益，取得了良好的法律效果和社会效果，对于类似案件的审理具有借鉴指导意义。[1]

2. 我国体育赛事节目的司法保护路径

在本案再审判决之前，我国司法实践中主要是通过《著作权法》中邻接权之录像制品制作者权和《反不正当竞争法》对体育赛事节目进行保护的。[2]

（1）以著作权中邻接权之录像制品制作者权保护体育赛事节目，典型案例主要有三个：①央视国际公司诉暴风公司侵害录音录像制品制作者权案。该案二审判决指出，体育赛事节目公用信号所承载的连续画面不构成视听作品，因其既不符合视听作品的固定要件，又未达到视听作品的独创性高度。[3] ②体奥动力公司诉全土豆公司网络侵权案。该案二审判决指出，体育赛事节目不仅可以固定在载体上，还融入解说、字幕、采访、回放、慢放、特写等个性化内容，因而以其独创性高低构成影视作品或者录像制品，可以获得著作权或其邻接权之录像制品制作者权保护。[4] ③央视国际公司诉世纪龙公司侵害信息网络传播权案。该案判决指出，体育赛事节目中拍摄机位的设置、镜头的选择以及主持、解说和编导的参与等细节上体现出一定独创性，但尚不足以达到视听作品的独创性高度，可以根据我国《著作权法实施条例》第5条第3项作为录像制品给予邻接权保护。[5]

（2）以《反不正当竞争法》保护体育赛事节目，典型案例主要有两个：①央视国际公司诉我爱聊公司侵犯著作权及不正当竞争案。该案二审判决指出，侵权人和权利人所提供的体育赛事转播服务，在内容、形式、对象等方面均相同，

---

〔1〕 参见祝文明、曹丽萍：《2020年度北京法院知识产权司法保护十大案例》，载《中国知识产权报》2021年4月23日，第22版。

〔2〕 参见管荣齐、李祥荫：《体育赛事转播权的保护路径选择》，载《中国发明与专利》2019年第4期。

〔3〕 参见北京知识产权法院民事判决书，(2015)京知民终字第1055号。

〔4〕 参见上海市第一中级人民法院民事判决书，(2013)沪一中民五(知)终字第59号。

〔5〕 参见广东省广州市中级人民法院民事判决书，(2010)穗中法民三初字第196号。

双方之间构成同业竞争关系，应当按照诚信原则和商业道德开展竞争，而不能未经许可擅自“搭便车”损人利己，否则构成不正当竞争行为，应当承担损害赔偿责任。[1] ②央视国际公司诉华夏城视公司著作权侵权及不正当竞争案。该案判决指出，侵权人和权利人提供涉案体育赛事节目实时转播服务，相互之间存在同业竞争关系，其中侵权人的行为系未经授权的擅自所为，以此增加己方网络流量的同时减少了权利人获取经济收益的机会，违反了我国《反不正当竞争法》第2条所规定的诚信原则和商业道德，构成不正当竞争行为，应当承担损害赔偿责任。[2]

3. 典型国家体育赛事节目的保护路径

对于体育赛事节目提供比较完善的法律保护的典型国家，主要有美国、英国、德国、法国、意大利、西班牙、葡萄牙等体育强国。[3]

(1)美国体育赛事节目主要是通过财产权、著作权、体育转播权进行保护的。在美国，体育赛事节目具有财产权属性，由球队及其联盟拥有。[4] 美国1976年《著作权法》规定，体育赛事节目包含制作者对角度、光线的选择和编排，可以得到著作权的保护。美国1961年《体育转播法》规定，赋予橄榄球、棒球、篮球、冰球四大职业体育联盟集中进行赛事转播一定限度的豁免权。

(2)英国体育赛事节目主要是通过赛场准入权、娱乐服务经营权、著作权进行保护的。在英国，获得赛场准入许可，是体育赛事节目的核心内容；体育赛事节目类似于戏剧、电影等娱乐服务，体育赛事拥有者有权对其进行收费；体育赛事直播节目及其附属作品还可以得到著作权保护，其中附属作品的独创性在于视频剪辑、播放顺序、图案标志、音乐等。[5]

(3)德国体育赛事节目主要是通过一般财产权或赛场准入权、著作权、竞

---

[1] 参见北京市海淀区人民法院民事判决书，(2013)海民初字第21470号；北京市第一中级人民法院民事判决书(2014)一中民终字第3199号。

[2] 参见广东省深圳市福田区人民法院民事判决书，(2015)深福法知民初字第174号。

[3] 参见管荣齐、李祥萌：《体育赛事转播权的保护路径选择》，载《中国发明与专利》2019年第4期。

[4] See Pittsburgh Athletic Co. v. KQV Broadcasting Co., 24 F. Supp. 490. W. D. Pa. 1938.

[5] See Union of European Football Association v. Briscomb, 2006 EWHC; UEFA, 1268 (C. Div. 5. 5. 2006).

争法进行保护的。在德国,体育赛事节目视同一般财产权尤其是赛场准入权,通过合同上的管理予以保护。根据德国《著作权法》的相关规定,体育赛事节目所承载的连续画面,既可以适用邻接权之广播电视组织者权,又可以适用视听作品的著作权。根据德国竞争法,体育赛事节目归属于职业体育联盟及其俱乐部。[1]

(4)法国体育赛事节目主要是通过著作权之邻接权、体育法、竞争法进行保护的。根据法国《知识产权法典》,体育赛事直播节目的复制、销售、交换或出租,应当取得其制作者的许可。法国2010年《体育法典》规定,体育协会有权自主转让体育赛事节目。为使更多竞争者拥有获得体育赛事节目的机会,法国立法部门竞争管理局对体育赛事节目的权利行使作出了一定限制。[2]

(5)意大利体育赛事节目主要是通过企业权利、著作权中邻接权之体育赛事视听权、竞争法进行保护的。在意大利,职业体育俱乐部对体育赛事节目享有相应权益。意大利《著作权法》专门就体育赛事节目创设了一项邻接权,归属于体育赛事组织者。[3] 意大利《竞争法》及其有关法令规定,体育赛事节目的权利在意大利竞争管理局和通信管理局的同意和指引下集中行使。[4]

(6)西班牙体育赛事节目主要是通过著作权中邻接权之体育赛事视听权、《体育法》、《竞争法》进行保护的。根据西班牙视听传播的法令,体育赛事视听权为有关职业体育俱乐部所有。根据1990年西班牙《体育法》的相关规定,职业体育俱乐部就其组织的比赛行使赛事转播权。西班牙2015年《皇家法令》规定,职业体育联盟可以集中行使体育赛事节目的权利。[5]

(7)葡萄牙体育赛事节目主要是通过著作权中邻接权之表演者权、《竞争法》进行保护的。根据葡萄牙《著作权法》的相关规定,体育赛事节目作为体育

---

〔1〕 See FRODL C. Media, *Broadcasting rights in the Bundesliga*, Football Legal, Vol. 6, p. 60 - 63 (2016).

〔2〕 See JEROME P. Media, *Broadcasting rights in France*, Football Legal, Vol. 3, p. 73 - 75 (2016).

〔3〕 参见意大利《著作权法》第78条之4;意大利《体育视听权归属及管理条例》第2条第1款第(n)项、第4条第6款。

〔4〕 See KEANE B T. A, *Eurovision for Sports Media Rights*, Football Legal, Vol. 6, p. 81 - 86 (2016).

〔5〕 See CNET, *Practicing the Prior Art Is Not a Defense*, (Mar. 21, 2008), https://www.cnet.com/news/practicing-the-prior-art-is-not-a-defense.

赛事组织者投资风险的一种利益回报，旨在限制他人对体育赛事现场进行视听采集、摄制和直播，属于著作权中邻接权之表演者权。[1] 根据葡萄牙《竞争法》的相关规定，体育赛事节目的权利由职业体育俱乐部单独行使。

4. 我国体育赛事节目保护的路径选择

综合我国和典型国家对于体育赛事节目的保护路径，我国体育赛事节目保护的路径选择不外乎如下六种：[2]

(1) 以视听作品著作权保护。本案中，北京高院再审判决指出，视听作品与录像制品的区别在于独创性的有无而非独创性的高低，体育赛事节目公用信号所承载的连续画面制作存在较大的创作空间，能够反映和体现制作者独特的构思、个性选择和安排，符合著作权保护的视听作品独创性要求。[3]

(2) 以录像制品制作者权保护。虽然视听作品与录像制品的区别在于独创性的有无，但以录像制品制作者权保护体育赛事节目，最大的问题在于录像制品的法律地位和构成要件。录像制品不是 TRIPs 协议和多数国家著作权及其邻接权的客体，我国单设一项邻接权保护录像制品在世界上是独特的。

(3) 以广播电视组织者权保护。以广播电视组织者权作为保护体育赛事节目，前提是广播电视组织者权的保护范围覆盖有线直播、网络直播。[4] 我国《著作权法》于 2020 年修改时，已将广播电视组织者权的保护范围扩展至“有线或者无线方式转播”。

(4) 以一般财产权保护。除了可以依据合同法保护体育赛事节目合同守约方权益以外，还可以依据民事法律的原则性条款将体育赛事节目作为一项财产性民事权利予以保护，如我国《民法典》第 3 条规定，民事主体的人身权利、财产权利以及其他合法权益受法律保护。

(5) 以《反不正当竞争法》保护。对于一项尚未法定的知识产权，以《反不正当竞争法》保护或调整，几乎是所有国家的普遍做法。但将我国《反不正当

〔1〕 参见葡萄牙《著作权法》第 117 条。

〔2〕 参见管荣齐、李祥萌：《体育赛事转播权的保护路径选择》，载《中国发明与专利》2019 年第 4 期。

〔3〕 参见北京市高级人民法院民事判决书，(2020) 京民再 128 号。

〔4〕 参见北京知识产权法院民事判决书，(2015) 京知民终字第 1818 号。

竞争法》第 2 条适用于保护体育赛事节目,不仅要求侵权人与权利人之间存在竞争关系,还要求侵权行为具有不正当性、权利人的合法权益遭受了实际损害。[1]

(6)以专门法保护。体育赛事节目涉及组织者、参赛者、传播者和社会公众等多方利益,需要解决其权属、分配、垄断和公益等诸多问题,而一般财产权、影视作品著作权及其邻接权等都不足以应对这些诉求,所以有必要由以发展体育事业为立法目的的体育法对体育赛事节目作出系统性安排。[2]

六、网盘服务商的著作权侵权责任——优酷公司与百度公司侵害作品信息网络传播权纠纷案[3]

网盘服务提供者在接到权利人的通知后,负有及时采取必要措施的义务,否则承担帮助或共同侵权的责任。其中,权利人的通知应当合格,明确网盘中可能存在侵权信息及其具体定位;必要措施包括移除相关侵权作品、删除或断开相关侵权作品链接,结合权利人通知、措施难易、所涉作品等因素进行综合判断。网盘服务涉及网盘服务提供者、网盘用户、权利人等多方利益,需要注意其间的平衡。

(一)事实概要

X(一审原告、二审上诉人)基于独占许可协议享有电视剧《三生三世十里桃花》的信息网络传播权。Y(一审被告、二审上诉人)是百度网盘的经营者,其为用户提供个人数据的存储、同步、管理和分享等在线服务。涉案电视剧首轮播送期间,网盘用户通过创建和分享链接的方式向不特定的公众传播了该作品,X 因而委托北京网络版权监测中心向 Y 发送“提请移除侵权作品通知”邮件 78 封。收到上述通知后,Y 未在合理期限内采取必要措施。

X 于是向北京市海淀区人民法院(以下简称北京海淀法院)提起诉讼,请

---

〔1〕 参见北京市海淀区人民法院民事判决书,(2013)海民初字第 21470 号;北京市第一中级人民法院民事判决书,(2014)一中民终字第 3199 号。

〔2〕 参见吴雨辉:《体育赛事转播权法律保护的新路径》,载《知识产权》2018 年第 12 期。

〔3〕 参见北京知识产权法院民事判决书,(2020)京 73 民终 155 号。

求Y停止侵权行为,包括断开涉案链接并删除百度网盘(服务器)上存储的涉案视频文件,对反复对外分享侵权内容的用户采取措施(暂停或终止服务)及采取技术手段(MD5值、视频指纹、关键词)屏蔽涉案视频文件的上传、存储、分享;在百度网站及百度网盘网站首页连续30日刊登声明,消除影响(该项诉讼请求于一审中撤回);赔偿经济损失2900万元及合理支出3万元。

北京海淀法院一审认为,Y的用户将涉案视频文件上传至服务器、生成链接分享至其他网站或网络平台进行传播,使不特定公众可以在选定的时间和地点获得涉案作品,构成对于X信息网络传播权的直接侵权。Y在收到通知后并未及时对全部涉案链接采取断开措施,未采取屏蔽措施制止用户分享涉案链接,亦未及时对涉案的8个反复侵权用户采取限制分享或封禁的必要措施,致使相应损害结果的发生或侵权范围、规模的进一步扩大,应对由此导致的相应损害后果或损害扩大部分与网络用户承担连带责任。出于对相关公众利益保护的需要,不支持X关于"将百度网盘服务器中已存储的涉案视频文件予以删除"的诉讼主张。鉴于X停止侵权的诉讼主张已经实现,考虑到涉案作品的知名度、侵权行为的规模及后果、权利人的损失等因素,裁量确定赔偿金额为100万元。[1]

X和Y均不服北京海淀法院一审判决,向北京知识产权法院(以下简称北京知产法院)提起上诉。X请求改判赔偿金额为500万元,依法删除百度网盘(服务器)上存储的涉案作品视频文件,其主要理由是:(1)上传、存储与分享涉案视频文件的行为密不可分;(2)Y具有删除涉案视频文件的法定义务,无法援引合理使用进行抗辩;(3)鉴于Y未删除涉案视频文件,亦未采取遏制侵权蔓延的合理措施,其不仅应对损害扩大部分与用户承担连带责任,还应当为其直接侵权行为承担法律责任;(4)后续侵权行为的性质发生变化,Y应因此承担更高的赔偿责任。

Y请求改判赔偿金额为50万元,其主要理由是:(1)接到上述通知后,Y采取了关键词屏蔽措施,但网盘中文件名称多为涉案电视剧名称的变体,其措

[1] 参见北京市海淀区人民法院民事判决书,(2017)京0108民初15648号。

施效果因而受限;(2)整体上看,Y 处理了大量涉案侵权链接,主观上不存在帮助侵权的故意。

(二)裁判要旨

北京知产法院二审判决,驳回 X 和 Y 上诉,维持北京海淀法院一审判决。

北京知产法院二审认为,根据百度网盘的服务模式,用户上传、存储涉案视频文件的行为未构成信息网络传播行为,即不属于信息网络传播权所控制的行为范围,一审法院未支持 X 关于"Y 应将百度网盘(服务器)中存储的涉案视频文件予以删除"的诉讼请求正确。

同时,一审法院综合考虑各种因素,并对在案证据进行充分估算后,适用裁量性赔偿在法定赔偿额以上对赔偿数额予以酌定并无不当。X 主张提升判赔数额为 500 万元,Y 主张降低判赔数额为 50 万元均无事实和法律依据。由此,驳回 X 及 Y 的上诉请求,维持一审判决。

(三)案件评析

1. 案件的典型意义

本案释明了"通知—移除"规则在网盘服务中的适用路径,法院在本案中首次判令网盘服务商因怠于采取屏蔽措施制止用户分享热播电视剧而承担赔偿责任。2020 年,该案入选北京法院知识产权司法保护十大案例。[1] 该案明确了网盘服务商为应对用户侵权行为而应采取的必要措施,不仅包括及时断开侵权链接,还包括采取屏蔽措施及对重复侵权用户进行限制等。同时,出于对其他用户合法、正当使用涉案视频行为的保护,网盘服务商无须承担在服务器中删除涉案视频的责任。著作权人、网盘用户与网盘服务商间的利益平衡因此得到了较好的维护。

2. 网盘服务中的"通知—移除"规则

我国的"通知—移除"规则借鉴于美国 1998 年出台的《千禧年数字版权

---

〔1〕 参见 2020 年度北京法院知识产权司法保护十大案例之九:优酷网络技术(北京)有限公司与北京百度网讯科技有限公司侵害作品信息网络传播权纠纷上诉案——"电视剧《三生三世十里桃花》"侵害作品信息网络传播权纠纷案,法宝引证码:CLI. C. 315470081。

法》(The Digital Millennium Copyright Act,DMCA)。DMCA 及后续的国会报告中发展出两个重要规则,即避风港规则(Safe Harbor Rules)和红旗规则(Red Flag Rules)。[1] 最高人民法院于 2000 年颁行的《关于审理涉及计算机网络著作权纠纷案件适用法律若干问题的解释》已可以窥见上述两规则的部分内核。

对于 DMCA 的完整吸收和立法,首见于我国 2006 年出台的《信息网络传播权保护条例》(以下简称《信网条例》)第 14 条至第 17 条。其基本运行逻辑为:接到权利人的书面通知后,提供存储服务、搜索或链接服务的网络服务提供者应及时删除相关作品或断开侵权链接,同时将该通知转送至其服务对象。该服务对象由此可以提出反通知,该反通知亦应递至权利人处,但权利人不得再次通知,即"通知—移除—反通知—恢复"。一方面,"通知—移除"规则的确立以技术中立的视角厘清了网络服务者所应承担的注意义务;另一方面,该规则也为权利人的投诉建立了通道,其因此能够对网络中大量的、反复的侵权行为作出回应。2009 年发布的我国《侵权责任法》第 36 条将这一规则引申至其他侵权行为中,根据该条规定,网络服务提供者接到通知后,还需采取屏蔽这一必要措施。这一规则为 2018 年颁布的我国《电子商务法》所移植,2020 年出台的我国《民法典》第 1194 条至第 1197 条中亦完整建构出该规则的适用逻辑。

网盘服务提供者为用户提供个人数据的存储、同步、管理和分享等在线服务,[2]其应归属于上述《信网条例》第 22 条所定义的为服务对象提供信息存储空间,供其通过信息网络向公众提供作品等的网络服务提供者。由于网盘服务具有"实质性非侵权"用途,网盘服务提供者一般不负有对作品、表演及录音录像制品事先的审查及监控义务。[3] 同时,作为自由、私密的存储、分享空间的创建者而非开放平台的运营者,一般来说,出于对用户隐私的保护,网盘服务提供者并不具有直接干涉用户行为的正当性,亦并不具有阻却用户存储内容传播

---

〔1〕 参见王迁:《〈信息网络传播权保护条例〉中"避风港"规则的效力》,载《法学》2010 年第 6 期。

〔2〕 参见北京市海淀区人民法院民事判决书,(2017)京 0108 民初 15648 号。

〔3〕 参见《北京市高级人民法院关于网络著作权纠纷案件若干问题的指导意见(一)(试行)》(2010)第 17 条第 1 款。

的可能性。

但是,基于其对于侵权信息的控制权[1]、危险控制力理论及损害原因力理论[2],接到权利人的合格通知后,即使其仅为用户提供存储空间,且在事先不具有知悉侵权行为的可能性,当其未按照有关规定履行法定义务时,其将无法安全驶入避风港领域。由此,即使网盘服务提供者与其服务对象并不存在共同的意思联络,二者仍应承担共同责任,网盘服务提供者因而转变为帮助侵权者。[3] 2015 年,国家版权局发布《关于规范网盘服务版权秩序的通知》指出,网盘服务提供者应当于接到权利人通知、投诉后 24 小时内移除相关侵权作品,删除、断开相关侵权作品链接。[4]

3. 权利人的合格通知

《信网条例》第 14 条指明了权利人向网络服务提供者发出书面通知时,该通知应包含权利人的具体信息、作品名称及网络地址、构成侵权的初步材料等要素。其中,构成侵权的初步材料只要证明网络用户的行为有侵犯权利人合法权益的可能性即可,无须达到高度盖然性甚至盖然性的标准。[5] 由此,权利人的通知应使网络服务提供者明确其网络中可能存在着他人上传的侵权信息及其具体定位,[6]在其明悉诸如权利人姓名、联系方式和地址的具体信息时,其基于一定的依赖,有理由按照权利人的书面通知采取必要措施。

本案中,X 共委托北京网络版权监测中心向 Y 发送"提请移除侵权作品通知"邮件 78 封,其中均附有相关授权书,共计发送侵权链接 10,000 余条。[7] 以上通知能够证明涉案视频文件的特定权利人是 X,通知邮件指向于用户通过百度网盘向不特定公众分享涉案视频文件的具体链接,由此可以推知网盘用户

---

〔1〕 参见杨利新:《网络服务提供者在网络侵权避风港规则中的地位和义务》,载《福建师范大学学报(哲学社会科学版)》2020 年第 5 期。

〔2〕 参见吴汉东:《论网络服务提供者的著作权侵权责任》,载《中国法学》2011 年第 2 期。

〔3〕 参见《最高人民法院关于审理侵害信息网络传播权民事纠纷案件适用法律若干问题的规定》(2020)第 7 条第 3 款。

〔4〕 参见《国家版权局关于规范网盘服务版权秩序的通知》(2015)第 4 条。

〔5〕 参见杨利新:《网络服务提供者在网络侵权避风港规则中的地位和义务》,载《福建师范大学学报(哲学社会科学版)》2020 年第 5 期。

〔6〕 参见北京市知识产权法院民事判决书,(2017)京 73 民终 1194 号。

〔7〕 北京市海淀区人民法院民事判决书,(2017)京 0108 民初 15648 号。

具有侵权的可能性,X 向 Y 发送的通知因而构成合格通知。关于不合格通知的法律效力问题,DMCA 曾指明:不能从一份不合格的通知中推定网络服务提供商已知或应知其系统中存在涉嫌侵权的材料,[1] 但我国目前尚不存在相关规定。[2]

4. 网盘服务提供者的必要措施

网盘服务提供者接到权利人的合格通知后,应当及时采取必要措施,包括移除相关侵权作品、删除或断开相关侵权作品链接。必要措施采取的及时性的判断当结合权利人提交通知的形式,通知的准确程度,采取措施的难易程度,网络服务的性质,所涉作品、表演、录音录像制品的类型、知名度、数量等因素进行综合考量。[3]

本案中,法院认为,鉴于个案服务模式、紧急情况等存在较大差别,该问题的判断不应过分倚重上述国家版权局发布的《关于规范网盘服务版权秩序的通知》,即"一刀切"式地将该通知中的"24 小时内"作为考量是否及时断开链接、认定网络服务提供商是否具有过错的唯一因素,而应将最终的实际效果纳入判断范畴中,也即需要进一步考察 Y 在其能力范围内采取相应措施后,涉案视频文件的传播次数及侵权链接的剩余数量。Y 在收到 X 的合格通知后,当日予以断开的链接仅达到 64%,涉案侵权链接中仍有百余条能够在其采取措施后一周内自由传播,鉴于涉案电视剧正值热播期,Y 并未举证其上述行为已足够及时,且未致明显损害。因此,Y 应对由此导致的损害扩大部分与网络用户承担连带责任。

本案认定 Y 未在合理期限内断开涉案侵权链接后,继续论述了 Y 采取屏蔽措施及对重复侵权用户采取必要措施的可行性与必要性。法院以我国《侵权责任法》第 36 条为裁判依据,指明为了避免使侵权用户、权利人和网络服务提供者之间陷入"侵权—通知—断开—再侵权—再通知—再断开"的往复循环

---

[1] See 17 U.S.C. 513(c)(3)(b)(i) (1998).

[2] 参见熊文聪:《避风港中的通知与反通知规则——中美比较研究》,载《比较法研究》2014 年第 4 期。

[3] 参见《最高人民法院关于审理侵害信息网络传播权民事纠纷案件适用法律若干问题的规定》(2020)第 14 条。

之中，侵权链接的断开应被视为网络服务提供者免于承担侵权责任的必要条件而非充分条件。既然Y具备运用MD5值校验、视频指纹比对、关键词屏蔽等相关技术的能力，上述技术的运用不会使其面临难以克服的技术障碍或不合理的成本负担，更不会导致其因此无法正常为用户提供服务，从实现网络服务提供者与著作权人的利益平衡的角度出发，Y应当屏蔽制止用户分享侵权链接，以切断涉案视频文件的不法传播。同时，其应当对本案的8个重复侵权用户采取限制分享或封禁的必要措施，以防止X损失的继续扩大。[1]

目前，理论界亦存在"通知—移除"规则向"通知—屏蔽"规则转型的向往。[2] 从本案法院所引用的我国《侵权责任法》第36条来看，第2款列明"删除、屏蔽、断开链接"三项具体措施时以"等"字修饰。这说明，立法者并不排斥司法者依据网络服务提供者的信息管理能力、所提供服务的性质及引发侵权可能性的大小[3]等要素对此条款中的必要措施进行扩张解释，从而提高网络服务者的注意义务，只要扩张后的其他措施能够与上述三项措施具有目的、效果、程度上的一致性。

5. 网盘服务中的利益平衡

本案中，X于两审中均主张Y应承担删除涉案视频文件的义务，但该主张并未得到一审、二审法院的支持。究其原因，一为知识产权法定性的考量；二为其他用户利益的保护。信息网络传播权的保护范围限于向不特定公众提供作品，使其能够选定时间、地点获得作品的行为。鉴于本案的某些用户仅实施了上传、存储而非创建链接分享涉案视频文件的行为，一概阻止用户存储或要求Y删除已有的相关文件，有可能不合理地影响、限制部分用户对涉案作品的合法、正当使用，从而损害相关公众的利益。[4]

在判定Y应采取的具体措施时，法院仍未忽略用户利益的衡量。比如，就

---

〔1〕 参见北京市海淀区人民法院民事判决书，(2017)京0108民初15648号。

〔2〕 参见朱开鑫：《从"通知移除规则"到"通知屏蔽规则"——〈数字千年版权法〉"避风港制度"现代化路径分析》，载《电子知识产权》2020年第5期。

〔3〕 参见《最高人民法院关于审理侵害信息网络传播权民事纠纷案件适用法律若干问题的规定》(2020)第9条。

〔4〕 参见北京市海淀区人民法院民事判决书，(2017)京0108民初15648号。

Y 是否应当承担屏蔽制止用户分享侵权链接的义务来看，该措施的采取是否导致其他用户的不合理损害系该论证逻辑中的重要一环。鉴于该措施的“误伤”率较小，受到“误伤”的用户仍可以通过诉诸“反通知机制”加以化解，该措施因而被认定具有实施的可行性。未来，网盘服务者可以探索建立多元的版权内容过滤机制，并时刻关注登录状态异常、流量变化幅度异常[1]的用户账号，从而更为及时地响应“通知—移除”规则。

〔1〕 参见国家版权局《关于规范网盘服务版权秩序的通知》(2015)第 8 条。

第四章　其他知识产权前沿判例精解

一、企业字号与商标冲突构成不正当竞争的认定——“宝岛”商标侵权与不正当竞争纠纷案[1]

企业字号与商标之间的冲突解决，主要遵循保护在先权利原则、避免混淆原则、诚实信用原则和维护公平竞争原则，在后注册商标不得与在先企业字号相冲突，在后企业字号不得与在先商标相冲突，但如果相互冲突的企业名称与商标均为合法取得权利，则可以在责令在后企业名称或商标规范使用的基础上允许两者共存。

(一)事实概要

X(一审原告、二审上诉人、再审申请人)为“宝岛”第772859号“宝岛”图文组合商标和第1394755号“宝岛”文字商标(以下简称涉案商标)的独占被许可使用人，Y(一审被告、二审被上诉人、再审被申请人)为“宝岛”企业字号(以下简称涉案字号)的所有者、使用者。

X于2013年向四川省成都市中级人民法院(以下简称成都中院)提起本案诉讼，请求判令Y立即停止商标侵权和不正当竞争行为、在《法制日报》上刊登声明以消除影响、赔偿X经济损失50万元。成都中院一审认为，Y在网页宣传和特许经营活动中突出使用了其企业字号“宝岛”，造成了相关消费者的误认，构成对涉案商标权的侵害；但Y将“宝岛”字样用于企业名称具备正当理

[1] 参见最高人民法院民事判决书，(2020)最高法民再380号。

由,对“宝岛”字样在眼镜行业中的商誉也有贡献,且Y停止在企业名称中使用“宝岛”字样并非消除混淆或误认的必要或唯一措施。因此,成都中院一审判决,Y立即停止在网页宣传和特许经营活动中使用“宝岛眼镜”“宝岛眼镜(连锁)”“宝岛眼镜(连锁)公司”字样,在《法制日报》上就其商标侵权行为刊登声明以消除影响,赔偿X经济损失30万元。[1]

X、Y均对成都中院一审判决不服,向四川省高级人民法院(以下简称四川高院)提起上诉,X请求改判Y立即停止商标侵权和不正当竞争行为、在《法制日报》上刊登声明以消除影响、赔偿X经济损失50万元,Y请求撤销成都中院一审判决、驳回X的全部诉讼请求。四川高院二审认为,Y在其公司网页上以及特许经营活动中突出使用“宝岛眼镜”“宝岛眼镜(连锁)”“宝岛眼镜(连锁)公司”等字样侵犯了涉案商标专用权,但Y注册含有“宝岛”字样的企业名称并使用至今并不构成不正当竞争。因此,四川高院二审判决,驳回X、Y的上诉,维持成都中院一审判决。[2]

X对四川高院二审判决不服,向最高人民法院申请再审,请求撤销四川高院二审判决,维持成都中院一审判决第一项,并判令Y立即停止使用并将其企业名称变更登记为不含“宝岛”字样。X申请再审的主要理由包括:(1)X提供的证据足以证明,Y及其连锁店即使规范使用其企业名称,也依然会导致相关公众的混淆;(2)Y突出使用“宝岛”的商标侵权主观故意明显,即可证明其最初登记含“宝岛”的企业名称,就是为了突出使用“宝岛”进行侵权;(3)四川高院二审判决认定Y注册使用含“宝岛”字样的企业名称具有正当理由和目的,缺乏充足证据证明,并与本案证据证明的客观事实相矛盾。

(二)裁判要旨

最高人民法院再审判决,撤销四川高院二审判决,维持成都中院一审判决第一、二、三项,并判令Y停止在企业名称中使用“宝岛”字号。

最高人民法院再审认为,对于合法取得的注册商标专用权、企业名称或字

---

[1] 参见四川省成都市中级人民法院民事判决书,(2013)成民初字第992号。

[2] 参见四川省高级人民法院民事判决书,(2018)川民终417号。

号,应依法行使权利,予以保护。对于注册商标与企业名称(字号)之间的冲突,应当区分不同情况,按照诚实信用、保护在先权利、维护公平竞争和避免混淆等原则,依法处理。如果注册使用企业名称的行为本身并不具有恶意,只是在实际使用过程中,由于企业名称的简化使用、突出使用等不规范使用行为,导致相关公众将其与他人注册商标产生混淆误认的,属于商标侵权行为,可以要求相关企业规范使用其企业名称。如果注册使用企业名称的行为本身缺乏正当性,不正当地将他人具有较高知名度的在先注册商标作为字号注册登记为企业名称,即使规范使用仍容易产生市场混淆的,可以按照不正当竞争行为加以处理。

本案中,涉案商标分别在 1994 年和 2000 年在第 42 类眼镜行服务上获准注册,Y 于 2006 年 5 月 30 日设立时明知涉案商标已经在眼镜行服务上获准注册且具有一定知名度。从现有证据来看,尚不足以证明 Y 在注册时已经获得了"宝岛"字号的绝对权益并可以据此对抗他人在先注册商标专用权。Y 区别不同市场主体主要标志的企业名称"宝岛"与涉案商标的主要识别部分相同,容易引起公众误认二者存在某种联系或为同一市场主体,使他人对其服务来源产生混淆。

从 Y 使用"宝岛"字号的方式来看,Y 主要通过简化企业名称的方式突出使用"宝岛"字号,亦在一定程度上能够证明 Y 在注册"宝岛"字号及使用时具有攀附"宝岛"商标声誉、搭便车的主观故意,其行为在性质上属于违背诚实信用原则、容易引起市场混淆的不正当竞争行为。根据我国《商标法》第 58 条、我国《反不正当竞争法》第 2 条的规定,对于违反诚实信用原则,使用与他人注册商标中的文字相同或者近似的企业字号,足以使相关公众对其商品或者服务的来源产生混淆的,构成不正当竞争。[1]

(三)案件评析

1. 案件的典型意义

本案属于《最高人民法院知识产权案件年度报告(2020)》从最高人民法院

[1] 参见最高人民法院民事判决书,(2020)最高法民再 380 号。

2020年审结的知识产权案件中精选的55件典型案件之一，所涉及的企业字号与注册商标冲突构成不正当竞争的认定问题，入选该年度报告所归纳的63个具有一定指导意义的法律适用问题。[1]

2. 企业字号与商标之间冲突的类型

根据企业字号与商标登记、注册和使用的时间先后，企业字号与商标冲突可以分为两种，即在先企业字号与在后商标之间的冲突，在后企业字号与在先商标之间的冲突。[2] 其中，"在先""在后"主要以登记、注册之日为准，但如果在登记、注册之日以前已经使用且有一定影响，则可以将时间前推至其使用之日；如果在登记、注册之日以后才使用，则应当将时间后延至其使用之日；如果在登记、注册之日以后一直没有使用，则无权禁止他人在后登记、注册和使用。所谓"有一定影响"，是指具有一定的市场知名度，具有区别商品来源的显著特征。[3]

在先企业字号与在后商标之间的冲突是指行为人将他人在先登记和使用的企业字号，作为自己商品或服务的商标进行注册和使用而产生的冲突，[4] 通常表现为两类具体情形：①企业老字号被他人抢注为商标。企业老字号一般经过长期积淀，具有深厚的人文底蕴，传承着世代的工艺技巧和精湛服务；具有广泛的传播性，能为商品或服务累积较高的知名度；取得了社会广泛认同，是良好信誉的保证。将企业老字号抢注为商标，是行为人欲从其巨大的品牌价值中牟取利益。比如"王致和"作为企业老字号，有人在德国将之抢注为自己的商标。②企业字号本身的显著性较弱，他人将相似字眼用于商标中。例如，"新华"案中，被告在先取得了"新华"企业字号，而原告在后取得了西药、类西药上使用"新华"注册商标。但"新华"二字在我国社会生活各个领域广泛使用，相关公众在看到"新华"两字的同时，不会在第一时间将其联系到某个特定经营主体或来源，即"新华"二字的标识作用在一定程度上被削弱了。虽然原告商标与

〔1〕 参见《最高人民法院知识产权案件年度报告（2020年）摘要》，载《人民法院报》2021年4月26日，第2版。

〔2〕 参见杨玉熹：《商号与商标：权利冲突与解决》，载《现代法学》1999年第4期。

〔3〕 参见《最高人民法院关于审理不正当竞争民事案件应用法律若干问题的解释》（2022）第4条。

〔4〕 参见陈璐旸：《企业名称与商标冲突疑难问题解决路径探讨》，载《电子知识产权》2016年第2期。

被告企业字号同为“新华”二字，但两者各自都应受到法律的平等保护。

在后企业字号与在先商标之间的冲突是指在后登记和使用的企业字号与在先注册和使用的商标之间相同或相似而产生的冲突，通常表现为两类具体情形：①他人蓄意利用在先商标所享有的影响力，将商标中的文字突出使用，作为企业字号进行登记和使用，致使消费者产生混淆。例如，在“克莉丝汀”案中，原告1998年受让取得“克莉丝汀”商标，被告虽于1991年注册登记但直到1999年才将企业字号变更为“克莉丝汀”。被告生产着与原告注册商标核定使用相同的商品，且在外包装上突出使用企业简称“克莉丝汀”字样，这可能导致消费者无法正确辨别两家产品，或者误以为两企业之间具有关联关系，即导致商标与企业字号之间的冲突。②主观上没有欲使消费者产生混淆，但客观上在后企业字号与在先商标相同或相似。例如，原告于1994年在第42类餐饮服务上申请注册了“半畝園”商标，而被告虽于2002年成立时没有“搭便车”的主观恶意，但在其各大门店的牌匾和菜单上突出使用了“半亩田”企业字号，由于两者极为相似，造成了消费者混淆，因而依然产生了冲突。

3. 企业字号与商标之间冲突的解决

（1）企业字号与商标之间冲突的解决原则

对于企业字号与商标之间冲突的解决，主要遵循保护在先权利原则、避免混淆原则、诚实信用原则和维护公平竞争原则。[1] ①保护在先权利原则，主要规定在我国《商标法》（2019）第9条第1款和第32条、《企业名称登记管理规定》（2020）第17条第1项和第23条第1款以及《最高人民法院关于审理注册商标、企业名称与在先权利冲突的民事纠纷案件若干问题的规定》（2020）第1～3条。②避免混淆原则，主要规定在我国《商标法》（2019）第57条第2项、《反不正当竞争法》（2019）第6条第2项以及《最高人民法院关于审理注册商标、企业名称与在先权利冲突的民事纠纷案件若干问题的规定》（2020）第2条。③诚实信用原则，主要规定在我国《商标法》（2019）第7条第1款、《反不正当竞争法》（2019）第2条第1款、《企业名称登记管理规定》（2020）第23条

---

〔1〕 参见谢冬伟：《商标权与企业名称权的冲突及其解决》，载《中华商标》2005年第6期。

第 1 款。④维护公平竞争原则,主要规定在我国《反不正当竞争法》(2019)第 1 条和第 2 条第 1 款。

(2)在先企业字号与在后商标之间冲突的解决

根据我国《商标法》(2019)第 9 条第 1 款、第 30 条、第 32 条、第 34 条以及《最高人民法院关于审理注册商标、企业名称与在先权利冲突的民事纠纷案件若干问题的规定》(2020)第 1 条第 1 款的规定,在后注册商标不得与在先企业字号相冲突。如果在后注册商标核准之日以前即在对在后注册商标的申请进行审查期间,发现在后注册商标与在先企业字号相冲突,则由国家知识产权局决定驳回在后注册商标的申请;对国家知识产权局作出的驳回决定不服的,可以自收到通知之日起 15 日内向国家知识产权局申请复审;对国家知识产权局作出的复审决定再不服的,还可以自收到通知之日起 30 日内向法院提起行政诉讼。如果在后注册商标核准之日以后,发现在后注册商标与在先企业字号相冲突,则在先权利人可以直接向法院提起企业字号侵权民事诉讼。[1]

(3)在后企业字号与在先商标之间冲突的解决

根据我国《商标法》(2019)第 58 条、《企业名称登记管理规定》(2020)第 23 条、《最高人民法院关于审理商标民事纠纷案件适用法律若干问题的解释》(2020)第 1 条第 1 项以及《最高人民法院关于审理注册商标、企业名称与在先权利冲突的民事纠纷案件若干问题的规定》(2020)第 4 条的规定,在后企业字号不得与在先商标相冲突。如果在后企业字号的登记和使用本身并不具有恶意,只是由于在后企业字号的简化使用、突出使用等不规范使用行为,导致在后企业字号与在先商标产生混淆的,属于商标侵权行为,在先商标权人可以向法院提起商标侵权民事诉讼,请求判令相关企业规范使用在后企业字号。如果在后企业字号的登记和使用本身缺乏正当性,将具有较高知名度的在先商标不正当地登记和使用为企业字号,即使对在后企业字号规范使用仍容易产生混淆的,属于不正当竞争行为,在先商标权人可以向法院提起不正当竞争民事诉讼,

[1] 参见陶恒河:《在先登记企业名称与在后注册商标冲突的处理》,载《人民司法》2012 年第 10 期。

请求判令相关企业承担停止使用、规范使用等民事责任。[1]

4. 相互冲突的企业字号与商标共存

相互冲突的企业名称与商标共存是在后使用人构成商标侵权或不正当竞争的例外。如果相互冲突的在后企业名称或商标与在先商标或企业名称均为合法取得权利，也可以认定在后企业名称或商标对在先商标或企业名称不构成商标侵权或不正当竞争，在责令在后企业名称或商标规范使用的基础上，允许相互冲突的在后企业名称或商标与在先商标或企业名称共存。[2] 相互冲突的企业字号与商标共存主要有以下具体情形：

(1) 企业老字号与商标共存。我国企业老字号不但源远流长，很多都早于我国《商标法》的立法与实施；而且权属复杂，其权利人不止一个。在我国《商标法》实施以后，有的权利人将企业老字号注册为商标。在这种情况下，应当本着尊重历史的原则，允许企业老字号与商标共存。企业老字号与商标共存的典型案例是"张小泉"案。该案终审判决指出，被控侵权人主观意图上不具有搭便车的恶意，其突出使用"张小泉"字号系出于善意，因而考虑历史特殊原因，不能认定被控侵权行为构成商标侵权和不正当竞争，但为避免两者发生混淆、误导消费者，判令被控侵权人在原有范围内规范使用企业字号。[3]

(2) 在先商标与在后企业名称共存。与在先商标共存的企业字号至少应当满足三个条件：①合法取得企业字号；②规范使用企业字号；③未故意攀附商标声誉。在先注册商标与在后企业名称共存的典型案例是"王将饺子"案。该案再审判决指出，由于在后企业字号的登记和使用具有正当合理性，在先商标与在后企业字号实际使用的地域范围不同，被控侵权人规范使用在后企业字号，因而在后企业字号没有侵害在先商标权，即认可在先商标与在后企业名称共存。[4]

(3) 弱显著性的商标与突出使用的企业字号共存。突出使用的在后企业

---

〔1〕 参见汪正：《企业名称与在先商标的冲突——新〈商标法〉第五十八条评析》，载《中华商标》2013年第12期。

〔2〕 参见管荣齐：《中国知识产权保护的法律边界》，载《学术论坛》2020年第1期。

〔3〕 参见上海市高级人民法院民事判决书，(2004)沪高民三(知)终字第27号。

〔4〕 参见最高人民法院民事判决书，(2010)民提字第15号。

字号是否侵害在先商标权，原则上以是否产生混淆、误认可能性为基础，而在先商标显著性的强弱程度是判断在后企业字号是否产生混淆、误认可能性的一个重要因素。弱显著性的商标与突出使用的企业字号共存的典型案例是“齐鲁”案。该案再审判决指出，由于“齐鲁”是山东省的别称，在社会生活各个行业领域被广泛使用，故将其作为商标使用，削弱了商标的显著性。被控侵权人与在先商标权人所处行业领域不同，不可能产生混淆、误认可能性，故突出使用的企业字号没有侵害弱显著性的商标权，即认可弱显著性的商标与突出使用的企业字号共存。[1]

二、集成电路布图设计专有权的保护——“锂电池保护芯片”集成电路布图设计侵权案[2]

集成电路布图设计具有可复制性、表达有限性、产业利用性等特点，不适合以《专利法》《著作权法》提供保护。集成电路布图设计的保护范围依据其复制件或图样的纸件确定，其专有权仅涵盖具有独创性的部分。集成电路布图设计是否具有独创性的举证责任应当合理分配，首先由权利人对有关事实进行解释或说明并提供证据予以证明，其次由被控侵权人针对权利人主张的事实和提供的证据进行抗辩。

（一）事实概要

X（一审原告、二审被上诉人）为登记号为 BS. 12500520. 2、名称为“集成控制器与开关管的单芯片负极保护的锂电池保护芯片”集成电路布图设计（以下简称涉案布图设计）的专有权人，Y（一审被告、二审上诉人）为被控侵权产品（JA5088 集成电路芯片）的制造者、销售者。

X 于 2015 年 6 月 11 日向广东省深圳市中级人民法院（以下简称深圳中院）提起本案诉讼，请求判令 Y 立即停止复制、销售被控侵权产品，并赔偿 X 经济损失及合理维权费用人民币 100 万元。深圳中院一审认为，经鉴定，涉案布

〔1〕 参见最高人民法院民事裁定书，(2011)民申字第 222 号。
〔2〕 参见最高人民法院民事判决书，(2019)最高法知民终 490 号。

图设计在 X 主张的 6 个独创点上都具有独创性，且被诉侵权产品与涉案布图设计在独创点 5 上相同、在独创点 1、2、3、4、6 上实质相同，故被诉侵权产品侵害了涉案布图设计专有权。因此，深圳中院一审判决，Y 赔偿 X 经济损失 50 万元。[1]

Y 对深圳中院一审判决不服，向最高人民法院知识产权法庭（以下简称最高院知产法庭）提起上诉，请求撤销深圳中院一审判决，改判驳回 X 的全部诉讼请求或发回重审。Y 的主要上诉理由包括：(1) 涉案布图设计的图样纸件“模糊不清”，导致其设计结构、保护范围不清晰，不应受到法律的保护；(2) 集成电路布图设计（又可称布图设计）专有权是以“公开换保护”，其保护范围应限于对公众公开的部分，鉴定意见直接以涉案布图设计登记时提交的集成电路样品（以下简称登记样品）确定其保护范围是错误的；(3) 鉴定意见认定涉案布图设计具有独创性，但其根据的现有证据到底指什么并未提及；(4) X 对其主张的 6 个独创点仅仅分析了功能和局部布局，并未从功能性、选择性、布局性、互连性、组合性等多方面进行全面分析，不足以认定 X 主张的 6 个独创点有独创性。

（二）裁判要旨

最高院知产法庭再审判决，驳回 Y 的上诉，维持深圳中院一审判决。

最高院知产法庭二审认为，布图设计的保护并不以公开布图设计的内容为条件。根据我国《集成电路布图设计保护条例》及其实施细则的有关规定，国家知识产权局在布图设计的登记审查时，对纸件的要求是至少放大到 20 倍以上，对电子版本的要求是包含布图设计的全部信息。登记公告后，公众可以请求查阅的是纸件，对于已经投入商业利用的布图设计纸件中涉及的保密信息，除侵权诉讼或行政处理程序的需要，不得查阅或复制；对于电子版本，同样除侵权诉讼或行政处理程序需要外，任何人不得查阅或复制。由此可见，无论在登记过程中还是登记公告后，对含有布图设计全部信息的电子版本和已投入商业利用的布图设计纸件中的保密信息均没有对公众无条件全部公开的要求。

---

[1] 参见广东省深圳市中级人民法院民事判决书，(2015) 深中法知民初字第 1106 号。

在布图设计专有权的产生上实行的是登记保护主义，即对布图设计的保护以登记作为前提，至于其是否投入商业使用，则在所不问。布图设计的登记是确定保护对象的过程，是获得布图设计专有权的条件，而不是公开布图设计内容的过程，也不是以公开布图设计为对价而获得专有权保护。本案中，涉案布图设计的保护范围具体体现为 X 主张的 6 个独创点，能否以登记样品确定 6 个独创点的具体内容取决于 6 个独创点所在图层是否被纳入复制件或图样的纸件中，以及纸件相应部分是否与登记样品存在明显不同，但复制件或图样的纸件与登记样品的一致性并不要求两者在细节上完全相同。在纸件细节模糊不清，而登记样品和复制件或图样不存在明显差异的前提下，可以采用登记样品确定 6 个独创点的细节结构。

布图设计的保护对象是为执行某种电子功能而对于元件、线路所作的具有独创性的三维配置。首先，布图设计保护的是三维配置，不延及思想、处理过程、操作方法或者数学概念等。在体现布图设计的功能层次上由于不含有元件和线路的三维配置而不给予保护，但在这个层次之下独创性的体现逐步增强，对元件分配和布置、各元部件间的互联、信息流向关系、组合效果等可以给予保护。其次，受保护的独创性部分应能够相对独立地执行某种电子功能，而不论其在整体设计中是否占有主要部分，是否能够实现整体设计的核心性能。如果一项布图设计是由公认的常规设计组合而成，则其组合作为整体应具有独创性。最后，受保护的布图设计应当具有独创性。独创性是布图设计受保护的前提条件，包含两层含义：一是创作人自己设计完成；二是不属于创作时公认的常规设计。

对于独创性的证明，不能过分加大权利人的举证责任，要求其穷尽一切手段证明布图设计的独创性。对布图设计是否具有独创性的举证责任分配，应充分考虑布图设计的特点、目前我国布图设计的登记现状、双方的举证能力等因素。在权利人主张其布图设计的三维配置整体或部分具有独创性时，应当以权利人主张的独创性部分为依据，首先由权利人对该部分作出合理的解释或说明，其次由被控侵权人就该部分不具有独创性提供相反证据，在此基础上综合判断该布图设计是否具备独创性。权利人的独创性解释或说明可能是从不同角度对独创性部分的概括或者抽象,而不一定包括对三维配置内容的描述。被控侵权人不能推翻权利人的独创性解释或说明的,应当认定该布图设计具备独创性。[1]

(三)案件评析

1. 案件的典型意义

本案属于最高人民法院发布的2020年中国法院10大知识产权案件之一,最高院知产法庭二审判决厘清了集成电路布图设计登记行为的性质,明确了集成电路布图设计独创性判断的基本思路,有力地维护了集成电路布图设计权利人的利益。[2] 本案还是《最高人民法院知识产权案件年度报告(2020)》从最高人民法院2020年审结的知识产权案件中精选的55件典型案件之一,以及最高院知产法庭2020年审结的2787件技术类知识产权案件中精选出的55个典型案例之一,所涉及的集成电路布图设计专有权保护范围的确定、集成电路布图设计独创性的认定2个问题及其裁判规则,入选《最高人民法院知识产权案件年度报告(2020)》所归纳的63个具有一定指导意义的法律适用问题,以及最高院知产法庭2020年审结的2787件技术类知识产权案件中提炼成的46条裁判规则。[3]

2. 集成电路布图设计专有权保护的特点

集成电路布图设计,是指集成电路中至少有一个是有源元件的两个以上元件和部分或者全部互连线路的三维配置,或者为制造集成电路而准备的上述三维配置。[4] 布图设计专有权是指自然人、法人或者其他组织依照有关法律法规的规定,对其创作的具有独创性的布图设计享有的排他性专有权利。[5] 布

---

〔1〕 参见最高人民法院民事判决书,(2019)最高法知民终490号。

〔2〕 参见《最高人民法院办公厅关于印发2020年中国法院10大知识产权案件和50件典型知识产权案例的通知》(法办〔2021〕146号)。

〔3〕 参见《最高人民法院知识产权案件年度报告(2020年)摘要》,载《人民法院报》2021年4月26日,第2版;孙航:《〈最高人民法院知识产权法庭裁判要旨(2020)〉发布》,载《人民法院报》2021年2月27日,第2版。

〔4〕 参见国务院《集成电路布图设计保护条例》(2001)第2条第2项。

〔5〕 参见祝建军:《不视为侵犯集成电路布图设计专有权的条件》,载《人民司法(案例)》2017年第14期。

图设计专有权主要包括复制权和商业利用权，其中复制是指重复制作布图设计或者含有该布图设计的集成电路的行为，商业利用是指为商业目的进口、销售或者以其他方式提供受保护的布图设计、含有该布图设计的集成电路或者含有该集成电路的物品的行为。[1]

布图设计具有可复制性、表达有限性、产业利用性等特点，兼具作品的外在表达形式和专利的内在实用功能，可谓披着作品外衣的专利设计。[2] 布图设计的这些特点决定了其不适合以《专利法》《著作权法》提供保护，世界上绝大多数国家通过单行法来保护布图设计。我国亦单独制定了《集成电路布图设计保护条例》及《集成电路布图设计保护条例实施细则》，赋予和保护自然人、法人或者其他组织的布图设计专有权。根据我国《集成电路布图设计保护条例》的有关规定，布图设计的保护以登记为前提，未经登记的布图设计不受保护，似乎接近于专利保护。但是，布图设计的保护以独创性为实质条件，并不延及思想、处理过程、操作方法或者数学概念等，似乎更接近于著作权保护。[3]

3. 集成电路布图设计专有权保护的范围

根据我国《集成电路布图设计保护条例》及其实施细则的有关规定，布图设计专有权经登记产生，未经登记的布图设计不受保护；申请布图设计登记应当提交布图设计的复制件或图样，包括纸件、电子版本、集成电路样品，其中：至少放大到用布图设计生产的集成电路 20 倍以上的纸件必须提交，含有布图设计全部信息的电子版本自愿提交，布图设计已投入商业利用的集成电路样品应当提交；布图设计登记公告后，布图设计的复制件或图样中，社会公众可以请求查阅的仅限于纸件而不包括电子版本，且不包括已经投入商业利用的布图设计纸件中的保密信息，只有在侵权诉讼或行政处理程序需要时才可以查阅布图设

[1] 参见国务院《集成电路布图设计保护条例》(2001)第 2 条第 4 ~ 5 项。

[2] 参见刘春田主编：《知识产权法》(第 5 版)，高等教育出版社 2015 年版，第 402 ~ 411 页。

[3] 参见国务院《集成电路布图设计保护条例》(2001)第 4 ~ 5 条、第 8 条；于晓白等：《知识产权民事案由的理解与适用》，载最高人民法院民事审判第三庭编：《知识产权审判指导》第 11 辑，人民法院出版社 2008 版，第 95 页。

计的电子版本和纸件中的保密信息。[1]

由上可见，布图设计获得登记和保护的必要文件是其复制件或图样的纸件，其放大倍数应当达到社会公众看清的程度，在登记公告后社会公众可以查阅；含有布图设计全部信息的电子版本不是布图设计获得登记和保护的必要文件，在布图设计登记公告后社会公众也不可以查阅；而布图设计在申请日以前已投入商业利用的，必须提交布图设计的集成电路样品，但社会公众无法通过集成电路样品获知布图设计的三维配置信息。因此，布图设计的保护范围只有依据其复制件或图样的纸件才能确定，单独的布图设计电子版本或其集成电路样品都不能作为其保护范围的确定依据，当布图设计的复制件或图样的纸件、电子版本、集成电路样品不一致时，应当以布图设计的复制件或图样的纸件为准。[2]

4. 集成电路布图设计专有权保护的条件

根据我国《集成电路布图设计保护条例》的有关规定，布图设计必须具有独创性才能登记获得专有权和受到保护，即布图设计是创作者自己的智力劳动成果，并且在其创作时在其创作者和集成电路制造者中不是公认的常规设计。[3] 在绝大多数情况下，整个布图设计的某一或某些部分具有独创性，或者由常规设计组成的布图设计组合整体上具有独创性，只有在极少数情况下整个布图设计具有独创性。由于我国布图设计的登记与世界上绝大多数国家一样实行初步审查制度，因而布图设计在登记时虽然其整体内容可以被确定下来，但其独创性部分并未被清晰地说明和划定。[4] 而布图设计专有权仅涵盖布图设计中具有独创性的部分，[5] 故在布图设计侵权诉讼中，必须查明涉案布图设计中具有独创性的部分。这是一项艰难而复杂的技术事实查明程序，主要根据

---

〔1〕 参见国务院《集成电路布图设计保护条例》(2001)第 8 条、第 16 条第 2～3 项；国务院《集成电路布图设计保护条例实施细则》(2001)第 14～15 条、第 39 条。

〔2〕 参见祝建军：《对集成电路布图设计专有权司法保护有关问题的思考》，载《知识产权》2016 年第 9 期。

〔3〕 参见国务院《集成电路布图设计保护条例》(2001)第 4 条第 1 款。

〔4〕 参见祝建军：《对集成电路布图设计专有权司法保护有关问题的思考》，载《知识产权》2016 年第 9 期。

〔5〕 参见国务院《集成电路布图设计保护条例》(2001)第 7 条、第 30 条。

原被告双方的举证来进行。

对于布图设计是否具有独创性的举证,应当首先由权利人对有关事实进行解释或说明并提供证据予以证明,有关事实包括:布图设计中有哪些独创性部分,业内相应的常规设计是什么,独创性部分与相应常规设计的区别是什么,布图设计的独创性有何积极作用。其次由被控侵权人针对权利人主张的事实和提供的证据,就其不认可的事实进行抗辩并提出自己的事实主张,同时提供相反证据反驳权利人的事实主张和支持自己的事实主张,比如涉案布图设计不是权利人创作的,其属于常规设计而不具有独创性,其复制件或图样的纸件、电子版本、集成电路样品不一致等。[1] 需要特别注意的是,布图设计是否具有独创性的举证责任应当合理分配,充分考虑布图设计的特点、目前我国的登记现状、双方的举证能力等因素,不能过分加大权利人对其布图设计独创性的举证责任;如果被控侵权人不能推翻权利人主张的事实和提供的证据,就应当认定布图设计具备独创性。[2]

三、知识产权刑民交叉案件的事实认定与证明标准——大西洋公司与宋某兴公司盈余分配纠纷案[3]

对于刑民交叉案件的审理,我国司法实践中存在"先刑后民"、"先民后刑"及"刑民并举"三种方式,其中"先刑后民"方式占据主流,刑事诉讼中预决的事实对于后行的民事诉讼具有预决效力。知识产权刑民交叉案件具有特殊性,一般以权利人损失或侵权人获利大小区分刑事犯罪和民事侵权行为,"先刑后民"方式正在受到"先民后刑"方式的挑战。

(一)事实概要

X(一审原告、二审上诉人、再审申请人)是国内首家专门从事连铸技术研究、开发和连铸工程总承包的专业化技术公司,相关设计图纸及设计资料是其

[1] 参见祝建军:《对集成电路布图设计专有权司法保护有关问题的思考》,载《知识产权》2016 年第 9 期。

[2] 参见最高人民法院民事判决书,(2019)最高法知民终 490 号。

[3] 参见最高人民法院民事判决书,(2019)最高法民再 135 号。

核心的商业秘密。Y(一审被告、二审被上诉人、再审被申请人)曾任X的高级管理人员。Y与X签订《离职后义务协议》(以下简称《离职协议》)约定Y自离职之日起两年内需承担的竞业限制及保密义务后,作为实际出资人以隐蔽手段隐名组建了与X具有同行业竞争关系的武汉恒瑞谷冶金科技有限公司(以下简称恒瑞谷公司),该公司内存有X的设计图纸。

X向湖北省武汉市中级人民法院(以下简称武汉中院)提起诉讼,请求判决Y返还已支付的奖励补偿款,并支付相当于已付奖励款30%的违约金。武汉中院一审认定,武汉市江岸区人民检察院指控恒瑞谷公司以及杨某祥(以下简称Z)涉嫌侵犯商业秘密罪刑事案的侦察结果中并未涉及Y,亦无Y侵犯X商业秘密的事实认定,Y与相关行为无涉。由此,武汉中院判决驳回X的诉讼请求。[1]

X不服该判决,向湖北省高级人民法院(以下简称湖北高院)提起上诉,请求撤销一审判决,其主要理由是:(1)本案款项基于劳动关系支付,依法应属于劳动争议仲裁委员会仲裁事项,一审法院不能直接受理,故其审理程序违法。本案亦应等待相关刑事案件的进一步侦查及审判结果。(2)Y因违反《离职协议》而需返还已经支付的款项,并支付违约金及赔偿损失,其无权要求X继续支付相关款项,故一审法院认定事实严重错误。

湖北高院二审判决认为,X列举的大量证实Y违约行为的证据来源于刑事侦查阶段卷宗及单方鉴定结论,刑事起诉书并不涉及对Y的指控,亦无Y侵犯X商业秘密的事实认定。同时,X不能举出充分证据证明Y存在违反竞业限制义务或侵犯商业秘密的行为。在X举证证据均系间接证据且不能形成排他性证据链条的情形下,湖北高院判决驳回X的上诉请求并维持原判。[2]

X不服湖北高院二审判决,向最高人民法院申请再审,请求撤销一审、二审判决,发回重审或改判支持X的请求并由Y承担诉讼费用,其主要理由是:(1)Y违反《离职协议》中关于竞业限制的约定,为恒瑞谷公司提供了注册资金

---

〔1〕 参见湖北省武汉市中级人民法院民事判决书,(2014)鄂武汉中民商初字第00185号。

〔2〕 参见湖北省高级人民法院民事判决书,(2016)鄂民终1029号。

和技术支持；(2)Y 违反《离职协议》中关于保密义务的约定，私自留存 X 的商业秘密，并提供给恒瑞谷公司使用；(3)依照《离职协议》的约定，Y 应返还补偿奖励款并承担相应的违约责任。

(二)裁判要旨

最高人民法院再审判决，撤销一审、二审判决，支持 X 的再审请求。

最高人民法院再审判决认为，先行刑事案件预决事实的预决力并非没有条件。考虑到 Y 并未受刑事指控，与本案相关的刑事案件自然不可能涉及 Y 是否参与实施犯罪行为，是否构成侵犯商业秘密罪，亦不会就 Y 的行为是否违反《离职协议》作出明确认定。相关证据显示，恒瑞谷公司的 1000 万元注册资金全部来源于与 Y 或其配偶密切相关的公司，Y 在恒瑞谷公司的股份由他人代持，其是恒瑞谷公司的实际出资人。因此，最高人民法院认定 Y 在离职后两年内以隐蔽手段隐名组建了与 X 具有同行业竞争关系的恒瑞谷公司，违反了竞业限制的约定。同时，基于已经生效的刑事判决书[1]认定的恒瑞谷公司构成侵犯 X 商业秘密罪，特别是在恒瑞谷公司内发现了 X 技术图纸的基本事实，结合 Y 隐名出资设立恒瑞谷公司并担任该公司实际控制人的行为，可以推定 Y 具有违反《离职协议》中关于保密义务约定的高度可能性。

《离职协议》第 9 条及第 10 条约定，“未履行竞业限制义务或者履行竞业限制义务不符合本协议约定的”以及“有其他损害大西洋公司利益行为的”，X 可根据违约所造成的损失情况减少经济补偿及奖励，要求 Y 返还已支付的经济补偿及奖励，以及按已支付经济补偿及奖励总额的 30% 支付违约金。最高人民法院以此作为裁判依据，认定 Y 以较为隐蔽的行为手段实施了违反该协议中有关竞业限制和保密义务的约定，其主观恶意较为明显，Y 应退还 X 支付的奖励补偿款总计 10,514,462.44 元，并承担该笔款项 30% 的违约金即 3,154,338.73 元，共计 13,668,801.17 元。

---

[1] 参见湖北省武汉市江岸区人民法院刑事判决书，(2016)鄂 0102 刑初 17 号。

（三）案件评析

1. 案件的典型意义

本案促进了知识产权刑民交叉案件的协同审理机制，释明了相关案件的事实认定及证明标准，2020 年入选中国法院十大知识产权案件。[1] 法院基于刑事诉讼证据与民事诉讼证据的差异性，通过对于刑事案件中有罪及无罪的事实认定的区分，结合本案的特殊情况，明确了先行刑事案件的预决事实在民事诉讼中并不具有绝对效力。当在先刑事案件无法发挥其预决力时，具体的案件事实仍需于在后的民事诉讼中进行判断和认定，从而彰显了严惩不诚信行为、维护公平竞争市场秩序的司法导向。

《最高人民法院关于在审理经济纠纷案件中涉及经济犯罪嫌疑若干问题的规定》（2020）中提出了刑民交叉案件处理的基本理念，即“同一自然人、法人或非法人组织因不同的法律事实，分别涉及经济纠纷和经济犯罪嫌疑的，经济纠纷案件和经济犯罪嫌疑案件应当分开审理”。[2] 知识产权刑民交叉案件，是指由同一或交叉的两个法律事实所引发的，知识产权刑事犯罪行为和民事违法行为在一定程度上相互交织的案件。[3] 两个法律事实的同一性亦可称为竞合性，所属学说系“同一事实说”。[4] 所谓同一事实，是指行为主体、行为客体或对象，以及行为表现三者均相同的事实。[5] 两个法律事实的交叉性亦称为牵连性，所属学说系“同一案件事实说”，其将民事、刑事案件中具有主从、隶属关系的牵连性法律事实也纳入刑民交叉概念的指称对象中。其中，有关法律事实的同一或交叉又分别区分为刑事犯罪行为与民事侵权行为、违约行为或者不当得利、无因管理行为的同一或交叉。

---

〔1〕 参见《最高人民法院办公厅关于印发 2020 年中国法院 10 大知识产权案件和 50 件典型知识产权案例的通知》（2021），2020 年中国法院 10 大知识产权案件之 5。

〔2〕 参见《最高人民法院关于在审理经济纠纷案件中涉及经济犯罪嫌疑若干问题的规定》（2020）第 1 条。

〔3〕 参见黄娟：《知识产权刑民交叉案件解决之“先民后刑”思路：选择理由与实施机制》，载《暨南学报（哲学社会科学版）》2011 年第 2 期。

〔4〕 参见王充：《刑民交叉三论》，载《华东政法大学学报》2021 年第 6 期。

〔5〕 参见黄祥青：《刑民交叉案件的范围、类型及处理原则》，载《法律适用》2020 年第 1 期。

2. 刑民交叉案件的处理模式

从比较法视野看，刑民交叉案件的处理模式共区分为三类，一为英美法系国家主张的“分离式”模式，即刑事程序与民事程序各具有独立性；二为大陆法系国家支持的“附带式”模式，即在刑事诉讼程序中附带解决某些民事诉讼问题；三为我国目前所采纳的“混合式”模式，即由当事人自行选择民事纠纷的解决路径，该纠纷既可在刑事程序中附带解决，亦可通过独立提起的民事诉讼审理解决。〔1〕同时，在审判实践中，我国法院存在“先刑后民”、“先民后刑”及“刑民并举”三种处理方式。其中，鉴于证明标准的差异性、取证方式的区别性、利益保护的位阶性、诉讼效率的保障性等因素，“先刑后民”的审理方式始终占据主流。譬如刑事程序对于案件事实的证明基于公权力手段，民事程序则基本有赖于当事人的举证；刑事程序指向于公共利益的维护，民事程序则针对性地保护特定当事人的权益等。

本案系刑事犯罪事实与民事违约事实交叉的案件，相关刑事诉讼中的侦查结果、起诉结果、判决结果分别先于一审、二审、再审判决产生。〔2〕但本案的特殊之处在于，在刑事侦查、起诉及判决中对于犯罪事实的认定并未涉及 Y，而仅涉及恒瑞谷公司及其法定代表人 Z。但是，鉴于犯罪行为与违约行为均表现为“提供给恒瑞谷公司使用的相关设计资料使 X 的商业秘密受到了侵犯”，而“恒瑞谷公司亦是由 Y 作为实际出资人委托 Z 假名设立”，故两案中的事实应当认定为具有交叉性的事实，本案亦可作为刑民交叉案件处理。

3. “先刑后民”案件中刑事判决的效力

《最高人民法院关于民事诉讼证据的若干规定》(2019)对于在先判决的一般性既判力和其免证效力作出了明确指引，即已为人民法院发生法律效力的裁判所确认的基本事实当事人无须举证证明。但是，该司法解释继续指出：“当事人有相反证据足以推翻的除外。”〔3〕基于对司法权威及当事人权益的保障，

〔1〕 参见江波、喻湜：《知识产权刑民交叉案件审理问题研究——以侵犯商业秘密案件为视角》，载《知识产权》2008 年第 6 期。

〔2〕 参见最高人民法院民事判决书，(2019)最高法民再 135 号。

〔3〕 《最高人民法院关于民事诉讼证据的若干规定》(2019)第 10 条第 1 款第 6 项、第 2 款。

我国法院一般承认刑事诉讼中预决的事实对于后行的民事诉讼具有预决效力。

然而，正如最高人民法院在本案判决中所言："先行刑事案件预决事实的预决力并不是没有条件的。"最高人民法院认为，在先刑事案件预决力的发挥需考虑四个因素：第一，先行判决已生效；第二，先后的案件具有事实上的相关性；第三，预决事实的证明必须已遵循了法定程序；第四，需具体区分在先刑事案件中有罪及无罪的事实认定结果。有罪的事实认定能够发挥其预决力，而无罪的事实认定则需区分为"被告人确实未参与未实施犯罪行为"和"证据不足、事实不清"两种情况，后者在后案中不具有预决力。[1] 这是因为，刑事诉讼与民事诉讼的证明标准存在显著不同，前者表现为"排除合理怀疑"，后者则秉持"优势证据"的证明原则。因此，未被认定为刑事犯罪的行为，并不当然被排除于民事违法行为之外。但是，并非在刑事诉讼中出现的所有事实都需达到"排除合理怀疑"的证明度，某些非必要的、非基础的间接事实和辅助事实的证明因无须达至这一证明高度而应被排除于预判力的辐射范围。[2]

4. 商业秘密刑民交叉案件的特殊问题

侵犯商业秘密的主要手段表现为盗窃、利诱、胁迫，或者以其他不正当手段获取等，同时辅以违约披露、使用或者允许他人使用等补充性行为。[3] 本案中产生了违约请求权与侵权请求权的竞合，事实上，X 既可以《离职协议》为依据请求认定 Y 的违约行为追究其违约责任，亦可将 Y 与恒瑞谷公司作为共同被告，追究其共同侵权责任。其中，选择前者为诉由进行起诉可能因被界定为劳动争议而需要启动仲裁作为前置程序。同时，两种请求权指向于不同的举证负担，前者较后者的证明难度更小。在 X 选择以违约行为作为起诉事由后，本案的事实认定、责任承担便均以《离职协议》作为论证起点。

同时，作为一则涉及商业秘密的民事违约纠纷，本案亦映射出知识产权刑民交叉案件的基本特征，比如侵权事实及其后果的认定及评价始终是该类案件

---

〔1〕 参见最高人民法院民事判决书，(2019)最高法民再 135 号。

〔2〕 参见邢会丽：《刑民交叉案件中刑事判决的效力问题研究》，载《河北法学》2019 年第 6 期。

〔3〕 参见《反不正当竞争法》(2019)第 9 条第 1 款。

处理的核心问题。[1] 认定在先刑事案件无法在本案中发挥其预决力后，最高人民法院基于民事裁判规则对于案件事实进行了认定。首先，根据双方当事人在庭审中的一致认可，本案中存在需要保护的由 X 作为权利人的商业秘密——X 建立了产品数据管理系统计算机设计图纸及资料管理库，进行加密管理及输出限制。其次，法院调取了在先刑事案件中由公安机关在侦查阶段绘制的资金流向图作为本案证据，用以证明 X 实施了违反《离职协议》中有关竞业限制及商业秘密保护的约定。[2]

一般认为，知识产权犯罪行为及民事侵权行为间以涉案标的的大小为临界线，而涉案标的在案件中主要指向损失的金额或者侵权产品的数量。在知识产权特别是商业秘密刑民交叉案件中，传统的"先刑后民"的司法导向正在被"先民后刑"的设想所挑战，具体理由表现为：其一，知识产权案件的处理不仅应着眼过去，即关注过去的侵权行为给予权利人的损失及其救济，还应望向未来，即需关注损失的扩大情况；其二，知识产权的权属判断较为困难，直接适用刑事程序将冲击法秩序统一性原理，[3] 其可能导致某些不设有知识产权业务庭的基层法院在刑事案件中对于相关争议先行审理；其三，"先刑后民"的司法导向过于强调公权力的介入，其不利于防范一方当事人利用刑事介入打压竞争对手。[4]

四、数据权益归属的判断——"微信群控"不正当竞争纠纷案[5]

数据权益是以数据为客体的民事权利和利益，主要分为个人数据权益和大数据权益。个人数据权益应当归属于个人数据所识别的特定个人，大数据用益权应当归属于大数据平台，大数据获取权应当归属于第三方主体。数据抓取行为须经原始数据权益主体许可，否则构成侵犯商业秘密的行为，或者违反正当

---

[1] 参见黄娟：《知识产权刑民交叉案件解决之"先民后刑"思路：选择理由与实施机制》，载《暨南学报（哲学社会科学版）》2011 年第 2 期。

[2] 参见最高人民法院民事判决书，(2019) 最高法民再 135 号。

[3] 参见周光权：《"刑民交叉"案件的判断逻辑》，载《中国刑事法杂志》2020 年第 3 期。

[4] 参见胡良荣：《侵犯商业秘密刑民交叉案件处理的困惑与出路》，载《知识产权》2011 年第 6 期。

[5] 参见杭州铁路运输法院民事判决书，(2019) 浙 8601 民初 1987 号。

竞争一般原则的不正当竞争行为。

（一）事实概要

X（一审原告）为“微信”软件产品的著作权人、经营者，Y（一审被告）为被控软件（聚客通群控软件）的开发者、经营者。

X于2019年10月9日向杭州铁路运输法院提起本案诉讼，请求判令Y立即停止不正当竞争行为，赔偿X经济损失及合理支出500万元，并在《法制日报》显著位置上连续10天发表赔礼道歉声明以消除影响。X诉称，其对于自己所控制的“微信”平台数据（以下简称涉案数据）享有数据权益，Y擅自获取、使用涉案数据，构成不正当竞争。

Y辩称，涉案数据的数据内容系网络用户提供的用户信息，“微信”用户信息所形成的涉案数据应当归用户自行所有，X并不享有任何数据权益，无权就此主张权利；被控软件增加了“微信”产品未实现的功能，提升了“微信”电商用户的管理与运营效率，改善了消费者的福祉，属于创新性竞争，不应被认定为不正当竞争。

杭州铁路运输法院一审查明，X开发运营的“微信”产品为消费者提供即时社交通信服务，其中的数据内容主要为“微信”用户的账号数据、好友关系链数据、用户操作数据等个人身份数据和行为数据；Y开发运营的被控软件，利用Xposed外挂技术将其中的“个人号”功能模块嵌套于“微信”产品中运行，为“微信”用户开展商业营销、商业管理活动提供帮助。

（二）裁判要旨

杭州铁路运输法院一审判决，Y停止涉案不正当竞争行为，赔偿X经济损失及合理费用260万元。

杭州铁路运输法院一审认为，首先，本案中X主张享有数据权益的涉案数据均为“微信”用户的个人身份数据或个人行为数据。该部分数据只是将“微信”用户信息作了数字化记录后形成的原始数据，并非“微信”产品所产生的衍生数据。其次，X主张数据权益的“微信”数据，可以分为两种数据形态：一是原始数据个体；二是数据资源整体。网络平台方对于原始数据个体与数据资源整体所享有的是不同的数据权益。就"微信"平台中单一原始数据而言,数据控制主体只能依附于用户信息权益,依其与用户的约定享有原始数据的有限使用权。未经许可使用他人控制的单一原始数据只要不违反"合法、必要、征得用户同意"原则,一般不应被认定为侵权行为。因此,Y 擅自收集、存储或使用单一"微信"用户数据仅涉嫌侵害该"微信"用户个人信息权,X 不能因此而主张损失赔偿。就"微信"平台数据资源整体而言,"微信"数据资源系 X 经过长期经营积累聚集而成的,能够给 X 带来竞争优势,X 对于"微信"数据资源应当享有竞争权益。如果被告未经许可规模化破坏性使用该数据资源,则构成不正当竞争,X 有权要求获得赔偿。

本案中,被控软件具有收集、存储及监控"微信"产品数据的功能。涉案数据并非相关经营性用户单方信息,还涉及作为经营性用户"微信"好友的其他"微信"用户个人身份数据,以及经营性用户与其"微信"好友通过相互交集而共同提供的用户行为数据。Y 擅自将该部分并不知情的"微信"用户的数据进行抓取、存储和使用,违反了我国网络安全法的相关规定,构成了对"微信"用户信息权益的侵害,且势必导致"微信"用户对"微信"产品丧失应有的安全感及基本信任,减损"微信"产品的用户关注度及对用户数据流量的吸引力,损害 X 对于"微信"数据资源享有的竞争性权益。Y 未经 X 许可利用被控软件对涉案数据进行抓取的行为不仅违反了我国网络安全法的相关规定,还有违商业道德而构成我国《反不正当竞争法》第 2 条规制的不正当竞争行为。

网络竞争行为应当符合"合法、适度、征得用户同意、有效率"的原则,如果一项网络竞争行为对竞争效能的破坏性大于建设性,即便能够给部分消费者带来某些福利,若不加以禁止,其不仅会损害其他多数消费者的福利,同时还将损害其他市场主体的创造积极性,进而影响到消费者整体与长远利益的提升。本案中,"微信"产品作为一款社交产品在国内外拥有巨量活跃用户,深受广大消费者的欢迎,其对于市场的贡献是显而易见的。被诉侵权产品虽然提升了少数经营性用户使用"微信"产品的体验,但恶化了多数用户使用"微信"产品的体验,如果不加以禁止,会危及"微信"产品的整体效能发挥与后续发展,进而影响到广大消费者的福祉。Y 此种所谓创新竞争活动,在竞争效能上明显弊大于利,难谓有效率的创新竞争,不具有正当性。[1]

杭州铁路运输法院一审判决后,Y 于 2020 年 8 月 12 日向杭州市中级人民法院(以下简称杭州中院)提起上诉,但又于 2020 年 8 月 24 日申请撤回上诉。杭州中院于 2020 年 8 月 25 日二审裁定准许 Y 撤回上诉,[2] 遂杭州铁路运输法院一审判决于同日生效。

(三)案件评析

1. 案件的典型意义

本案属于 2020 年中国法院知识产权十大案例之一,以及人民法院反垄断和反不正当竞争典型案例之一、浙江法院 2020 年度加强知识产权保护八大典型案例之一、2020 年度杭州法院"知识产权司法保护十大案例"之一、2020 年度杭州互联网法院知识产权司法保护十大案例之一。本案是全国首例涉及微信数据权益认定的案件,涉及数据权益归属、数据抓取行为正当性认定等互联网领域热点问题。本案判决在区分数据类型的基础上对数据权益规则进行了提炼,尤其合理划分了各类数据权益的权属及边界,并提出了判断数据抓取行为正当性的标准和方法,为防止数据垄断、完善数字经济法律制度、促进数字经济健康发展提供了可资借鉴的司法例证。[3]

2. 数据与数据权益的概念

根据我国《民法典》(2020)第 127 条的规定,数据属于民事权利和利益的客体之一。所谓"数据",是指任何以电子或者其他方式对信息的记录。[4] 数据与信息之间关系密切,数据系信息存在的一种形式,而信息是数据所体现的内容。[5] 由此,数据具有无形、可复制、可传播的特点。数据与有形的物不同,物仅可以独占,其复制、运输(传播)的难度较大;而数据可以分享、共享,其复

〔1〕 参见杭州铁路运输法院民事判决书,(2019)浙 8601 民初 1987 号。

〔2〕 参见浙江省杭州市中级人民法院民事裁定书,(2020)浙 01 民终 5889 号。

〔3〕 参见《最高人民法院办公厅关于印发 2020 年中国法院 10 大知识产权案件和 50 件典型知识产权案例的通知》(法办〔2021〕146 号)。

〔4〕 参见《数据安全法》(2021)第 3 条第 1 款。

〔5〕 参见周学峰:《网络平台对用户生成数据的权益性质》,载《北京航空航天大学学报(社会科学版)》2021 年第 4 期。

制、传播相当容易。[1] 数据有个体和整体之分,数据个体即单一的原始数据,主要表现为个人数据,是指能够识别特定个人的数据,[2]包括姓名、出生日期、证件号码、住址、电话号码、电子邮箱、生物识别信息、健康信息、行踪信息等;[3]数据整体即数据资源整体或大数据,是指由一定规模的原始数据汇集而成的数据集合。[4]

数据权益是以数据为客体的民事权利和利益。基于数据的特点和分类,数据权益主要分为个人数据权益和大数据权益,其中:个人数据权益包括人格权和财产权,个人数据人格权是指个人数据权益主体对个人数据享有的隐私权、知情权、决定权等,个人数据财产权是指个人数据权益主体享有的收集、存储、使用、加工、传输、提供、公开、删除等处理个人数据的权利;[5]大数据权益主要表现为用益权、获取权等财产权,大数据用益权是指大数据权益主体享有的存储、分析、运用、交易等利用大数据及其分析结果的权利,[6]大数据获取权是指大数据权益主体享有的通过申请或强制许可的方式获取一定规模的原始数据汇集成大数据的权利。[7]

3. 数据权益的归属与转移

个人数据权益应当归属于个人数据所识别的特定个人。个人数据人格权因其依附于个人数据所识别的特定个人而不能归属于其他人,但个人数据财产权依照约定或者基于个人数据所识别的特定个人同意可以全部或部分转由其他人行使。其中,基于个人数据所识别的特定个人同意个人数据财产权转由其他人行使的,即由个人数据所识别的特定个人以外的人负责处理个人数据的,该同意应当由个人数据所识别的特定个人在充分知情的前提下自愿、明确作

---

[1] 参见管荣齐:《中国知识产权法律制度》,知识产权出版社2016年版,第6~8页。

[2] See The European Parliament and the Council of the European Union. General Data Protection Regulation (GDPR). 2016.

[3] 参见《民法典》(2020)第1034条第2款。

[4] 参见赵加兵:《论作为数据权益客体的数据集合》,载《河北法学》2021年第7期。

[5] 参见《民法典》(2020)第1034~1035条;《个人信息保护法》(2021)第4条第2款、第44条。

[6] 参见张书青:《脚印与路:个人信息保护与大数据权益归属》,载《电子知识产权》2018年第11期。

[7] See Josef Drexl & Hilty Reto et al., *Position Statement of the Max Planck Institute for Innovation and Competition of April* 2017 *on the European Commission on Building the European Data Economy*, Max Planck Institute for innovation & Competition Research Paper, 12 Dec. 2017, at A1.

出;个人数据的处理目的、处理方式和处理的个人数据种类发生变更的,应当重新取得个人数据所识别的特定个人同意;个人数据所识别的特定个人有权撤回其同意,个人数据所识别的特定个人以外的个人数据处理者应当提供便捷的撤回同意的方式,但撤回同意前已进行的个人数据处理活动的效力不受影响。[1]

大数据用益权应当归属于大数据平台。虽然大数据是原始(个人)数据的集合,但大数据权益与个人数据权益的客体、内容均有不同,即便由个人数据所识别的特定个人自行处理其集合成大数据的个人数据,对于大数据的存储、分析、运用、交易等利用行为,个人数据所识别的特定个人也不能予以干涉,更不必说依照约定或者基于个人数据所识别的特定个人同意由大数据平台直接处理个人数据的情形。并且,集合成大数据的原始(个人)数据,一般需要经过大数据平台的计算分析才能发挥价值,[2]经过计算分析后的数据称为衍生数据。[3] 一般而言,原始(个人)数据具有身份识别性,因而涉及个人数据权益;但衍生数据进行了去身份化(脱敏)处理,转换为去身份化数据(脱敏数据),则其不再具有身份识别性,不再涉及个人数据权益。[4]

大数据获取权应当归属于第三方主体。从社会公众的角度而言,大数据权益的设置不应当阻碍其通过合法途径接触、获取大数据;从经济学的角度而言,大数据具有再利用价值,属于经济学中的非竞争物,增加大数据主体的边际成本为零,但大数据的总体价值可以无限增加,因而赋予第三方主体大数据获取权,一方面能够使大数据被最大限度利用,另一方面也能够规制大数据平台的数据垄断行为。再者,将大数据获取权赋予第三方主体,在权利的积极方面,第三方主体有权获取并利用大数据平台的公开数据,且在公共利益等特殊情况下可不经过许可;在权利的消极方面,大数据获取及后续利用行为不得侵犯大数据平台的合法权益。[5]

---

〔1〕 参见《民法典》(2020)第1035~1038条;《个人信息保护法》(2021)第13~15条。

〔2〕 参见涂子沛:《数据之巅——大数据革命,历史、现实与未来》,中信出版社2014年版,第270页。

〔3〕 参见魏莱、宋颂:《大数据时代金融消费者隐私的产权分析与保护》,载《中国商论》2015年第17期。

〔4〕 参见张书青:《脚印与路:个人信息保护与大数据权益归属》,载《电子知识产权》2018年第11期。

〔5〕 参见锁福涛、潘政皓:《数据权益的法律保护路径研究》,载《南京理工大学学报(社会科学版)》2022年第1期。

4. 数据抓取行为的正当性

数据抓取是利用网络爬虫(web crawler)技术和算法程序,自动检索、收集特定目标范围内互联网数据的行为。[1] 拥有数据获取权的主体对于原始数据的抓取行为,经过了原始数据权益主体的许可并付出了经济和时间成本,属于我国《反不正当竞争法》保护的正当经营行为,可以促进数据的流动、共享和价值提升。但数据抓取行为如果未经原始数据权益主体许可,则属于"不劳而获"的不正当经营行为,有违诚信原则和商业道德。数据抓取行为的正当性认定方法主要有两种:一是利用我国《反不正当竞争法》(2019)第9条、第32条关于商业秘密的规定;二是通过我国《反不正当竞争法》(2019)第2条规定的正当竞争一般原则。[2]

如果所抓取的数据构成我国《反不正当竞争法》(2019)第9条第4款规定的商业秘密,则可以利用该法第9条、第32条以及《最高人民法院关于审理侵犯商业秘密民事案件适用法律若干问题的规定》(2020),对数据抓取行为的正当性进行认定。所抓取的数据是否构成我国《反不正当竞争法》(2019)第9条第4款规定的商业秘密,需要根据该条款、该法第32条第1款和《最高人民法院关于审理侵犯商业秘密民事案件适用法律若干问题的规定》(2020)第3~7条,对其是否具备商业秘密的不为公众所知悉、具有商业价值和采取相应保密措施等构成要件进行认定。在此基础上,根据我国《反不正当竞争法》(2019)第9条第1~3款、第32条第2款和《最高人民法院关于审理侵犯商业秘密民事案件适用法律若干问题的规定》(2020)第8~13条,对数据抓取行为是否侵犯了所抓取数据的商业秘密进行认定。[3]

如果所抓取的数据不构成我国《反不正当竞争法》(2019)第9条第4款规定的商业秘密,则只能通过我国《反不正当竞争法》(2019)第2条规定的正当竞争一般原则,对数据抓取行为的正当性进行认定。数据抓取行为是否违反我

---

[1] 参见蔡川子:《数据抓取行为的竞争法规制》,载《比较法研究》2021年第4期。

[2] 参见林婧、陈琳:《数据抓取行为的反不正当竞争法规制》,载《电子科技大学学报(社会科学版)》2021年第6期。

[3] 参见《反不正当竞争法》(2019)第9条、第32条;《最高人民法院关于审理侵犯商业秘密民事案件适用法律若干问题的规定》(2020)第3~13条。

国《反不正当竞争法》(2019)第 2 条规定的正当竞争一般原则,需要考虑其是否经过所抓取的数据权益主体的授权、是否违反诚信原则和商业道德。[1] 数据抓取行为未经所抓取的数据权益主体的授权,可能构成不正当竞争。在微博诉脉脉不正当竞争一案中,北京知识产权法院提出了"用户授权" + "平台授权" + "用户授权"的三重授权原则,没有获得三重授权就不能认定数据抓取行为具有正当性。[2] 即便公认的行业惯例或行业准则,也不一定体现诚信原则和商业道德。在百度公司诉奇虎公司不正当竞争一案中,北京市高级人民法院认为,robots 协议虽然已经成为互联网搜索行业惯例和商业规则,但如果被作为限制信息流通的工具,则违反诚信原则和商业道德而不具有正当性。[3]

五、网络"刷量"不正当竞争行为的认定——"爱奇艺"视频刷量不正当竞争纠纷案[4]

网络"刷量"行为侵害了互联网经营者的商业利益、损害了消费者的合法权益、破坏了公平的市场竞争秩序,规制其主要适用我国《反不正当竞争法》(2019)第 2 条第 1 款、第 8 条、第 12 条。云计算服务商由于不能随意访问、控制、调取服务器中用户数据,故其注意义务只是"转通知 + 采取必要措施"。

(一)事实概要

X(一审原告、二审上诉人)是"爱奇艺"视频网站(以下简称涉案网站)的经营者,Y(一审被告、二审上诉人)是被控网站(飞流网)的经营者、被控软件("柠檬挂机"计算机软件)的开发者和经营者、被控不正当竞争行为(对涉案网站所提供的视频进行"刷量")的行为人,Z(一审被告、二审被上诉人)是为 Y 提供云计算技术服务的经营者。

X 于 2019 年 10 月 9 日向常州市中级人民法院(以下简称常州中院)提起

---

〔1〕 参见林婧、陈琳:《数据抓取行为的反不正当竞争法规制》,载《电子科技大学学报(社会科学版)》2021 年第 6 期。

〔2〕 参见北京知识产权法院民事判决书,(2016)京 73 民终 588 号。

〔3〕 参见北京市高级人民法院民事判决书,(2017)京民终 487 号。

〔4〕 参见江苏省高级人民法院民事判决书,(2019)苏民终 778 号。

本案诉讼，请求判令Y、Z立即停止不正当竞争行为，赔偿X经济损失280万元，并在《法制日报》中缝以外版面刊登声明以消除影响。常州中院一审认为，Y利用被控网站、被控软件实施被控不正当竞争行为，其实质是以从事数据造假行为直接获取经济利益，明显违反诚信原则和公认的商业道德，应当认定为我国《反不正当竞争法》(2017)第12条第2款第4项规定的"其他妨碍、破坏其他经营者合法提供的网络产品或者服务正常运行的行为"；而Z已应X的要求及时采取了冻结措施，且从Z提供的服务性质可推定其不接触其用户传送的信息。因此，常州中院一审判决，Y立即停止被控不正当竞争行为，赔偿X经济损失(含合理开支)90万元，并在《法制日报》中缝以外版面刊登声明以消除影响。[1]

X、Y均对常州中院一审判决不服，向江苏省高级人民法院(以下简称江苏高院)提起上诉，X请求改判Y、Z赔偿X经济损失人民币280万元，Y请求改判驳回X的全部诉讼请求。X的上诉理由主要是，Z为Y实施被控不正当竞争行为提供了实质性的必要帮助和技术支持，构成帮助侵权，应与Y承担连带侵权责任；常州中院一审判决的90万元赔偿额过低，不足以弥补X的全部损失。Y的上诉理由主要是，X用于检索的插件信息和UA值均为开放性信息，且其设备指纹"flash25.0"与被控软件的flash版本"20.0.0.306"也不一致，常州中院一审判决认定Y实施了视频"刷量"行为缺乏事实依据。

(二)裁判要旨

江苏高院二审判决，驳回Y的上诉，维持常州中院一审判决。

江苏高院二审认为，X通过插件信息定位设备指纹，再通过设备指纹搜索出2.7亿余次对涉案网站所提供的视频进行"刷量"的访问日志，同时再通过访问日志中的UA信息进行反向验证，所有访问日志中的UA信息均可以在被控软件中找到对应信息，故该2.7亿余次对涉案网站所提供的视频进行"刷量"的行为由Y实施存在高度盖然性。Y通过虚拟用户点击使得X网站中的视频播放数据虚假增加，明显损害了X基于视频访问数据所对应的商业利益，

[1] 参见江苏省常州市中级人民法院民事判决书，(2018)苏04民初51号。

并对X的正常经营、消费者的认知产生了误导，属于我国《反不正当竞争法》规定的不正当竞争行为。Y对涉案网站所提供的视频进行“刷量”的行为违反了我国《反不正当竞争法》（2017）第12条的相关规定，属于经营者利用技术手段，通过影响用户选择或者其他方式，实施其他妨碍、破坏其他经营者合法提供的网络产品或者服务正常运行的行为。Y对涉案网站所提供的视频进行“刷量”的行为导致相关公众对虚构点击量的视频的质量、播放次数、关注度等产生了虚假认知，产生了引人误解的虚假宣传的后果，故其行为亦符合我国《反不正当竞争法》（2017）第8条第2款所规定的构成要件。总之，Y对涉案网站所提供的视频进行“刷量”的行为违反了我国《反不正当竞争法》（2017）第12条及第8条第2款的规定，构成不正当竞争。

本案中，Z作为云计算服务商向用户提供IaaS（云设施）服务，包括虚拟计算机、存储、网络等计算资源和访问云计算基础设施的服务接口，其对用户利用云基础设施开设的网站和网络应用中存储的具体信息无法直接控制，仅有技术能力对服务器整体关停或空间释放（强行删除服务器内全部数据）。根据我国国家标准《信息安全技术——云计算服务安全指南》（GB/T 31167—2014）第7.3.2条、我国《信息网络传播权保护条例》第14～15条和第20条以及我国《侵权责任法》第36条第2～3款，由于提供IaaS服务的云计算服务商不能随意访问、控制、调取服务器中涉及用户具体数据等内容且负有较高保密义务，故一方面，确定其注意义务时不能过于严苛，不能采用与提供信息存储空间或者提供搜索、链接服务的网络服务提供者相同的标准；另一方面，应结合云计算服务商的服务性质、个案情形及客观技术条件等因素，对权利人是否发出合格通知及云计算服务商收到通知后是否采取必要措施进行查明认定，并确定其法律责任。本案中，X未提交证据证明Z存在明知或应知情形，X的通知中侵权信息要素不够清晰、不够完整，难以归入合格通知范畴；Z在X发送通知邮件之前，鉴于双方技术人员之间存在沟通，已将涉案域名予以冻结处理，故Z并不存在过错，不应承担侵权连带责任。[1]

---

〔1〕 参见江苏省高级人民法院民事判决书，(2019)苏民终778号。

(三)案件评析

1. 案件的典型意义

本案系2020年江苏法院知识产权司法保护十大典型案例之一,江苏高院二审判决明确认定网络“刷量”行为实质是数据造假,属于有悖诚信原则和商业道德的不正当竞争,对于惩罚和遏制网络“刷量”等黑灰产业、净化网络商业环境和信息生态具有积极意义;精准界定云计算应用和运营主体的法律责任,既厘清了技术应用市场行为正当性和非正当性的边界,也彰显了尊重技术发展、推动技术应用、促进技术创新的鲜明态度。[1]

2. 网络“刷量”行为的危害

网络“刷量”行为侵害了互联网经营者的商业利益,损害了消费者的合法权益,破坏了公平的市场竞争秩序。

网络“刷量”行为侵害了互联网经营者的商业利益。就互联网经营者而言,通常根据流量即消费者对互联网产品(包括网站、网页及其内容条目)的访问量或点击量的高低进行排名,对于流量排名靠前的互联网产品以置顶、补贴等方式进行激励,并据此确定成本投入、推广销售等方面的经营策略、战略规划,但前提是互联网产品的流量及其排名是真实有效的。[2] 网络“刷量”行为利用技术手段反复、机械地制造流量,虚增了互联网产品的实际需求和真实口碑,妨碍了互联网经营者的运营数据采集,误导了互联网经营者的经营判断,甚至导致互联网经营者支出无谓费用。[3]

网络“刷量”行为损害了消费者的合法权益。就互联网产品的消费者而言,根据流量高低所推出的互联网产品排行榜起到推荐和指引功能,置顶的标签也会吸引更多的关注,但是基于网络“刷量”行为所带来的高流量并非实际需求和真实口碑,将会误导消费者对于互联网产品的选择,侵害了消费者的知情权和公平交易权。通常情况下,网络“刷量”的互联网产品质量不高,更进一

---

〔1〕 参见江苏高院:《2020年江苏法院知识产权司法保护十大典型案例》,载澎湃网2021年4月22日,https://m.thepaper.cn/baijiahao_12333772。

〔2〕 参见王琴:《提供虚假刷量服务构成不正当竞争》,载《人民司法》2021年第11期。

〔3〕 参见江苏省常州市中级人民法院民事判决书,(2018)苏04民初51号。

步加剧了其口碑的下滑,引发网络“翻车”效应。长远来看,网络“刷量”行为还会损耗消费者对于互联网经营者的信心和消费意愿,继而降低互联网产品的交易成交额。

网络“刷量”行为破坏了公平的市场竞争秩序。就互联网产业而言,良性的生态链应当是:互联网经营者开发和推出优质的互联网产品—吸引消费者关注,互联网产品流量上升—互联网经营者获得回报,开发和推出更加优质的互联网产品—吸引更多消费者关注,互联网产品流量升得更高……而网络“刷量”行为恶化甚至切断了互联网产业生态链,使得互联网经营者不再专注于提质增效、创新发展,而主要通过网络“刷量”行为参与市场竞争、获取竞争优势,短期来看好像整个互联网产业呈现一派繁荣景象,但长期来说没有任何实质性进步而被网络黑灰产业带走了节奏。[1]

3. 网络“刷量”行为的规制

对于网络“刷量”行为的规制,主要适用我国《反不正当竞争法》(2019)第2条第1款、第8条、第12条。

我国《反不正当竞争法》(2019)第2条第1款规定了经营者参与市场竞争的基本遵循,主要包括诚信原则和商业道德。最高人民法院在(2009)民申字第1065号案中明确指出,只有被控不正当竞争行为没有被特别规定时方可适用该条款。[2] 从我国《反不正当竞争法》(2019)第2章规定的不正当竞争行为来看,网络“刷量”行为看似属于虚假宣传行为,但虚假宣传行为的客体是进行虚假宣传的经营者自己的商品,[3] 而网络“刷量”行为的客体是其他经营者的互联网产品,并非网络“刷量”行为主体自己的商品;网络“刷量”行为看似还属于“妨碍、破坏其他经营者合法提供的网络产品或者服务正常运行的行为”,但网络“刷量”行为主体与互联网产品的经营者之间不存在直接的市场竞争关系。

我国《反不正当竞争法》(2019)第8条规定了对虚假宣传行为的规制。虚

---

〔1〕 参见王琴:《提供虚假刷量服务构成不正当竞争》,载《人民司法》2021年第11期。

〔2〕 参见最高人民法院民事裁定书,(2009)民申字第1065号。

〔3〕 参见管荣齐:《中国知识产权法律制度》,知识产权出版社2016年版,第263页。

假宣传行为是经营者对其商品的性能、功能、质量、销售状况、用户评价、曾获荣誉等作虚假或者引人误解的商业宣传,欺骗、误导消费者的行为。虽然虚假宣传行为的客体是进行虚假宣传的经营者自己的商品,但经营者通过组织虚假交易等方式,帮助其他经营者进行虚假或者引人误解的商业宣传,也构成虚假宣传行为。[1] 就网络“刷量”行为而言,虽然其客体是其他经营者的互联网产品,并非网络“刷量”行为主体自己的商品,但如果网络“刷量”行为主体通过网络“刷量”行为,帮助其他互联网经营者进行虚假或者引人误解的商业宣传,导致相关公众对其他互联网经营者的互联网产品产生了虚假认知,则亦构成虚假宣传行为。[2]

我国《反不正当竞争法》(2019)第12条规定了互联网不正当竞争行为的规制。互联网不正当竞争行为是互联网经营者利用技术手段,通过影响用户选择或者其他方式,妨碍、破坏其他经营者合法提供的网络产品或者服务正常运行的行为。[3] 虽然网络“刷量”行为主体与互联网产品的经营者之间不存在直接的市场竞争关系,但网络“刷量”行为明显损害了互联网产品经营者的商业利益,并对互联网产品的正常经营、消费者认知产生了误导,[4]故网络“刷量”行为主体与互联网产品的经营者之间存在市场竞争利益层面的交叉重合,[5]网络“刷量”行为属于不正当竞争行为。互联网经济是注意力或流量经济,一旦消费者的注意力集中于某一流量高的互联网经营者,势必会减少其对其他同类互联网经营者的关注度,进而减少了其他同类互联网经营者的交易机会。[6]

4. 云计算服务商的法律责任

本案除了涉及网络“刷量”行为的认定,还涉及云计算服务商的法律责任。

我国国家标准《信息安全技术——云计算服务安全指南》(GB/T 31167—

[1] 参见《反不正当竞争法》(2019)第8条。

[2] 参见江苏省高级人民法院民事判决书,(2019)苏民终778号。

[3] 参见《反不正当竞争法》(2019)第12条。

[4] 参见江苏省高级人民法院民事判决书,(2019)苏民终778号。

[5] 参见江苏省常州市中级人民法院民事判决书,(2018)苏04民初51号。

[6] 参见吴莉娟:《互联网新型不正当竞争行为的类型化研究——兼论〈反不正当竞争法〉类型化条款之完善》,载《竞争政策研究》2019年第6期。

2014)第7.3.2条规定,云计算服务商未经客户授权,不得访问、修改、披露、利用、转让、销毁客户数据,并应采取有效管理和技术措施确保客户数据和业务系统的保密性、完整性和可用性。因此,云计算服务商不同于我国《信息网络传播权保护条例》第14~15条规定的提供信息存储空间或者提供搜索、链接服务的网络服务提供者和第28条规定的提供自动接入、自动传输服务的网络服务提供者,在涉及其用户实施侵害他人合法权益行为的情形下,确定云计算服务商的法律责任和义务应当适用我国《民法典》侵权责任编的相关规定。[1]

我国《民法典》(2020)第1195条、第1197条规定,网络用户利用网络服务实施侵权行为的,权利人有权通知网络服务提供者采取删除、屏蔽、断开链接等必要措施;网络服务提供者接到通知后,应当及时将该通知转送相关网络用户,并根据构成侵权的初步证据和服务类型采取必要措施;未及时采取必要措施的,对损害的扩大部分与该网络用户承担连带责任;网络服务提供者知道网络用户利用其网络服务侵害他人民事权益,未采取必要措施的,与该网络用户承担连带责任。由于云计算服务商不能随意访问、控制、调取服务器中用户数据,且负有较高保密义务,故确定其注意义务不能过于严苛。

考虑实践中涉及是否侵权的主体识别、行为识别以及侵权判断等因素,云计算服务商处理权利人侵权投诉通知,并非所有情形下一概限于采取"转通知"一种措施。在接到权利人发出的权利内容明确、侵权指向清晰的通知时,应结合具体情况及直接侵权行为具体情节、客观技术条件来判断网络服务提供者是否有必要措施可以采取并有无及时采取必要措施。进一步来说,云计算服务商应当承担的义务,是"转通知+采取必要措施",包括删除、屏蔽、断开链接等所有必要措施。

总之,判断云计算服务商是否明知或应知其行为侵害他人合法权益,应当考虑其不能随意访问、控制、调取用户数据,且负有较高保密义务的情形,合理界定其注意义务和管理义务。同时,结合云计算服务商的服务性质、技术条件、

---

〔1〕 参见谢兰芳、付强:《云计算服务提供者侵权责任类型化》,载《河南财经政法大学学报》2018年第2期。

个案情形等因素,对云计算服务商是否收到权利人的合格通知,以及是否采取必要措施进行查明和认定,进而确定其法律责任。[1]

六、利用注册商标从事不正当竞争行为的认定——“红日”商标侵权及不正当竞争纠纷[2]

利用注册商标从事不正当竞争的行为,主要表现为将他人注册商标用作企业字号、将他人企业名称作为商标注册和使用,由于没有包含在我国《反不正当竞争法》所列举的7类具体不正当竞争行为中,故应当适用我国《反不正当竞争法》第2条所规定的基本原则进行规制。企业老字号的保护必须满足3个要件:(1)有一定影响;(2)被控行为人使用相同或近似的标识,容易引发相关公众误认或混淆;(3)被控行为人未经许可使用,具有恶意或者不正当性。

(一)事实概要

X(一审原告、二审被上诉人)是“红日”字号(以下简称涉案字号)的权利人,Y(一审被告、二审上诉人)是第5920931号“红日e家及图”注册商标(以下简称被控商标)的专用权人、被控不正当竞争行为(未经X许可使用涉案字号)的经营者。

X于2017年7月3日向广州知识产权法院(以下简称广州知产法院)提起本案诉讼,请求判令Y立即停止被控不正当竞争行为和使用被控商标的行为,召回并销毁全部带有被控商标的产品及宣传资料,赔偿X经济损失5000万元、维权合理费用45万元,并在《中国工商报》显著位置连续30天澄清事实、消除影响、公开道歉。广州知产法院一审认为,本案涉及字号权益与注册商标专用权的权利冲突,应本着保护在先权利、诚实信用、公平竞争等原则进行处理;X自2007年起享有《反不正当竞争法》上的字号权益,Y明知涉案字号的知名度却选择使用与之近似的商标,主观上具有攀附他人知名度的恶意,客观上容易导致相关公众误认,其行为有违诚信原则和商业道德,损害了X和消费者的

[1] 参见江苏省高级人民法院民事判决书,(2019)苏民终778号。
[2] 参见广东省高级人民法院民事判决书,(2019)粤民终477号。

合法权益，故构成我国《反不正当竞争法》（2017）第 6 条第 2 项的不正当竞争行为。因此，广州知产法院一审判决，支持 X 对 Y 提出的全部诉讼请求。[1]

Y 对广州知产法院一审判决不服，向广东省高级人民法院（以下简称广东高院）提起上诉，请求撤销广州知产法院一审判决，改判驳回 X 的全部诉讼请求。Y 的上诉理由主要是，（1）X 提交的证据不足以证明在被控商标注册申请日 2007 年 2 月 16 日之前，其已经取得受我国《反不正当竞争法》保护的涉案字号权益；（2）X 并未在被控商标获得注册之日起 5 年内提起无效宣告，就不再享有对抗被控商标的涉案字号权益；（3）Y 正当行使我国《商标法》赋予的被控商标权，不存在主观恶意；（4）Y 举证证实在过去的 10 余年中，被控商标权人使用被控商标的事实，且 X 完全知晓被控商标的存在及使用，从未提出过异议。

（二）裁判要旨

广东高院二审判决，驳回 Y 的上诉，维持广州知产法院一审判决。

广东高院二审认为，根据我国《反不正当竞争法》（2017）第 6 条第 2 项的规定，X 主张 Y 侵害涉案字号、构成不正当竞争，应当满足 3 个要件：（1）涉案字号具有一定影响；（2）Y 使用的被控商标的标识与涉案字号相同或近似，容易引发相关公众混淆；（3）被控不正当竞争行为未经 X 许可，具有攀附恶意或不正当性。

本案中，X 提交的证据足以证明，在被控不正当竞争行为发生之前，涉案字号已为相关公众所知悉，相关公众只要看到涉案字号，即容易将之与 X 相联系，故涉案字号已具有较高知名度和影响力，能够起到区分市场主体和识别商品来源的作用，属于我国《反不正当竞争法》（2017）第 6 条第 2 项所要保护的“有一定影响”的企业名称。被控不正当竞争行为的主要表现为：Y 在使用被控商标的产品（以下简称被控商标产品）上所使用的标识，其主要部分和显著部分均与涉案字号相近似；无论是产品标识、门面招牌、销售场景抑或广告宣称，均处处将被控商标产品与使用涉案字号的产品（以下简称涉案字号产品）

[1] 参见广州知识产权法院民事判决书，（2017）粤 73 民初 2239 号。

相联系，误导相关公众以为被控商标产品与涉案字号产品同属一家，甚至是涉案字号产品的升级版，其不当利用和攀附涉案字号知名度和美誉度的恶意明显。Y 还与 X 具有一定渊源关系，Y 的创始人之一曾在 X 市场部工作将近一年，其明知 X 及涉案字号在相关领域的知名度，却仍然在同一领域经营销售与涉案字号相近似的被控商标产品，并在经营过程中统一部署和行动，联合各网点店铺同时悬挂两个牌子、将被控商标产品与涉案字号产品混同销售，并极力突出被控商标产品是涉案字号产品的升级版，其误导相关公众误以为被控商标产品与 X 有特定联系、攀附涉案字号知名度的主观恶意明显。

即使被控商标是合法注册的，其使用行为也应当符合诚信原则。(1)商标得以注册的合法形式不能掩盖被控不正当竞争行为的侵权实质，更不能成为不正当竞争行为赖以产生甚至持续的合法依据。本案中，Y 并非规范使用被控商标姑且不论，即使其使用的标识完全与被控商标一致，若其实质是以被控商标为掩护手段，而在使用中故意引发相关公众混淆、误认，不当攀附涉案字号知名度的，亦应予以制止。(2)注册商标的申请及使用应当遵循诚信原则，受到一定限制。本案被控商标申请注册时，Y 不仅明知 X 及涉案字号的存在，且属于 X 的省级经销商，负有维护涉案字号的合同义务；被控商标即使获得注册，Y 也应恪守维护涉案字号的合同义务并遵守诚信原则，不能仅以被控商标获得注册为由，侵害 X 合法权益；而 Y 在被控商标使用过程中有违诚信，故意攀附涉案字号知名度，仍可通过《反不正当竞争法》予以制止。(3)Y 使用被控商标的行为难谓善意，并非对被控商标的合法使用。在市场经济中，经营者之间的合作或竞争关系的变化属于常态，但诚信原则、公平竞争原则属于各经营者理应始终遵循的义务，这一义务不因各方关系的变化而有所变化。本案中，在明知涉案字号知名度的情况下，即使与 X 合作关系已然破裂，Y 在经营其他品牌时，仍应合理避让涉案字号，避免混淆和误认。[1]

---

〔1〕 参见广东省高级人民法院民事判决书，(2019)粤民终 477 号。

(三)案件评析

1. 案件的典型意义

本案系2020年度广东省知识产权审判十大案件之一,因涉及企业老字号的保护、注册商标使用的限制且被控不正当竞争行为恶劣而引发社会关注,5000万元判赔数额也刷新国内不正当竞争领域家电行业最高纪录。广东高院二审判决认定,即使被控商标是合法注册的,其使用行为也应当符合诚信原则,有助于引导市场主体在竞争中遵循诚信原则和商业道德。[1]

2. 企业老字号的保护

我国《反不正当竞争法》(2019)第6条第2项规定,经营者不得擅自使用他人有一定影响的企业名称(包括简称、字号等),引人误认为是他人商品或者与他人存在特定联系。[2] 由此,企业老字号属于我国《反不正当竞争法》保护的客体,[3]但其保护必须满足3个要件:(1)企业老字号有一定影响;(2)被控行为人使用的标识与企业老字号相同或近似,容易引发相关公众误认或混淆;(3)被控行为人未经许可使用企业老字号,具有恶意或者不正当性。[4]

企业老字号有一定影响,可以解释为"具有一定的市场知名度""为相关公众所知悉"。根据我国《反不正当竞争法》(1993)第5条第3项和《最高人民法院关于审理不正当竞争民事案件应用法律若干问题的解释》(2007)第6条第1款的规定,企业老字号获得保护的第一要件是"具有一定的市场知名度、为相关公众所知悉"。[5] 而根据《最高人民法院关于审理商标授权确权行政案件若干问题的规定》(2017)第21条第1款的规定,企业老字号获得保护的第一要件是"具有一定的市场知名度",不再要求"为相关公众所知悉"。实质上,"具

---

[1] 参见徐平、吁青、陈中山:《广东高院发布知识产权司法保护状况白皮书》,载中国新闻出版广电网2021年4月22日,https://www.chinaxwcb.com/info/571206。

[2] 参见《反不正当竞争法》(2019)第6条第2项。

[3] 参见苏志甫:《"企业名称"反不正当竞争法保护的分歧、反思及建议——基于若干不正当竞争司法判例的实证研究》,载《竞争政策研究》2017年第3期。

[4] 参见广东省高级人民法院民事判决书,(2019)粤民终477号。

[5] 参见《反不正当竞争法》(1993)第5条第3项,2019年修正该法时将加入"有一定影响"的表述,并将条文款数调整为第6条第2项;《最高人民法院关于审理不正当竞争民事案件应用法律若干问题的解释》(2007)第6条第1款。

有一定的市场知名度”与“为相关公众所知悉”的含义基本相同。[1] 我国《反不正当竞争法》(2019)第6条第2项将企业老字号获得保护的第一要件改为“有一定影响”,但无论是“具有一定的市场知名度、为相关公众所知悉”,还是“具有一定的市场知名度”,抑或“有一定影响”,在法律内涵和精神上并无实质区别。[2]

被控行为人使用的标识与企业老字号相同或近似,容易引发相关公众误认或混淆,可以参照商标相同或近似的判断规则进行处理。根据《最高人民法院关于审理商标民事纠纷案件适用法律若干问题的解释》(2020)第9~10条的规定,被控行为人使用的标识与企业老字号相同,是指行为人使用的标识与企业老字号相比较,二者在视觉上基本无差别;被控行为人使用的标识与企业老字号近似,指被控行为人使用的标识与原企业老字号相较,其文字的字形、读音、含义或者图形的构图及颜色,或者其各要素组合后的整体结构相似,或者其立体形状、颜色组合近似,易使相关公众对商品的来源产生误认或者认为其来源与企业老字号的商品有特定的联系。认定被控行为人使用的标识与企业老字号相同或近似的原则有三,一是以相关公众的一般注意力为标准;二是既要进行整体比对又要进行主要部分的比对,且在比对对象隔离的状态下分别进行;三是对于是否近似的判断,应当考虑企业老字号的显著性和知名度。[3]

被控行为人未经许可使用企业老字号,具有恶意或者不正当性,主要从被控行为人是否违反诚信原则、是否破坏公平竞争秩序进行判断。根据我国《反不正当竞争法》(2019)第2条第1款的规定,经营者在生产经营中应当遵循诚信原则,否则构成不正当竞争行为。[4] 由此,违反诚信原则是不正当竞争行为的构成要件之一,包括经营者擅自使用企业老字号的不正当竞争行为在内,我国《反不正当竞争法》(2019)第6~12条所规定的7类具体不正当竞争行为,除了应当具备各自特有构成要件以外,逻辑上都要具备违反诚信原则这一共有

---

[1] 参见《最高人民法院关于审理商标授权确权行政案件若干问题的规定》(2017)第21条第1款。

[2] 参见广州知识产权法院民事判决书,(2017)粤73民初2239号。

[3] 参见《最高人民法院关于审理商标民事纠纷案件适用法律若干问题的解释》(2020)第9~10条。

[4] 参见《反不正当竞争法》(2019)第2条第1款。

要件。[1] 根据我国《反不正当竞争法》(2019)第2条第2款的规定，不正当竞争行为是破坏公平竞争秩序的行为。[2] 由此，破坏公平竞争秩序是不正当竞争行为的法律后果之一，经营者擅自使用企业老字号的不正当竞争行为引人误认为是他人商品或者与他人存在特定联系，其最终的法律后果表现为破坏公平竞争秩序。[3]

3. 注册商标使用的限制

我国《商标法》(2019)第58条规定，将他人注册商标作为企业名称中的字号使用，误导公众，构成不正当竞争行为的，依照我国《反不正当竞争法》处理。[4] 再结合我国《反不正当竞争法》第6条第2项关于经营者擅自使用他人有一定影响的企业名称的规定，无论是他人未经许可使用注册商标，还是商标权人自己使用注册商标，都受到我国《反不正当竞争法》的规制。对于将他人注册商标用作企业字号、将他人企业名称作为商标注册和使用等利用注册商标从事不正当竞争的行为，因其没有包含在我国《反不正当竞争法》(2019)第6～12条所规定的7类具体不正当竞争行为中，应当适用我国《反不正当竞争法》(2019)第2条所规定的基本原则进行规制。

我国《反不正当竞争法》(2019)第2条规定，经营者在生产经营中，应当遵循自愿、平等、公平、诚信的原则，遵守法律和商业道德；不正当竞争行为是指经营者在生产经营活动中，扰乱市场竞争秩序，损害其他经营者或者消费者的合法权益的行为。[5] 我国《商标法》(2019)第7条第1款规定，申请注册和使用商标，应当遵循诚信原则。[6] 由此，注册商标的使用除了应当合法合规以外，还应当遵循诚信原则和公平竞争原则、遵守公认的商业道德，否则构成利用注册商标从事不正当竞争的行为，产生扰乱市场竞争秩序、损害其他经营者或者

---

〔1〕 参见杨溪：《论诚实信用原则在反不正当竞争法中的适用》，载《合肥工业大学学报(社会科学版)》2009年第6期。

〔2〕 参见《反不正当竞争法》(2019)第2条第2款。

〔3〕 参见广州知识产权法院民事判决书，(2017)粤73民初2239号。

〔4〕 参见《商标法》(2019)第58条。

〔5〕 参见《反不正当竞争法》(2019)第2条。

〔6〕 参见《商标法》(2019)第7条第1款。

消费者合法权益的法律后果。

以注册商标为掩护手段，而在具体使用和经营过程中故意引发相关公众混淆、误认，不当攀附他人知名度的，依法应当予以制止。在市场经济环境中，权利人必须依照诚信原则、公平竞争原则和公认的商业道德开展市场竞争，不得以任何形式实施“搭便车”行为，即不能利用他人的知名度或影响力来获取商业利益。[1] 利用注册商标从事不正当竞争的行为，不能以商标得以注册的合法形式掩盖其行为实质、阻却其行为认定，更不能将之作为该行为赖以产生甚至持续的合法依据，亦不能借之扰乱市场竞争秩序、损害其他经营者或者消费者的合法权益。[2]

任何权利均有边界。权利本质乃法律认可并保护之利益，“法律认可并保护”就是权利这种利益的边界。[3] 即便合法取得权利，越界行使权利的也构成权利滥用，不仅无法得到法律支持，还可能侵犯他人权利。更有甚者以违反诚信原则的手段取得权利后又主张他人侵权或抗辩不侵权，此时的权利只是侵权的掩盖和借口，其行为本质与一般侵权或不正当竞争无异。[4] 最高人民法院在第 82 号指导案例中明确指出，当事人违反诚实信用原则，损害他人合法权益，扰乱市场正当竞争秩序，恶意取得、行使商标权并主张他人侵权的，应当以构成权利滥用为由，判决对其诉讼请求不予支持。[5]

七、商业秘密侵权诉讼的举证责任——“帝王霸业”游戏软件商业秘密纠纷案[6]

我国商业秘密侵权诉讼的举证责任经历了“谁主张，谁举证”、举证责任减轻、举证责任转移三个历史阶段。商业秘密侵权诉讼举证责任转移的原因主要

[1] 参见赵筝：《企业名称权与商标权权利冲突的侵权认定与法律适用——以武汉双虎涂料有限公司诉成都市双虎实业有限公司、郑州建材凤凰城双虎木门经营部不正当竞争纠纷案为切入点》，载《河南科技》2020年第 6 期。

[2] 参见广东省高级人民法院民事判决书，(2019) 粤民终 477 号。

[3] 参见管荣齐：《中国知识产权保护的法律边界》，载《学术论坛》2020 年第 1 期。

[4] 参见广州知识产权法院民事判决书，(2017) 粤 73 民初 2239 号。

[5] 参见最高人民法院民事判决书，(2014) 民提字第 24 号。

[6] 参见广东省高级人民法院民事判决书，(2019) 粤知民终 457 号。

有二：一是商业秘密“不为公众所知悉”是难以举证证明的消极事实，而“商业秘密已为公众所知悉”更易于举证证明；二是被控侵权人使用商业秘密的证据是权利人通过普通的调查手段无法获得的，宜由被控侵权人举证证明其所使用的信息具有合法来源而非权利人的商业秘密。基于此，商业秘密侵权诉讼的举证步骤是，首先由权利人举证证明商业秘密的具体内容，其次由权利人举证证明商业秘密已采取保密措施且已为被控侵权人所侵犯，最后由被控侵权人举证证明商业秘密已经为公众所知悉。

（一）事实概要

X（一审原告、二审上诉人）为“帝王霸业”游戏软件（以下简称涉案游戏软件）的开发者、经营者和商业秘密权利人，Y（一审被告、二审被上诉人）为被控侵权游戏软件（“页游三国”“三国逐鹿”游戏软件）的开发者、经营者。

X 于 2016 年向广州知识产权法院（以下简称广州知产法院）提起本案诉讼，请求判令 Y 停止侵权、赔偿 X 经济损失 2550 万元。广州知产法院一审认为，涉案游戏软件的源代码程序及相关文档属于 X 的商业秘密，但 X 提交的证据不足以证实被控侵权游戏软件与涉案游戏软件的源代码程序相同或者实质相同，也不足以证明 Y 存在以非法手段获取 X 的商业秘密并加以利用的侵权行为。因此，广州知产法院一审判决，驳回 X 的全部诉讼请求。[1]

X 对广州知产法院一审判决不服，向广东省高级人民法院（以下简称广东高院）提起上诉，请求判令 Y 停止侵权、赔偿 X 经济损失 2550 万元。Y 的上诉理由主要是，广州知产法院一审判决对举证责任分配错误，X 已完成举证责任，具体而言，X 已提交被控侵权游戏软件与涉案游戏软件的界面比对打印件，可推定两者实质相同；还提交了反编译出来被控侵权游戏软件客户端的源代码与涉案游戏软件客户端源代码的比对打印件，通过两者客户端源代码实质相同这一比较结果，可以推定被控侵权游戏软件与涉案游戏软件的服务器源代码构成实质相同。

---

〔1〕 参见广州知识产权法院民事判决书，（2016）粤 73 民初 1693 号。

（二）裁判要旨

广东高院二审判决，撤销广州知产法院一审判决，判令 Y 立即停止侵害 X 的商业秘密、赔偿 X 经济损失及合理维权费用 500 万元。

广东高院二审认为，X 已证明其要求保护的商业秘密符合法定条件，其还需要举证以下两个方面的事实：一是被控侵权游戏软件服务器源代码与涉案游戏软件服务器源代码构成实质相同；二是 Y 不正当地获取或者使用涉案商业秘密。

结合 X 已经举证证明其商业秘密成立，还举证合理表明 Y 接触了涉案商业秘密的事实，对于被控游戏软件源代码系与涉案游戏软件源代码实质相同这一待证事实，X 提供的证据虽未达到高度盖然性的证明标准，但已经能够表明该待证事实具有一定可能性。X 已经穷尽其收集证据的方法，但在客观上无能力收集到证明待证事实的直接证据或者足够的间接证据。

唯独 Y 持有被控游戏软件的源代码，而该证据是证明待证事实能否成立的直接证据。Y 在客观上有能力提供上线运营版本的被控游戏软件源代码，应当负担该证据不灭失、不被篡改的保管义务。Y 并未如实履行证据披露义务，构成举证妨碍。Y 在法院已经释明拒不配合保全后果的情况下，仍未向法院提供被控游戏软件源代码。该证据系 X 证明待证事实的直接证据，可能对 Y 存在不利，而该证据唯独 Y 持有，Y 拒不提供并无正当理由，应依法承担相应不利法律后果。

综上所述，X 穷尽其方法提供证据，已经初步证明其主张的待证事实具有一定可能性。Y 持有证明该待证事实的直接证据，但其无正当理由拒不提供，该行为有违诉讼诚信原则。依据《最高人民法院关于民事诉讼证据的若干规定》（2019）第 95 条“一方当事人控制证据无正当理由拒不提交，对待证事实负有举证责任的当事人主张该证据的内容不利于控制人的，人民法院可以认定该主张成立”之规定，推定 X 主张的待证事实成立，即被控游戏软件源代码与涉案游戏软件的商业秘密构成实质相同。[1]

---

〔1〕 参见广东省高级人民法院民事判决书，（2019）粤知民终 457 号。

（三）案件评析

1. 案件的典型意义

本案属于2020年中国法院50件典型知识产权案例之一，还是2020年度广东省知识产权审判十大案件之一。广东高院二审判决以发现真实和追求公平为主旨，通过在诉讼进程中公平合理地分配行为意义上的证明责任，促使双方当事人交替履行证明责任；基于商业秘密权利人已经穷尽举证途径且已经证明待证事实具有较高可能性，而被控侵权人拒绝履行披露证据的诚信义务，判令由被控侵权人承担举证不利后果。[1]

2. 商业秘密侵权诉讼举证责任的历史演变

我国商业秘密侵权诉讼举证责任的历史演变主要经历了“谁主张，谁举证”、举证责任减轻、举证责任转移三个阶段。[2]

第一阶段为2011年以前，商业秘密侵权诉讼实行“谁主张，谁举证”的举证责任一般规则。《最高人民法院关于审理不正当竞争民事案件应用法律若干问题的解释》（2007）第14条规定：“当事人指称他人侵犯其商业秘密的，应当对其拥有的商业秘密符合法定条件、对方当事人的信息与其商业秘密相同或者实质相同以及对方当事人采取不正当手段的事实负举证责任。其中，商业秘密符合法定条件的证据，包括商业秘密的载体、具体内容、商业价值和对该项商业秘密所采取的具体保密措施等。”[3]

第二阶段是2011年至2019年，为商业秘密侵权诉讼举证责任减轻的阶段。《最高人民法院关于充分发挥知识产权审判职能作用推动社会主义文化大发展大繁荣和促进经济自主协调发展若干问题的意见》（2011）指出：“根据案件具体情况，合理把握秘密性和不正当手段的证明标准，适度减轻商业秘密权利人的维权困难。权利人提供了证明秘密性的优势证据或者对其主张的商业秘密信息与公有领域信息的区别点做出充分合理的解释或者说明的，可以认

[1] 参见徐平、吁青、陈中山：《广东高院发布知识产权司法保护状况白皮书》，载中国新闻出版广电网2021年4月22日，https://www.chinaxwcb.com/info/571206。

[2] 参见崔国斌：《商业秘密侵权诉讼的举证责任分配》，载《交大法学》2020年第4期。

[3] 《最高人民法院关于审理不正当竞争民事案件应用法律若干问题的解释》（2007）第14条。

定秘密性成立。商业秘密权利人提供证据证明被诉当事人的信息与其商业秘密相同或者实质相同且被诉当事人具有接触或者非法获取该商业秘密的条件，根据案件具体情况或者已知事实以及日常生活经验，能够认定被诉当事人具有采取不正当手段的较大可能性，可以推定被诉当事人采取不正当手段获取商业秘密的事实成立，但被诉当事人能够证明其通过合法手段获得该信息的除外。"[1]

第三阶段是2019年至今，为商业秘密侵权诉讼举证责任转移的阶段。我国《反不正当竞争法》(2019)第32条规定："在侵犯商业秘密的民事审判程序中，商业秘密权利人提供初步证据，证明其已经对所主张的商业秘密采取保密措施，且合理表明商业秘密被侵犯，涉嫌侵权人应当证明权利人所主张的商业秘密不属于本法规定的商业秘密。商业秘密权利人提供初步证据合理表明商业秘密被侵犯，且提供以下证据之一的，涉嫌侵权人应当证明其不存在侵犯商业秘密的行为：(一)有证据表明涉嫌侵权人有渠道或者机会获取商业秘密，且其使用的信息与该商业秘密实质上相同；(二)有证据表明商业秘密已经被涉嫌侵权人披露、使用或者有被披露、使用的风险；(三)有其他证据表明商业秘密被涉嫌侵权人侵犯。"[2]

3. 商业秘密侵权诉讼举证责任转移的原因

我国《反不正当竞争法》(2019)第32条是新增加的规定，主要为了回应《中华人民共和国政府和美利坚合众国政府经济贸易协议》(以下简称《中美经贸协议》)的谈判和签署。中美两国自2018年3月发生严重经贸摩擦以后，历经近两年时间、13轮高级别磋商、20多次牵头人电话磋商，终于在2020年1月达成和签署《中美经贸协议》。该协议中文文本多达88页，除序言外有8章67条和17个附录，其中第一章"知识产权"有11节36条，在各章中所占条款最多；第一章第一节"商业秘密和保密商务信息"有7条，占到第一章总条数近20%。

[1] 《最高人民法院关于充分发挥知识产权审判职能作用推动社会主义文化大发展大繁荣和促进经济自主协调发展若干问题的意见》(2011)。

[2] 《反不正当竞争法》(2019)第32条。

《中美经贸协议》第一章第二节第1.5条“民事程序中的举证责任转移”规定:“一、双方应规定,在侵犯商业秘密的民事司法程序中,如商业秘密权利人已提供包括间接证据在内的初步证据,合理指向被告方侵犯商业秘密,则举证责任或提供证据的责任(在各自法律体系下使用适当的用词)转移至被告方。二、中国应规定:(一)当商业秘密权利人提供以下证据,未侵犯商业秘密的举证责任或提供证据的责任(在各自法律体系下使用适当的用词)转移至被告方:1.被告方曾有渠道或机会获取商业秘密的证据,且被告方使用的信息在实质上与该商业秘密相同;2.商业秘密已被或存在遭被告方披露或使用的风险的证据;或3.商业秘密遭到被告方侵犯的其他证据;以及(二)在权利人提供初步证据,证明其已对其主张的商业秘密采取保密措施的情形下,举证责任或提供证据的责任(在各自法律体系下使用适当的用词)转移至被告方,以证明权利人确认的商业秘密为通常处理所涉信息范围内的人所普遍知道或容易获得,因而不是商业秘密……”〔1〕

之所以《中美经贸协议》第一章第二节第1.5条专门就商业秘密民事诉讼程序中举证责任转移提出要求,主要有两个原因:一是作为商业秘密主要构成要件的“不为公众所知悉”是难以举证证明的消极事实,权利人只能提供其具体内容及其区别于一般常识、不易从公开渠道获得等证据,而对应的正面事实“商业秘密已为公众所知悉”更易于举证证明,宜由涉嫌侵权人提供其属于行业内公知常识、已被在先专利所公开等证据;二是涉嫌侵权人使用商业秘密的情况,包括所使用的具体信息及其使用范围、使用程度等,其相应证据是商业秘密权利人通过普通的调查手段无法获得的,宜由涉嫌侵权人举证证明其所使用的信息具有合法来源而非权利人的商业秘密。〔2〕我国《反不正当竞争法》于2019年4月修正增加第32条后,由涉嫌侵权人举证证明“商业秘密已为公众所知悉”而不成立、其使用的信息具有合法来源而未侵权,已经充分体现和完

〔1〕《中华人民共和国政府和美利坚合众国政府经济贸易协议》(2020)第一章第一节第1.5条。

〔2〕参见北京市高级人民法院知识产权庭课题组:《〈反不正当竞争法〉修改后商业秘密司法审判调研报告》,载《电子知识产权》2019年第11期。

全符合《中美经贸协议》第一章第二节第 1.5 条要求。[1]

4. 商业秘密侵权诉讼举证责任转移的适用

商业秘密侵权诉讼举证责任转移确实减轻了商业秘密权利人的举证责任，但似乎过于偏向商业秘密权利人而加重了被控侵权人的举证责任。鉴于此，商业秘密侵权诉讼举证责任转移的适用可能产生矫枉过正的不良后果，因而有必要在司法技术层面予以适当限制。[2] 在商业秘密侵权诉讼中，法院应当按照以下步骤由案件当事人举证：

第一步，由商业秘密权利人举证证明其所主张的商业秘密的具体内容。《最高人民法院关于审理不正当竞争民事案件应用法律若干问题的解释》(2020)第 14 条规定："当事人指称他人侵犯其商业秘密的，应当对其拥有的商业秘密符合法定条件、对方当事人的信息与其商业秘密相同或者实质相同以及对方当事人采取不正当手段的事实负举证责任。其中，商业秘密符合法定条件的证据，包括商业秘密的载体、具体内容、商业价值和对该项商业秘密所采取的具体保密措施等。"[3]

第二步，由商业秘密权利人举证证明其已经对所主张的商业秘密采取相应保密措施，且提供初步证据合理表明其所主张的商业秘密被侵犯。《最高人民法院关于审理侵犯商业秘密民事案件适用法律若干问题的规定》(2020)第 6 条规定："具有下列情形之一，在正常情况下足以防止商业秘密泄露的，人民法院应当认定权利人采取了相应保密措施：(一)签订保密协议或者在合同中约定保密义务的；(二)通过章程、培训、规章制度、书面告知等方式，对能够接触、获取商业秘密的员工、前员工、供应商、客户、来访者等提出保密要求的；(三)对涉密的厂房、车间等生产经营场所限制来访者或者进行区分管理的；(四)以标记、分类、隔离、加密、封存、限制能够接触或者获取的人员范围等方式，对商业秘密及其载体进行区分和管理的；(五)对能够接触、获取商业秘密的计算机设备、电子设备、网络设备、存储设备、软件等，采取禁止或者限制使

---

[1] 参见管荣齐：《中美经贸协议下加强知识产权保护的对策建议》，载《学术论坛》2021 年第 1 期。

[2] 参见喻志强、戈光应：《商业秘密侵权诉讼举证新规则的适用》，载《人民司法》2020 年第 19 期。

[3] 《最高人民法院关于审理不正当竞争民事案件应用法律若干问题的解释》(2020)第 14 条。

用、访问、存储、复制等措施的；（六）要求离职员工登记、返还、清除、销毁其接触或者获取的商业秘密及其载体，继续承担保密义务的；（七）采取其他合理保密措施的。”[1]我国《反不正当竞争法》（2019）第 32 条第 2 款规定：“商业秘密权利人提供初步证据合理表明商业秘密被侵犯，且提供以下证据之一的，涉嫌侵权人应当证明其不存在侵犯商业秘密的行为：（一）有证据表明涉嫌侵权人有渠道或者机会获取商业秘密，且其使用的信息与该商业秘密实质上相同；（二）有证据表明商业秘密已经被涉嫌侵权人披露、使用或者有被披露、使用的风险；（三）有其他证据表明商业秘密被涉嫌侵权人侵犯。”[2]

第三步，由被控侵权人证明商业秘密权利人所主张的商业秘密已经为公众所知悉。《最高人民法院关于审理侵犯商业秘密民事案件适用法律若干问题的规定》（2020）第 4 条第 1 款规定：“具有下列情形之一的，人民法院可以认定有关信息为公众所知悉：（一）该信息在所属领域属于一般常识或者行业惯例的；（二）该信息仅涉及产品的尺寸、结构、材料、部件的简单组合等内容，所属领域的相关人员通过观察上市产品即可直接获得的；（三）该信息已经在公开出版物或者其他媒体上公开披露的；（四）该信息已通过公开的报告会、展览等方式公开的；（五）所属领域的相关人员从其他公开渠道可以获得该信息的。”[3]

八、非典型的互联网不正当竞争行为认定——“爱奇艺账号”不正当竞争纠纷案[4]

我国《反不正当竞争法》上的“互联网专条”采取“概括 + 列举 + 兜底”的立法模式，但少有法院适用该条所列举的典型互联网不正当竞争行为审理案件，主要原因是这些典型互联网不正当竞争行为过于具体，而非典型的互联网不正当竞争行为大量涌现。非典型的互联网不正当竞争行为构成要件有三个，

---

[1] 《最高人民法院关于审理侵犯商业秘密民事案件适用法律若干问题的规定》（2020）第 6 条。
[2] 《反不正当竞争法》（2019）第 32 条第 2 款。
[3] 《最高人民法院关于审理侵犯商业秘密民事案件适用法律若干问题的规定》（2020）第 4 条第 1 款。
[4] 参见北京知识产权法院民事判决书，（2019）京 73 民终 3263 号。

一是利用互联网技术手段；二是影响互联网用户选择；三是妨碍、破坏互联网产品或服务正常运行。

（一）事实概要

X（一审原告、二审被上诉人）为“爱奇艺”视频网站手机端 App（以下简称涉案 App）及其会员账号（以下简称涉案账号）的经营者，Y（一审被告、二审上诉人）为被控 App（“马上玩”App）、被控行为（未经 X 许可分时段出租涉案账号）的经营者。

X 于 2018 年向北京市海淀区人民法院（以下简称北京海淀法院）提起本案诉讼，请求判令 Y 赔偿 X 经济损失及合理开支 300 万元，并在 Y 运营的被控 App 首页刊登声明为 X 消除影响。北京海淀法院一审认为，Y 通过被控 App 对其购买的涉案账号进行分时段出租，使用户无须购买涉案账号即可享有内容服务；同时，Y 通过云流化技术手段限制涉案网站、涉案 App 的部分功能，故被控行为构成不正当竞争。因此，北京海淀法院一审判决，支持 X 的全部诉讼请求。[1]

Y 对北京海淀法院一审判决不服，向北京知识产权法院（以下简称北京知产法院）提起上诉，请求撤销北京海淀法院一审判决，改判驳回 X 的全部诉讼请求。Y 的上诉理由主要包括：（1）Y 仅是通过技术手段将一个账号的使用时段进行分割和出租，使用户通过被控 App 在同一时间段使用同一账号可以观看不同视频，并未加重服务器运行压力；（2）被控行为未破坏 X 对于涉案账号设置权限，且 X 主张的功能限制设置既不会影响涉案 App 的正常使用，又非针对涉案 App 的原生界面，故不会影响用户对涉案 App 的服务评价和用户体验，反而可以控制涉案账号不被他人利用和保护 X 的权益。

（二）裁判要旨

北京知产法院二审判决，驳回 Y 的上诉，维持北京海淀法院一审判决。

北京知产法院二审认为，根据我国《反不正当竞争法》（2017）第 12 条第 2

---

〔1〕 参见北京市海淀区人民法院民事判决书，（2018）京 0108 民初 37522 号。

款第 4 项之规定，经营者不得利用技术手段，通过影响用户选择或其他方式，实施妨碍、破坏其他经营者合法提供的网络产品或者服务正常运行的行为。本案中，X 主张 Y 通过云流化技术将涉案账号分时出租，使其用户无须向 X 付费即可接受涉案 App 视频服务，并对涉案 App 中的视频播放界面部分功能进行限制的行为，既损害了 X 的付费会员制度，使公众误认为涉案 App 存在缺陷，导致用户体验下降，也使得 Y 通过吸引用户观看视频进行导流，违反了我国《反不正当竞争法》(2017)第 12 条第 2 款第 4 项之规定。

我国《反不正当竞争法》的立法目的在于保障社会主义市场经济健康发展，鼓励和保护公平竞争，制止不正当竞争行为，保护经营者和消费者的合法权益。在传统经济模式下，经营者之间的竞争一般也仅限于针对同一商品或服务领域。但随着社会经济的迅速发展进步，尤其是随着互联网行业的出现和蓬勃壮大，在崇尚注意力经济的互联网经济新模式下，用户注意力已经成为互联网经济中的重要资源，也是众多网络经营者的争夺对象，并且随着互联网技术的不断深化，用户流量等资源也实现了在不同行业或产业间的交互融合，对用户流量等重要经营资源的争夺也从同行业经营者扩展到非同业经营者。因此，在新的经济模式下，判断经营者之间是否存在竞争关系，亦不应仅局限于同行业经营者，只要双方在具体的经营行为、最终利益方面存在竞争关系，亦应认定两者存在竞争关系。具体到本案，Y 是利用技术手段通过涉案 App 将涉案账号分时段出租，提供的也是网络视频播放服务，与 X 存在业务上的重合，二者拥有相同的市场利益。再者，无论是 X 通过涉案 App 所提供的网络视频播放服务还是 Y 通过被控 App 所提供的游戏软件分发服务，网络用户都是二者所争夺的重要经营资源，并且其经营成败的核心利益往往也在于网络用户的数量，当其中一方利用他人的竞争优势或以使用影响他人经营模式等不正当手段增加自身网络用户时，因该行为必然会使他人网络用户减少，从而对双方的经营利益产生直接影响，在此情况上，双方构成竞争关系。

从我国《反不正当竞争法》(2017)第 12 条第 2 款第 4 项的规定来看，该条款适用于经营者在网络环境下利用技术手段实施的不正当竞争行为，旨在突出利用“技术手段”对达到妨碍、破坏经营者合法提供的网络产品或服务正常运行的行为进行否定性评价。第一,从技术手段上看,按照该条款规定,这种妨碍、破坏行为应指向于权利人本身,结合本案,涉案 App 视频是 X 推动付费会员业务并在网络视频市场中获得竞争优势的重要经营资源,而 Y 通过利用云流化技术将涉案账号分时段出租给被控 App 的用户,使其无须向 X 付费即可接受涉案 App 视频服务,并通过技术手段在被控 App 中添加功能选项,对涉案 App 中的播放设置等功能进行限制。第二,从主观过错上看,Y 对于网络视频平台的经营方式和盈利模式应当知晓,亦应知晓 X 为提供涉案 App 视频服务付出了支付版权费、自制网络独播剧等经营成本;同时作为涉案 App 付费会员,其对 X 的付费制度也是明知的;加之,X 自 2017 年 5 月向 Y 发送侵权通知后至 2018 年 5 月期间,Y 对被控 App 中涉案 App 视频所处位置进行多次调整且逐渐隐蔽化,主观恶意明显。第三,从行为可责性看,X 在《用户协议》《VIP 协议》中对涉案 App 付费会员的使用行为进行了明确限制,而 Y 在被控 App 中利用流化技术将涉案账号分时出租给普通用户,显然破坏了 X 基于自主经营权对涉案账号所做的限制;同时,Y 通过技术手段在被控 App 中添加功能选项,对涉案 App 中的播放设置等功能进行限制,亦非基于通过对网络新技术的运用向社会提供新产品服务进而促进行业新发展的需要,具有不正当性和可责性。第四,从不当夺取交易机会或损害其他经营者合法利益方面看,一方面,Y 通过被控行为既获得了现金充值直接的经济利益,又获得了网络用户流量,增加了交易机会;另一方面,Y 通过流化技术在被控 App 中将涉案账号分时出租并对部分功能进行限制,会影响用户对涉案 App 的服务评价或用户体验,不仅干扰了 X 的运营模式和盈利方式,也使得 X 的交易机会、会员收入及用户流量等受到实质影响,直接损害了 X 基于涉案 App 视频服务所产生的经营收益,从长远来看将逐步降低市场活力,破坏竞争秩序和机制,阻碍网络视频市场的正常、有序发展,并最终造成消费者福祉的减损。[1]

---

[1] 参见北京知识产权法院民事判决书,(2019)京 73 民终 3263 号。

（三）案件评析

1. 案件的典型意义

本案属于人民法院反垄断和反不正当竞争典型案例之一，以及2020年度北京法院知识产权司法保护十大案例之一。北京知产法院二审判决准确适用我国《反不正当竞争法》（2017）第12条，对名为"分享经济"，实为不正当攫取他人视频资源并以此获得用户流量，以及采用技术手段限制他人网络视频服务功能的行为，认定为非典型的互联网不正当竞争行为，明确了网络视频行业中新商业模式的合理边界，体现了对互联网不正当竞争行为的有效规制、对互联网经营者与消费者合法利益的有效保护，有助于促进互联网经济有序发展、激发社会创新活力和打造公平竞争市场环境。[1]

2. 互联网不正当竞争行为的法律规定及其适用

我国《反不正当竞争法》（2019）第12条规定："经营者利用网络从事生产经营活动，应当遵守本法的各项规定。经营者不得利用技术手段，通过影响用户选择或者其他方式，实施下列妨碍、破坏其他经营者合法提供的网络产品或者服务正常运行的行为：（一）未经其他经营者同意，在其合法提供的网络产品或者服务中，插入链接、强制进行目标跳转；（二）误导、欺骗、强迫用户修改、关闭、卸载其他经营者合法提供的网络产品或者服务；（三）恶意对其他经营者合法提供的网络产品或者服务实施不兼容；（四）其他妨碍、破坏其他经营者合法提供的网络产品或者服务正常运行的行为。"

由上可见，被称为"互联网专条"的我国《反不正当竞争法》（2019）第12条，采取"概括＋列举＋兜底"的立法模式。[2] 首先，该条的概括性条款对互联网不正当竞争行为作了概括性规定，即经营者利用技术手段，通过影响用户选择或者其他方式，妨碍、破坏其他经营者合法提供的网络产品或者服务正常运行的行为。其次，该条的列举性条款列举了3种典型的互联网不正当竞争行

〔1〕 参见《人民法院反垄断和反不正当竞争典型案例》，载《人民法院报》2021年9月28日，第3版。

〔2〕 参见田小军、朱萸：《新修订〈反不正当竞争法〉"互联网专条"评述》，载《电子知识产权》2018年第1期。

为:一是"流量劫持"行为,即"未经其他经营者同意,在其合法提供的网络产品或者服务中,插入链接、强制进行目标跳转";二是"干扰他人产品或服务"行为,即"误导、欺骗、强迫用户修改、关闭、卸载其他经营者合法提供的网络产品或者服务";三是"恶意不兼容"行为,即"恶意对其他经营者合法提供的网络产品或者服务实施不兼容"。最后,该条的兜底性条款对未能包含在所列举的3种典型互联网不正当竞争行为之内的行为进行了兜底性规制。

然而,我国《反不正当竞争法》"互联网专条"自2017年确立以来,少有法院适用该条所列举的3种典型互联网不正当竞争行为审理案件,因而招致了学界的广泛批评,出现此种现象主要有以下两个原因:(1)我国《反不正当竞争法》"互联网专条"所列举的3种典型互联网不正当竞争行为过于具体,因而其适用范围非常狭窄,且文本表达不够明确清晰,[1]其中"恶意不兼容"行为还属于反垄断法的调整范围;[2](2)非典型的互联网不正当竞争行为大量涌现,相应案件中的法律适用集中于我国《反不正当竞争法》"互联网专条"的兜底条款,但该兜底条款的字面含义过于宽泛,极易出现不恰当的扩大适用,往往借助于我国《反不正当竞争法》的原则条款并结合立法目的进行论证。[3]

3. 非典型的互联网不正当竞争行为的构成要件

根据我国《反不正当竞争法》"互联网专条"的概括性条款、兜底性条款,非典型的互联网不正当竞争行为需要具备三个构成要件,即利用互联网技术手段,影响互联网用户选择,妨碍、破坏互联网产品或服务正常运行。

利用互联网技术手段是互联网不正当竞争行为的主要特征。互联网不正当竞争行为有狭义和广义之分,狭义的互联网不正当竞争行为仅限于互联网上(线上)的产品或服务提供过程中依托于互联网技术实施的不正当竞争行

---

[1] 参见裴轶、来小鹏:《反不正当竞争法中一般条款与"互联网条款"的司法适用》,载《河南师范大学学报(哲学社会科学版)》2019年第4期。

[2] 参见蒋舸:《〈反不正当竞争法〉网络条款的反思与解释　以类型化原理为中心》,载《中外法学》2019年第1期。

[3] 参见陈兵、徐文:《优化〈反不正当竞争法〉一般条款与互联网专条的司法适用》,载《天津法学》2019年第3期。

为;[1]广义的互联网不正当竞争行为还包括互联网下(线下)的产品或服务提供过程中依托于互联网技术实施的不正当竞争行为。无论是狭义的还是广义的互联网不正当竞争行为,其一个共同点是依托于互联网技术实施即利用互联网技术手段。虽然按照技术中立原则,互联网技术本身不承载任何价值判断;[2]但是,互联网技术毕竟为"社会的人"所创造和应用,决定了它具有服务于特定社会目的的社会属性。[3] 因此,"利用互联网技术手段"包含了相应经营者的价值判断,如果违背诚信原则和商业道德,就构成不正当竞争。[4]

影响互联网用户选择是互联网不正当竞争行为的主要方式。我国《反不正当竞争法》的立法目的之一是保护消费者合法权益,所规制的不正当竞争行为的危害之一是损害消费者的合法权益;[5]具体到互联网不正当竞争行为而言,相应消费者主要是互联网用户。我国《消费者权益保护法》(2013)第9条规定:"消费者享有自主选择商品或者服务的权利。消费者有权自主选择提供商品或者服务的经营者,自主选择商品品种或者服务方式,自主决定购买或者不购买任何一种商品、接受或者不接受任何一项服务。消费者在自主选择商品或者服务时,有权进行比较、鉴别和挑选。"[6]由此,互联网不正当竞争行为影响互联网用户选择,侵害了互联网用户对于相应产品或服务及其经营者的自主选择权、自主决定权,违反了我国《消费者权益保护法》和《反不正当竞争法》的有关规定。

妨碍、破坏互联网产品或服务正常运行是互联网不正当竞争行为的主要后果。如前所述,互联网不正当竞争行为所针对的产品或服务,包括互联网上(线上)的产品或服务、互联网下(线下)的产品或服务,但由于这两类产品或服务都利用了互联网技术手段,因而统称为"互联网产品或服务"。互联网产品

---

〔1〕 参见陈兵:《互联网新型不正当竞争行为审裁理路实证研究》,载《学术论坛》2019年第5期。

〔2〕 参见虞婷婷:《网络服务商过错判定理念的修正——以知识产权审查义务的确立为中心》,载《政治与法律》2019年第10期。

〔3〕 参见燕道成:《"网络中立":干预性的中立》,载《当代传播》2012年第4期。

〔4〕 参见苏成子:《〈反不正当竞争法〉"互联网专条"兜底条款的构成要件研究——以网络空间的架构为切入点》,载《知识产权与市场竞争研究》2020年第1期。

〔5〕 参见《反不正当竞争法》(2019)第1条、第2条第2款。

〔6〕 《消费者权益保护法》(2013)第9条。

或服务正常运行，是互联网产品或服务的经营者获取商业利益的根本保证。我国《反不正当竞争法》的立法目的之一是保护经营者的商业利益，所规制的不正当竞争行为的危害之一是侵害其他经营者的商业利益；[1]具体到互联网不正当竞争行为而言，相应经营者是指互联网产品或服务的经营者。互联网不正当竞争行为妨碍、破坏互联网产品或服务正常运行，对互联网经营者通过提供互联网产品或服务所获取的商业利益造成损害，违反了我国《反不正当竞争法》的有关规定。

〔1〕 参见《反不正当竞争法》(2019)第1条、第2条第2款。

参考文献

一、著作、论文

1. 孙航:《〈最高人民法院知识产权法庭裁判要旨(2020)〉发布》,载《人民法院报》2021 年 2 月 27 日,第 2 版。

2. 江苏高院:《2020 年江苏法院知识产权司法保护十大典型案例》,载澎湃网 2021 年 4 月 22 日,https://m. thepaper. cn/baijiahao_12333772。

3. 徐平、吁青、陈中山:《广东高院发布知识产权司法保护状况白皮书》,载中国新闻出版广电网 2021 年 4 月 22 日,https://www. chinaxwcb. com/info/571206。

4.《人民法院反垄断和反不正当竞争典型案例》,载《人民法院报》2021 年 9 月 28 日,第 3 版。

5.《最高人民法院知识产权案件年度报告(2020 年)摘要》,载《人民法院报》2021 年 4 月 26 日,第 2 版。

6. 北京市高级人民法院知识产权庭课题组:《〈反不正当竞争法〉修改后商业秘密司法审判调研报告》,载《电子知识产权》2019 年第 11 期。

7. 蔡川子:《数据抓取行为的竞争法规制》,载《比较法研究》2021 年第 4 期。

8. 蔡伟:《侵犯专利权案件中对功能性特征的分析与认定》,载《人民司法(案例)》2017 年第 23 期。

9. 曾定洲:《"惯用手段的直接置换"的理解与适用》,载《中国发明与专利》2019 年 S2 期。

10. 陈兵、徐文:《优化〈反不正当竞争法〉一般条款与互联网专条的司法适用》,载《天津法学》2019 年第 3 期。

11. 陈兵:《互联网新型不正当竞争行为审裁理路实证研究》,载《学术论坛》2019 年第 5 期。

12. 陈灿平:《驰名商标司法认定新探》,载《法学杂志》2014 年第 9 期。

13. 陈辉、刘瑜:《地名商标的弱保护性与合理使用》,载《法律适用》2003 年第 6 期。

14. 陈璐旸:《企业名称与商标冲突疑难问题解决路径探讨》,载《电子知识产权》2016 年第 2 期。

15. 成文娟、张书青:《破坏商标品质保证功能构成商标侵权——"不二家案"判前判后的思考》,载《电子知识产权》2016 年第 6 期。

16. 丛立先:《我国〈商标法〉上的在先权利与外国人姓名权保护研究》,载《知识产权》2020 年第 6 期。

17. 崔国斌:《商业秘密侵权诉讼的举证责任分配》,载《交大法学》2020 年第 4 期。

18. 崔国斌:《中国专利共有制度述评》(上),载《电子知识产权》2010 年第 6 期。

19. 崔国斌:《中国专利共有制度述评》(下),载《电子知识产权》2010 年第 7 期。

20. 邓恒:《计算机软件著作权案件审判实务问题研究——由一起侵犯计算机软件著作权纠纷案引发的思考》,载《中国版权》2014 年第 3 期。

21. 邓恒:《我国计算机软件著作权侵权判定之"实质性近似"再审视——以美国司法判例演变为研究对象》,载《法学杂志》2014 年第 9 期。

22. 邓宏光:《我国驰名商标反淡化制度应当缓行》,载《法学》2010 年第 2 期。

23. 翟燕燕:《浅析"发明构思"在组合发明创造性判断中的作用》,载《广东化工》2020 年第 10 期。

24. 丁文杰:《〈专利法〉中的“生产经营目的”要件及解释——莫文彩诉贵阳棋院等侵犯专利权纠纷上诉案》,载《中国发明与专利》2018 年第 12 期。

25. 丁文严、韩萍:《中国企业专利涉外司法保护中的管辖困境与应对》,载《人民法院报》2018 年 5 月 30 日,第 7 版。

26. 董美根:《论专利被许可人的诉权》,载《科技与法律》2008 年第 4 期。

27. 杜涛、陈力:《国际私法》(第 2 版),复旦大学出版社 2008 年版。

28. 杜颖:《地名商标的可注册性及其合理使用——从“百家湖”案谈起》,载《法学》2007 年第 11 期。

29. 杜颖:《商标淡化理论及其应用》,载《法学研究》2007 年第 6 期。

30. 范明瑞、路剑锋等:《新颖性评判中“惯用手段直接置换”的考量因素》,载《中国发明与专利》2020 年第 3 期。

31. 冯术杰:《论立体商标的显著性认定》,载《法学》2014 年第 6 期。

32. 傅蕾、宾岳成:《权利要求修改超范围的认定》,载《人民司法》2021 年第 2 期。

33. 管荣齐、陈琨:《功能性特征的除外情形和限缩性解释——深圳华泽兴业公司、广州同明公司侵害实用新型专利权案》,载《中国发明与专利》2019 年第 8 期。

34. 管荣齐、李明德:《中国知识产权司法保护体系改革研究》,载《学术论坛》2017 年第 1 期。

35. 管荣齐、李祥萌:《体育赛事转播权的保护路径选择》,载《中国发明与专利》2019 年第 4 期。

36. 管荣齐:《发明专利的创造性》,知识产权出版社 2012 年版。

37. 管荣齐:《现有技术抗辩的适用——朱豹诉北京居然之家公司等侵犯实用新型专利案》,载《中国发明与专利》2019 年第 6 期。

38. 管荣齐:《现有技术抗辩与无效宣告抗辩的竞合——盐城泽田机械有限公司与盐城市格瑞特机械有限公司侵犯实用新型专利权纠纷案》,载《中国发明与专利》2018 年第 12 期。

39. 管荣齐:《知识产权司法保护专题研究》,法律出版社 2020 年版。

40. 管荣齐:《中国知识产权保护的法律边界》,载《学术论坛》2020 年第 1 期。

41. 管荣齐:《中国知识产权法律制度》,知识产权出版社 2016 年版。

42. 管荣齐:《中美经贸协议下加强知识产权保护的对策建议》,载《学术论坛》2021 年第 1 期。

43. 管荣齐:《专利侵权与授权确权中技术特征的界定——“吸纳式充电装置”实用新型专利侵权案》,载《中国发明与专利》2020 年第 11 期。

44. 韩景峰:《商标法中在先权利的法理分析》,载《知识产权》2012 年第 10 期。

45. 何春晖:《专利申请文件撰写中应当注意的几个问题》,载《电子知识产权》2003 年第 4 期。

46. 何怀文、陈如文:《专利共有制度的博弈分析》,载《清华知识产权评论》2015 年第 1 期,法律出版社 2015 年版。

47. 何靖:《作为知名商品的地名商标受法律保护》,载《人民司法》2011 年第 14 期。

48. 何培育、蒋启蒙:《论专利侵权损害赔偿数额认定的证明责任分配》,载《知识产权》2018 年第 7 期。

49. 贺荣、辛尚民:《商标法上的已经使用与在先权利探讨》,载《法律适用》2005 年第 9 期。

50. 胡充寒:《侵犯知识产权犯罪数额的类型与认定》,载《知识产权》2014 年第 9 期。

51. 胡良荣:《侵犯商业秘密刑民交叉案件处理的困惑与出路》,载《知识产权》2011 年第 6 期。

52. 胡学军:《分合之道:两种方法发明专利侵权举证责任规则变迁评析》,载《当代法学》2014 年第 1 期。

53. 黄晖:《商标法》(第 2 版),法律出版社 2016 年版。

54. 黄娟:《知识产权刑民交叉案件解决之“先民后刑”思路:选择理由与实施机制》,载《暨南学报(哲学社会科学版)》2011 年第 2 期。

55. 黄祥青:《刑民交叉案件的范围、类型及处理原则》,载《法律适用》2020年第1期。

56. 江波、喻湜:《知识产权刑民交叉案件审理问题研究——以侵犯商业秘密案件为视角》,载《知识产权》2008年第6期。

57. 蒋舸:《〈反不正当竞争法〉网络条款的反思与解释 以类型化原理为中心》,载《中外法学》2019年第1期。

58. 金凤涛、曹世华:《立体商标注册的限制性条件》,载《法学杂志》2005年第6期。

59. 孔祥俊、王永昌、李剑:《〈关于审理侵犯专利权纠纷案件应用法律若干问题的解释〉的理解与适用》,载《人民司法》2010年第3期。

60. 孔祥俊:《驰名商标司法保护的回顾与展望》,载《人民司法》2013年第1期。

61. 李菊丹:《论古籍整理成果的著作权保护》,载《首都师范大学学报(社会科学版)》2019年第4期。

62. 李雷、梁平:《论我国商标授权确权程序的优化》,载《知识产权》2017年第7期。

63. 李梅香:《浅谈组合发明的创造性评价》,载《专利代理》2019年第1期。

64. 李明德:《功能性权利要求及其保护范围的判断——诺基亚公司与上海华勤通讯技术有限公司侵害发明专利权纠纷案》,载《中国发明与专利》2018年第9期。

65. 李明德:《关于知识产权损害赔偿的几点思考》,载《知识产权》2016年第5期。

66. 李石勇:《协同创新背景下职务发明奖励报酬制度的完善》,载《广东社会科学》2018年第2期。

67. 李文江:《论共有专利权行使及立法完善》,载《知识产权》2014年第12期。

68. 李扬:《商标法中在先权利的知识产权法解释》,载《法律科学(西北政法学院学报)》2006年第5期。

69. 李逸竹:《绝对权,还是相对权?——知识产权许可使用权性质澄清》,载《西华大学学报(哲学社会科学版)》2014 年第 2 期。

70. 李宗辉:《〈民法典〉视域下知识产权侵权惩罚性赔偿的“情节严重”要件研究》,载《暨南学报(哲学社会科学版)》2021 年第 5 期。

71. 林婧、陈琳:《数据抓取行为的反不正当竞争法规制》,载《电子科技大学学报(社科版)》2021 年第 6 期。

72. 凌宗亮:《论立体商标的非功能性——兼谈我国〈商标法〉第 12 条的完善》,载《电子知识产权》2010 年第 3 期。

73. 凌宗亮:《职务发明报酬实现的程序困境及司法应对》,载国家知识产权局条法司编:《专利法研究(2013)》,知识产权出版社 2015 年版。

74.《保护文学和艺术作品伯尔尼公约(1971 年巴黎文本)指南》,刘波林译,中国人民大学出版社 2002 年版。

75. 刘春田主编:《知识产权法》(第 5 版),高等教育出版社 2015 年版。

76. 刘红兵、卢山:《方法专利侵权诉讼的举证责任分配》,载《知识产权》2007 年第 5 期。

77. 刘书芝:《浅谈技术秘密与专利的特点及技术保护策略选择》,载《中国发明与专利》2017 年第 5 期。

78. 刘银燕:《未经许可的演绎作品著作权问题研究》,载《河南财经政法大学学报》2021 年第 1 期。

79. 吕炳斌:《专利说明书充分公开的判断标准之争》,载《中国发明与专利》2010 年第 10 期。

80. 吕炳斌:《实用艺术作品可版权性的理论逻辑》,载《比较法研究》2014 年第 3 期。

81. 欧福永:《英国民商事管辖权制度研究》,法律出版社 2005 年版。

82. 裴轶、来小鹏:《反不正当竞争法中一般条款与“互联网条款”的司法适用》,载《河南师范大学学报(哲学社会科学版)》2019 年第 4 期。

83. 齐爱民:《论二元知识产权体系》,载《法商研究》2010 年第 2 期。

84. 邱润根:《商标案件刑民交叉责任的界分步骤》,载《政治与法律》2021

年第 10 期。

85. 阮开欣:《演绎作品的合理使用问题研究——以 Keeling v. Hars 案为视角》,载《中国版权》2016 年第 3 期。

86. 商建刚、姜琳浩:《计算机软件实质性相似的判断》,载《人民司法》2021 年第 5 期。

87. 慎理:《试论专利权共有制度》,载《科技与法律》2009 年第 2 期。

88. 石必胜:《国际申请文本在专利权利要求解释中的作用(二)》,载《今日财富(中国知识产权)》2016 年第 3 期。

89. 石必胜:《专利说明书充分公开的司法判断》,载《人民司法》2015 年第 5 期。

90. 宋建宝:《美国侵犯商业秘密罪的量刑依据问题及借鉴——以美国〈经济间谍法〉为中心》,载《法律适用》2015 年第 2 期。

91. 宋健、顾韬:《计算机软件侵权认定若干问题论述》,载《人民司法》2014 年第 13 期。

92. 宋晓明、王闯、李剑:《〈关于审理侵犯专利权纠纷案件应用法律若干问题的解释(二)〉的理解与适用》,载《人民司法(应用)》2016 年第 10 期。

93. 苏成子:《〈反不正当竞争法〉"互联网专条"兜底条款的构成要件研究——以网络空间的架构为切入点》,载《知识产权与市场竞争研究》2020 年第 1 期。

94. 苏志甫:《"企业名称"反不正当竞争法保护的分歧、反思及建议——基于若干不正当竞争司法判例的实证研究》,载《竞争政策研究》2017 年第 3 期。

95. 锁福涛、潘政皓:《数据权益的法律保护路径研究》,载《南京理工大学学报(社会科学版)》2022 年第 1 期。

96. 唐艳:《论二次创作的著作权法规制与保障》,载《知识产权》2016 年第 11 期。

97. 陶恒河:《在先登记企业名称与在后注册商标冲突的处理》,载《人民司法》2012 年第 10 期。

98. 陶钧:《商标授权、确权行政诉讼中"中、外文商标"近似性认定》,载《中华商标》2017 年第 2 期。

99. 田小军、朱萸:《新修订〈反不正当竞争法〉“互联网专条”评述》,载《电子知识产权》2018 年第 1 期。

100. 涂子沛:《数据之巅——大数据革命,历史、现实与未来》,中信出版社 2014 年版,第 270 页。

101. 汪正:《企业名称与在先商标的冲突——新〈商标法〉第五十八条评析》,载《中华商标》2013 年第 12 期。

102. 王充:《刑民交叉三论》,载《华东政法大学学报》2021 年第 6 期。

103. 王闯:《知识产权的权利边界与裁判方法》,载《人民司法(应用)》2016 年第 22 期。

104. 王利明:《侵权责任法研究》,中国人民大学出版社 2016 年版。

105. 王莲峰:《商标法学》,北京大学出版社 2007 年版。

106. 王迁:《〈信息网络传播权保护条例〉中“避风港”规则的效力》,载《法学》2010 年第 6 期。

107. 王迁:《古文点校著作权问题研究——兼评“中华书局诉国学网案”等近期案例》,载《华东政法大学学报》2013 年第 3 期。

108. 王琴:《提供虚假刷量服务构成不正当竞争》,载《人民司法》2021 年第 11 期。

109. 魏莱、宋颂:《大数据时代金融消费者隐私的产权分析与保护》,载《中国商论》2015 年第 17 期。

110. 吴汉东:《论网络服务提供者的著作权侵权责任》,载《中国法学》2011 年第 2 期。

111. 吴汉东:《试论“实质性相似 + 接触”的侵权认定规则》,载《法学》2015 年第 8 期。

112. 吴汉东:《知识产权惩罚性赔偿的私法基础与司法适用》,载《法学评论》2021 年第 3 期。

113. 吴莉娟:《互联网新型不正当竞争行为的类型化研究——兼论〈反不正当竞争法〉类型化条款之完善》,载《竞争政策研究》2019 年第 6 期。

114. 吴雨辉:《体育赛事转播权法律保护的新路径》,载《知识产权》2018年第12期。

115. 向波:《著作权集体管理组织:市场功能、角色安排与定价问题》,载《知识产权》2018年第7期。

116. 谢冬伟:《商标权与企业名称权的冲突及其解决》,载《中华商标》2005年第6期。

117. 谢兰芳、付强:《云计算服务提供者侵权责任类型化》,载《河南财经政法大学学报》2018年第2期。

118. 谢晴川:《论实用艺术作品的"美"和"艺术性"要件——以适用路径的反思与重构为中心》,载《法律科学(西北政法大学学报)》2018年第3期。

119. 邢会丽:《刑民交叉案件中刑事判决的效力问题研究》,载《河北法学》2019年第6期。

120. 熊文聪:《避风港中的通知与反通知规则——中美比较研究》,载《比较法研究》2014年第4期。

121. 徐家力:《现有技术抗辩的司法适用顺序》,载《暨南学报(哲学社会科学版)》2017年第8期。

122. 徐俊、叶明鑫:《商标惩罚性赔偿法律适用要件的类型化研究》,载《知识产权》2021年第4期。

123. 徐艳红:《最高人民法院发布第28批指导性案例》,载《人民政协报》2021年8月3日,第12版。

124. 闫文军:《日本知识产权审判情况概要》,载《电子知识产权》2005年第3期。

125. 燕道成:《"网络中立":干预性的中立》,载《当代传播》2012年第4期。

126. 杨利新:《网络服务提供者在网络侵权避风港规则中的地位和义务》,载《福建师范大学学报(哲学社会科学版)》2020年第5期。

127. 杨倩:《专利新颖性评价中"惯用手段的直接置换"概念辨析》,载《中国发明与专利》2016年第2期。

128. 杨勤之:《新形势下专利审查中的创造性判断相关问题分析》,载《知识产权》2019 年第 10 期。

129. 杨述兴、杜文文:《地名标志商标注册的法律适用——对商标法第十条第二款的理解》,载《电子知识产权》2018 年第 9 期。

130. 杨溪:《论诚实信用原则在反不正当竞争法中的适用》,载《合肥工业大学学报(社会科学版)》2009 年第 6 期。

131. 杨玉熹:《商号与商标:权利冲突与解决》,载《现代法学》1999 年第 4 期。

132. 杨志敏:《专利侵权诉讼中"公知技术抗辩"适用之探讨——中、德、日三国判例、学说的比较研究》,载国家知识产权局条法司编:《专利法研究(2002)》,知识产权出版社 2002 年版。

133. 姚鹤徽:《论商标侵权判定的混淆标准——对我国《商标法》第 57 条第 2 项的解释》,载《法学家》2015 年第 6 期。

134. 衣庆云:《驰名商标法律制度解析》,载《电子知识产权》2009 年第 4 期。

135. 尹新天:《中国专利法详解》,知识产权出版社 2011 年版。

136. 应振芳:《商标法中"在先权利"条款的解释适用问题》,载《政治与法律》2008 年第 5 期。

137. 于晓白等:《知识产权民事案由的理解与适用》,载最高人民法院民事审判第三庭编:《知识产权审判指导》第 11 辑,人民法院出版社 2008 年版。

138. 虞婷婷:《网络服务商过错判定理念的修正——以知识产权审查义务的确立为中心》,载《政治与法律》2019 年第 10 期。

139. 喻志强、戈光应:《商业秘密侵权诉讼举证新规则的适用》,载《人民司法》2020 年第 19 期。

140. 袁博:《方法专利案件中原告的举证责任》,载《人民法院报》2019 年 1 月 31 日,第 7 版。

141. 袁博:《论立体商标的注册条件:非功能性和显著性》,载《中华商标》2013 年第 3 期。

142. 袁博:《论外文商标中文译名受保护的条件》,载《人民法院报》2013年7月3日,第7版。

143. 张革新:《论著作权许可使用制度——以数字网络环境为视角》,载《科技与法律》2011年第1期。

144. 张广良:《举证妨碍规则在知识产权诉讼中的适用问题研究》,载《法律适用》2008年第7期。

145. 张今、卢结华:《商标法中地域性名称的司法认定:商标、地理标志、特有名称与通用名称之辨析》,载《法学杂志》2019年第2期。

146. 张利民:《国际民诉中禁诉令的运用及我国禁诉令制度的构建》,载《法学》2007年第3期。

147. 张鹏:《商标侵权损害赔偿数额计算的现状与展望》,载《知识产权》2021年第5期。

148. 张鹏:《知识产权许可使用权对第三人效力研究》,载《北方法学》2020年第6期。

149. 张书青:《脚印与路:个人信息保护与大数据权益归属》,载《电子知识产权》2018年第11期。

150. 张伟君:《地名商标与地理标志冲突的法律调整》,载《中华商标》2002年第7期。

151. 张玉敏、凌宗亮:《三维标志多重保护的体系化解读》,载《知识产权》2009年第6期。

152. 赵加兵:《论作为数据权益客体的数据集合》,载《河北法学》2021年第7期。

153. 赵筝:《企业名称权与商标权权利冲突的侵权认定与法律适用——以武汉双虎涂料有限公司诉成都市双虎实业有限公司、郑州建材凤凰城双虎木门经营部不正当竞争纠纷案为切入点》,载《河南科技》2020年第6期。

154. 钟鸣:《商标异议理由及异议人主体资格的确定问题》,载《中华商标》2014年第2期。

155. 周波:《三维标志商标的显著性应结合市场情况而定》,载《人民司法》

2014 年第 24 期。

156. 周光权:《“刑民交叉”案件的判断逻辑》,载《中国刑事法杂志》2020 年第 3 期。

157. 周路、肖冰:《职务发明奖酬制度的立法完善——以地方性专利法规为研究对象》,载《北京理工大学学报(社会科学版)》2013 年第 2 期。

158. 周学峰:《网络平台对用户生成数据的权益性质》,载《北京航空航天大学学报(社会科学版)》2021 年第 4 期。

159. 朱开鑫:《从“通知移除规则”到“通知屏蔽规则”——〈数字千年版权法〉“避风港制度”现代化路径分析》,载《电子知识产权》2020 年第 5 期。

160. 朱理:《专利文件修改基本问题研究:原理、标准与规则》,载《中国专利与商标》2015 年第 2 期。

161. 祝建军:《标准必要专利禁诉令与反禁诉令颁发的冲突及应对》,载《知识产权》2021 年第 6 期。

162. 祝建军:《不视为侵犯集成电路布图设计专有权的条件》,载《人民司法(案例)》2017 年第 14 期。

163. 祝建军:《驰名商标的司法保护》,载《人民司法》2011 年第 7 期。

164. 祝建军:《对集成电路布图设计专有权司法保护有关问题的思考》,载《知识产权》2016 年第 9 期。

165. 祝建军:《判定商标侵权应以成立“商标性使用”为前提——苹果公司商标案引发的思考》,载《知识产权》2014 年第 1 期。

166. 祝建军:《我国应建立处理标准必要专利争议的禁诉令制度》,载《知识产权》2020 年第 6 期。

167. 祝建军:《专利纠纷中“非生产经营目的”免责抗辩成立的条件》,载《人民法院报》2014 年 7 月 23 日,第 7 版。

168. 祝文明、曹丽萍:《2020 年度北京法院知识产权司法保护十大案例》,载《中国知识产权报》2021 年 4 月 23 日,第 22 版。

169. Frodl C. Media, *Broadcasting rights in the Bundesliga*, Football Legal, Vol. 6, p. 60 – 63(2016).

170. Jerome P. Media, *Broadcasting rights in France*, Football Legal, Vol. 3,p. 73 –75(2016).

171. Josef Drexl & Hilty Reto et al. ,*Position Statement of the Max Planck Institute for Innovation and Competition of April 2017 on the European Commission on Building the European Data Economy*, Max Planck Institute for innovation & Competition Research Paper, 12 Dec 2017,at A1.

172. Keane B. T. A,*Eurovision for Sports Media Rights*, Football Legal, Vol. 6,p. 81 –86(2016).

173. CNET, *Practicing the Prior Art Is Not a Defense* (Mar. 21,2008), https://www.cnet.com/news/practicing-the-prior-art-is-not-a-defense.

174. Vilche S. , *Audio-Visual Rights on La Liga's Competitions-Towards a More Sustainable Model*, Football Legal, Vol. 6, p. 64 –67(2016).

二、法律规范

1.《保护工业产权巴黎公约》(1980)。

2. 北京市高级人民法院《知识产权民事诉讼证据规则指引》(2021)。

3.《全国人民代表大会常务委员会关于修改〈中华人民共和国专利法〉的决定》(1992)。

4.《全国人民代表大会常务委员会关于修改〈中华人民共和国专利法〉的决定》(2000)。

5.《全国人民代表大会常务委员会关于修改〈中华人民共和国专利法〉的决定》(2008)。

6.《与贸易有关的知识产权协议》(1995)。

7.《与贸易有关的知识产权协议》(2017)。

8.《中华人民共和国反不正当竞争法》(1993)。

9.《中华人民共和国反不正当竞争法》(2019)。

10.《中华人民共和国个人信息保护法》(2021)。

11.《中华人民共和国民法典》(2020)。

12.《中华人民共和国民事诉讼法》(2012)。

13.《中华人民共和国民事诉讼法》(2021)。

14.《中华人民共和国商标法》(1982)。

15.《中华人民共和国商标法》(1993)。

16.《中华人民共和国商标法》(2001)。

17.《中华人民共和国商标法》(2013)。

18.《中华人民共和国商标法》(2019)。

19.《中华人民共和国商标法实施条例》(2014)。

20.《中华人民共和国数据安全法》(2021)。

21.《中华人民共和国消费者权益保护法》(2013)。

22.《中华人民共和国刑法》(2020)。

23.《中华人民共和国刑事诉讼法》(2018)。

24.《中华人民共和国政府和美利坚合众国政府经济贸易协议》(2020)。

25.《中华人民共和国著作权法》(2010)。

26.《中华人民共和国著作权法》(2020)。

27.《中华人民共和国著作权法实施条例》(2013)。

28.《中华人民共和国专利法》(1984)。

29.《中华人民共和国专利法》(1992)。

30.《中华人民共和国专利法》(2000)。

31.《中华人民共和国专利法》(2008)。

32.《中华人民共和国专利法》(2020)。

33.《中华人民共和国专利法实施细则》(2010)。

34.《最高人民法院、最高人民检察院关于办理侵犯知识产权刑事案件具体应用法律若干问题的解释》(2004)。

35.《最高人民法院关于充分发挥知识产权审判职能作用推动社会主义文化大发展大繁荣和促进经济自主协调发展若干问题的意见》(2011)。

36.《最高人民法院关于贯彻实施国家知识产权战略若干问题的意见》

（2009）。

37.《最高人民法院关于民事诉讼证据的若干规定》（2019）。

38.《最高人民法院关于审理不正当竞争民事案件应用法律若干问题的解释》（2007）。

39.《最高人民法院关于审理不正当竞争民事案件应用法律若干问题的解释》（2020）。

40.《最高人民法院关于审理技术合同纠纷案件适用法律若干问题的解释》（2020）。

41.《最高人民法院关于审理侵犯商业秘密民事案件适用法律若干问题的规定》（2020）。

42.《最高人民法院关于审理侵犯专利权纠纷案件应用法律若干问题的解释（二）》（2020）。

43.《最高人民法院关于审理侵犯专利权纠纷案件应用法律若干问题的解释》（2009）。

44.《最高人民法院关于审理侵害信息网络传播权民事纠纷案件适用法律若干问题的规定》（2020）。

45.《最高人民法院关于审理侵害知识产权民事案件适用惩罚性赔偿的解释》（2021）。

46.《最高人民法院关于审理商标案件有关管辖和法律适用范围问题的解释》（2002）。

47.《最高人民法院关于审理商标民事纠纷案件适用法律若干问题的解释》（2020）。

48.《最高人民法院关于审理商标授权确权行政案件若干问题的规定》（2017）。

49.《最高人民法院关于审理商标授权确权行政案件若干问题的规定》（2020）。

50.《最高人民法院关于审理商标授权确权行政案件若干问题的意见》（2010）。

51.《最高人民法院关于审理涉及驰名商标保护的民事纠纷案件应用法律若干问题的解释》(2009)。

52.《最高人民法院关于审理涉及驰名商标保护的民事纠纷案件应用法律若干问题的解释》(2020)。

53.《最高人民法院关于审理涉及计算机网络域名民事纠纷案件适用法律若干问题的解释》(2020)。

54.《最高人民法院关于审理注册商标、企业名称与在先权利冲突的民事纠纷案件若干问题的规定》(2008)。

55.《最高人民法院关于审理注册商标、企业名称与在先权利冲突的民事纠纷案件若干问题的规定》(2020)。

56.《最高人民法院关于审理专利纠纷案件适用法律问题的若干规定》(2015)。

57.《最高人民法院关于审理专利纠纷案件适用法律问题的若干规定》(2020)。

58.《最高人民法院关于适用〈中华人民共和国民事诉讼法〉的解释》(2022)。

59.《最高人民法院关于适用〈中华人民共和国刑事诉讼法〉的解释》(2021)。

60.《最高人民法院关于在审理经济纠纷案件中涉及经济犯罪嫌疑若干问题的规定》(2020)。

61.《最高人民法院关于知识产权民事诉讼证据的若干规定》(2020)。

62.《北京市高级人民法院关于侵害知识产权及不正当竞争案件确定损害赔偿的指导意见及法定赔偿的裁判标准(一)》(2020)。

63.《北京市高级人民法院关于网络著作权纠纷案件若干问题的指导意见(一)(试行)》(2010)。

64. 北京市高级人民法院《侵害著作权案件审理指南》(2018)。

65. 北京市高级人民法院《专利侵权判定若干问题的意见(试行)》(2001)。

66. 北京市高级人民法院《专利侵权判定指南》(2013)。

67. 北京市高级人民法院《专利侵权判定指南》(2017)。

68. 国家版权局《〈中华人民共和国著作权法〉修改草案》(2012)。

69. 国家版权局《〈中华人民共和国著作权法〉修改草案第三稿》(2012)。

70.《国家版权局关于规范网盘服务版权秩序的通知》(2015)。

71. 国家工商行政管理总局(已撤销)《驰名商标认定和保护规定》(2014)。

72. 国家知识产权局《商标审查审理指南》(2016)。

73. 国家知识产权局《商标审查审理指南》(2021)。

74. 国家知识产权局《专利侵权判定和假冒专利行为认定指南(试行)》(2014)。

75. 国家知识产权局《专利侵权行为认定指南(试行)》(2016)。

76. 国家知识产权局《专利审查指南》(2006)。

77. 国家知识产权局《专利审查指南》(2010)。

78. 国家知识产权局《专利审查指南》(2019)。

79. 国家知识产权局《专利审查指南》(2021)。

80. 国家知识产权局《专利行政执法证据规则指引(征求意见稿)》(2016)。

81. 国务院《集成电路布图设计保护条例》(2001)。

82. 国务院《集成电路布图设计保护条例实施细则》(2001)。

83. 国务院《计算机软件保护条例》(2013)。

84. 国务院《实施国际著作权条约的规定》(2020)。

85. 国务院《中华人民共和国商标法实施条例》(2014)。

86. 国务院《著作权集体管理条例》(2013)。

87. 葡萄牙《著作权法》。

88. 日本特274. 許・実用新案審査基準。

89. 上海市高级人民法院《专利侵权纠纷审理指引》(2011)。

90. 意大利《体育视听权归属及管理条例》。

91. 意大利《著作权法》。

92. 政务院(已撤销)《商标注册暂行条例》(1950)。

93.《最高人民法院、最高人民检察院、公安部关于办理侵犯知识产权刑事案件适用法律若干问题的意见》(2011)。

94.《最高人民法院办公厅关于印发2020年中国法院10大知识产权案件和50件典型知识产权案例的通知》(法办〔2021〕146号)。

95. 17 U. S. C 101(2000).

96. 17 U. S. C. 513(c)(3)(b)(i) (1998).

97. Berne Convention for the Protection of Literary and Artistic Works (Brussels Act of June 26,1948).

98. Case Law of the Boards of Appeal of the European Patent Office.

99. Code de la propriété intellectuelle.

100. Guidelines for Examination in the European Patent Office.

101. Manual of Examiinng Pricedure of U. S.

102. The European Parliament and the Council of the European Union. General Data Protection Regulation(GDPR). 2016.

103. The Patent Act 1977(UK).

三、裁判文书

1. Airbus Industrie G. I. E. v. Patel and Others,[1997]2Lloyd's Rep. 8.

2. Brandir International,Inc. v. Cascade Pacific Lumber Co. ,834 F. 2d 1142 (2d Cir. 1987).

3. Carol Barnhart Inc. v. Economy Cover Corp. ,773 F. 2d 411 (2d Cir. 1985).

4. Galiano v. Harrah's Operating Co. ,Inc. ,416 F. 3d 411(5th Cir. 2005).

5. Kieselstein-Cord v. Accessories by Pearl, Inc. ,632 F. 2d 989 (2d Cir. 1980).

6. Pittsburgh Athletic Co. v. KQV Broadcasting Co. , 24 F. Supp. 490. W. D. Pa. 1938.

7. Societe Nationale Industrielle Aerispatiale v. Lee Kui Jak. 3 All E. R 510

(P. C.)[1987].

8. Union of European Football Association v. Briscomb, 2006 EWHC: UEFA, 1268(C. Div. 5. 5. 2006).

9. 北京市朝阳区人民法院民事判决书,(2014)朝民(知)初字第40334号。

10. 北京市第一中级人民法院民事判决书,(2014)一中民终字第3199号。

11. 北京市第一中级人民法院行政判决书,(2015)一中行(知)初字第23号。

12. 北京市高级人民法院民事判决书,(2003)高民终字第1393号。

13. 北京市高级人民法院民事判决书,(2008)高民终字第185号。

14. 北京市高级人民法院民事判决书,(2011)高民终字第1492号。

15. 北京市高级人民法院民事判决书,(2017)京民终487号。

16. 北京市高级人民法院民事判决书,(2018)京民终498号。

17. 北京市高级人民法院民事判决书,(2020)京民再128号。

18. 北京市高级人民法院民事判决书,(2020)京民终194号。

19. 北京市高级人民法院行政判决书,(2003)高行终字第65号。

20. 北京市高级人民法院行政判决书,(2018)京行终175号。

21. 北京市高级人民法院行政判决书,(2019)京行终513号。

22. 北京市高级人民法院行政判决书,(2019)京行终6494号。

23. 北京市高级人民法院行政判决书,(2020)京行终3768号。

24. 北京市海淀区人民法院民事判决书,(2013)海民初字第21470号。

25. 北京市海淀区人民法院民事判决书,(2017)京0108民初15648号。

26. 北京市海淀区人民法院民事判决书,(2018)京0108民初37522号。

27. 北京市知识产权法院民事判决书,(2017)京73民初1741号。

28. 北京市知识产权法院行政判决书,(2019)京73行初11089号。

29. 北京知识产权法院民事判决书,(2015)京知民初字第1943号。

30. 北京知识产权法院民事判决书,(2015)京知民终字第1055号。

31. 北京知识产权法院民事判决书,(2015)京知民终字第1818号。

32. 北京知识产权法院民事判决书,(2016)京73民终588号。

33. 北京知识产权法院民事判决书,(2017)京 73 民初 446 号。

34. 北京知识产权法院民事判决书,(2017)京 73 民终 1194 号。

35. 北京知识产权法院民事判决书,(2019)京 73 民初 207 号。

36. 北京知识产权法院民事判决书,(2019)京 73 民终 3263 号。

37. 北京知识产权法院民事判决书,(2020)京 73 民终 155 号。

38. 北京知识产权法院行政判决书,(2016)京 73 行初 3072 号。

39. 北京知识产权法院行政判决书,(2017)京 73 行初 4877 号。

40. 福建省泉州市中级人民法院民事判决书,(2017)闽 05 民初 1124 号。

41. 广东省高级人民法院民事判决书,(2005)粤高法民三终字第 236 号。

42. 广东省高级人民法院民事判决书,(2011)粤高法民三终字第 326 号。

43. 广东省高级人民法院民事判决书,(2017)粤民终 2659 号。

44. 广东省高级人民法院民事判决书,(2019)粤民再 147 号。

45. 广东省高级人民法院民事判决书,(2019)粤民终 1665 号。

46. 广东省高级人民法院民事判决书,(2019)粤民终 477 号。

47. 广东省高级人民法院民事判决书,(2019)粤知民终 457 号。

48. 广东省广州市中级人民法院民事判决书,(2010)穗中法民三初字第 196 号。

49. 广东省深圳市福田区人民法院民事判决书,(2015)深福法知民初字第 174 号。

50. 广东省深圳市中级人民法院民事判决书,(2015)深中法知民初字第 1106 号。

51. 广东省深圳市中级人民法院民事判决书,(2019)粤 03 民初 3163 号。

52. 广州市南沙区人民法院民事判决书,(2016)粤 0115 民初 4434 号。

53. 广州知识产权法院民事判决书,(2016)粤 73 民初 1693 号。

54. 广州知识产权法院民事判决书,(2016)粤 73 民初 2529 号。

55. 广州知识产权法院民事判决书,(2017)粤 73 民初 2239 号。

56. 广州知识产权法院民事判决书,(2017)粤 73 民初 3414 号。

57. 广州知识产权法院民事判决书,(2017)粤 73 民初 3581 号。

58. 广州知识产权法院民事判决书,(2017)粤73民终387号。

59. 国家知识产权局专利复审委员会第26030号无效宣告请求审查决定。

60. 国家知识产权局专利复审委员会第30338号无效宣告请求审查决定。

61. 国家知识产权局专利复审委员会第30358号无效宣告请求审查决定。

62. 国家知识产权局专利复审委员会第32984号无效宣告请求审查决定。

63. 杭州铁路运输法院民事判决书,(2019)浙8601民初1987号。

64. 河北省高级人民法院民事判决书,(2017)冀民再125号。

65. 河北省石家庄市中级人民法院民事判决书,(2016)冀01民再145号。

66. 河北省石家庄市中级人民法院民事判决书,(2018)冀01民初1021号。

67. 湖北省高级人民法院民事判决书,(2016)鄂民终1029号。

68. 湖北省武汉市江岸区人民法院刑事判决书,(2016)鄂0102刑初17号。

69. 湖北省武汉市中级人民法院民事判决书,(2014)鄂武汉中民商初字第00185号。

70. 湖南省高级人民法院民事裁定书,(2017)湘民终560号。

71. 湖南省长沙市中级人民法院民事判决书,(2016)湘01民初第2050号。

72. 江苏省常州市中级人民法院民事判决书,(2018)苏04民初51号。

73. 江苏省高级人民法院民事判决书,(2019)苏民终778号。

74. 江苏省南京市中级人民法院民事判决书,(2014)宁知民终字第16号。

75. 江苏省南京市中级人民法院民事判决书,(2018)苏01民初232、233、234号。

76. 辽宁省沈阳市中级人民法院民事判决书,(2019)辽01民终3758号。

77. 上海市第一中级人民法院民事判决书,(2013)沪一中民五(知)终字第59号。

78. 上海市高级人民法院民事判决书,(2004)沪高民三(知)终字第27号。

79. 上海市高级人民法院民事判决书,(2013)沪高民三(知)终字第111号。

80. 上海市高级人民法院民事判决书,(2016)沪民终390号。

81. 上海市高级人民法院民事判决书,(2018)沪民终287号。

82. 上海市浦东新区人民法院民事判决书，（2018）沪 0115 民初 53351 号。

83. 上海知识产权法院民事判决书，（2015）沪知民初字第 513 号。

84. 上海知识产权法院民事判决书，（2016）沪 73 民初 10 号。

85. 四川省成都市金牛区人民法院刑事判决书，（2018）川 0106 刑初 2 号。

86. 四川省成都市中级人民法院民事判决书，（2013）成民初字第 992 号。

87. 四川省成都市中级人民法院民事判决书，（2018）川 01 民初 1976 号。

88. 四川省高级人民法院民事判决书，（2018）川民终 417 号。

89. 四川省高级人民法院民事判决书，（2019）川知民终 542 号。

90. 天津市第二中级人民法院民事判决书，（2018）津 02 民初 707 号。

91. 天津市高级人民法院民事判决书，（2018）津民终 457 号。

92. 浙江省高级人民法院民事判决书，（2017）浙民终 214 号。

93. 浙江省杭州市余杭区人民法院民事判决书，（2015）杭余知初字第 416 号。

94. 浙江省杭州市中级人民法院民事裁定书，（2020）浙 01 民终 5889 号。

95. 浙江省宁波市中级人民法院民事判决书，（2016）浙 02 民初 1111 号。

96. 最高人民法院民事裁定书，（2009）民申字第 1065 号。

97. 最高人民法院民事裁定书，（2018）最高法民申 2345 号。

98. 最高人民法院民事裁定书，（2019）最高法民申 4241 号。

99. 最高人民法院民事裁定书，（2019）最高法民申 5477 号。

100. 最高人民法院民事裁定书，（2019）最高法民申 6219 号。

101. 最高人民法院民事裁定书，（2019）最高法知民终 732、733、734 号之一。

102. 最高人民法院民事裁定书，（2020）最高法民申 969 号。

103. 最高人民法院民事裁定书，（2020）最高法知民终 209 号。

104. 最高人民法院民事判决书，（2010）民提字第 15 号。

105. 最高人民法院民事裁定书，（2011）民申字第 222 号。

106. 最高人民法院民事判决书，（2014）民提字第 24 号。

107. 最高人民法院民事裁定书,(2018)最高法民申 4397 号。
108. 最高人民法院民事裁定书,(2018)最高法民申 6061 号。
109. 最高人民法院民事判决书,(2018)最高法民再 417 号。
110. 最高人民法院行政判决书,(2018)最高法行再 77 号。
111. 最高人民法院民事判决书,(2019)最高法民再 135 号。
112. 最高人民法院民事判决书,(2019)最高法知民终 230 号。
113. 最高人民法院民事判决书,(2019)最高法知民终 490 号。
114. 最高人民法院民事判决书,(2019)最高法知民终 725 号。
115. 最高人民法院民事判决书,(2020)最高法民再 183 号。
116. 最高人民法院民事判决书,(2020)最高法民再 25 号。
117. 最高人民法院民事判决书,(2020)最高法民再 342 号。
118. 最高人民法院民事判决书,(2020)最高法民再 380 号。
119. 最高人民法院民事判决书,(2020)最高法民再 82 号。
120. 最高人民法院民事判决书,(2020)最高法知民终 831 号。
121. 最高人民法院民事判决书,(2020)最高法知民终 871 号。
122. 最高人民法院民事判决书,(2020)最高法知民终 954 号。
123. 最高人民法院行政裁定书,(2019)最高法行申 10746 号。
124. 最高人民法院行政裁定书,(2020)最高法行申 3522 号。
125. 最高人民法院行政判决书,(2017)最高法行再 34 号。
126. 最高人民法院行政判决书,(2020)最高法知行终 279 号。
127. 最高人民法院行政判决书,(2020)最高法知行终 93 号。